Buddha Shakyamuni

Die mündlichen Anleitungen des Mahamudra

Empfohlene Reihenfolge, in der die Bücher des Ehrwürdigen Geshe Kelsang Gyatso Rinpoche studiert oder gelesen werden sollten:

Wie wir unser Leben verwandeln
Wie wir den Geist verstehen
Freudvoller Weg
Der Spiegel des Dharma mit Ergänzungen
Das neue Herz der Weisheit
Moderner Buddhismus
Tantrische Ebenen und Pfade
Führer ins Dakiniland
Essenz des Vajrayana
Die mündlichen Anleitungen des Mahamudra
Große Schatzkammer der Verdienste
Acht Schritte zum Glück – Neuausgabe
Einführung in den Buddhismus
Wie wir unsere menschlichen Probleme lösen
Sinnvoll zu betrachten
Das Bodhisattva Gelübde
Allumfassendes Mitgefühl
Das neue Meditationshandbuch
Sinnvoll leben, freudvoll sterben
Ozean von Nektar
Herzjuwel
Das klare Licht der Glückseligkeit
Mahamudra Tantra

Dieses Buch wurde unter der Schirmherrschaft des **Internationalen Tempelprojekts der NKT-IKBU** veröffentlicht und der Verkaufserlös ist durch diesen Fonds für das Wohl der Allgemeinheit bestimmt. Eingetragen unter VR 33517 B.
Mehr dazu unter
www.tharpa.com/de/weltfrieden

Ehrwürdiger Geshe Kelsang
Gyatso Rinpoche

Die mündlichen Anleitungen des Mahamudra

DIE ESSENZ DER SUTRA UND
TANTRA LEHREN BUDDHAS

THARPA VERLAG
DEUTSCHLAND • SCHWEIZ

Originaltitel: The Oral Instructions of Mahamudra

1. Auflage 2016
2., vollständig überarbeitete Auflage 2023

Herausgeber:
Tharpa Verlag Deutschland, ein Teil des
Dipankara Kadampa Meditationszentrum e.V. (VR 33517 B)
Chausseestraße 108
10115 Berlin

Der Tharpa Verlag hat überall auf der Welt Niederlassungen und Tharpa Bücher werden in den gängigsten Sprachen veröffentlicht.
Kontaktadressen siehe S. 326.

Titelbild: Guru Sumati Buddha Heruka

Satz: Tharpa Verlag Deutschland
Druck: PIEREG Druckcenter Berlin GmbH

ISBN 978-3-908543-84-8
ISBN ePub 978-390854385-5
ISBN Kindle 978-390854386-2

Inhalt

Abbildungen

TEIL EINS
DIE ALLGEMEINE ERKLÄRUNG DIESER PRAXIS

Vajradhara

EINLEITUNG

Dieses Buch stellt in erster Linie die Praxis der Meditation vor, durch die wir jederzeit einen friedvollen Geist entwickeln und bewahren können. Ist unser Geist die ganze Zeit friedvoll, werden wir immer glücklich sein. Ist es also wirklich unser Wunsch, dass wir und andere jederzeit glücklich sind, müssen wir lernen Meditation zu üben. Das Üben der Mahamudra Meditation wird uns schließlich in die Lage versetzen, jeden Tag jedem einzelnen Lebewesen von Nutzen zu sein. Es gibt nichts, was sinnvoller ist.

Meditation hat die Funktion, geistigen Frieden hervorzurufen. Der höchste immerwährende geistige Frieden ist Erleuchtung. Was ist Erleuchtung? Erleuchtung ist das innere Licht der Weisheit, das dauerhaft vollständig frei von allen fehlerhaften Erscheinungen ist und dessen Funktion es ist, jeden Tag jedem einzelnen Lebewesen geistigen Frieden zu schenken. Nur Menschen können dies erreichen, indem sie Meditation üben. Wie sehr sind wir vom Glück begünstigt!

Meditation ist eine wissenschaftliche Methode, unsere menschliche Natur vom Schlechten zum Guten umzuwandeln. Jeder muss gutmütig sein und ein gutes Herz haben. Dies ist die wirkliche Methode, unsere eigenen inneren Probleme zu lösen, wie Probleme der Unwissenheit, Niedergeschlagenheit, Wut und so weiter, und ist ebenso die wirkliche Methode, anderen in praktischer Weise von Nutzen zu sein.

Um sicherzustellen, dass unsere Meditation effektiv ist, wird jede Meditationsübung in zwei Stufen vorgestellt, der Kontemplation und der eigentlichen Meditation. Die Kontemplation sollten wir auswendig lernen und sie während der Meditationssitzung ständig im Geist wiederholen. Dadurch erzeugen oder finden wir das Objekt der eigentlichen Meditation. Nachdem wir das Objekt gefunden haben, halten wir es stark und meditieren einsgerichtet darüber.

Diese Art zu meditieren ist sehr praktisch und wichtig, deshalb sollten wir diesen Rat beherzigen.

Im Begriff «Mahamudra» bedeutet «Maha» «groß» und bezieht sich auf große Glückseligkeit. «Mudra» bedeutet «nichttäuschend» und bezieht sich auf Leerheit. Das eigentliche Mahamudra ist deshalb die Vereinigung von unserer eigenen großen Glückseligkeit und Leerheit.

Die Anleitungen des Mahamudra, die in diesem Buch dargelegt werden, beruhen auf Je Tsongkhapas mündlichen Anleitungen des Mahamudra, seinen außergewöhnlichen Anleitungen des Mahamudra, die er der *Ganden Emanationsschrift* entnommen hat.

Bis zum ersten Panchen Lama Losang Chökyi Gyaltsen waren diese Anleitungen nicht in normaler menschlicher Sprache geschrieben. Der erste Panchen Lama schrieb den Urtext des Mahamudra *Der Hauptpfad der Eroberer* sowie den Selbstkommentar dazu auf der Grundlage der *Ganden Emanationsschrift*. Von da an wurden die Anleitungen des Mahamudra der mündlichen Ganden Überlieferungslinie allmählich öffentlich gelehrt.

Diese Anleitungen sind sehr gesegnet. Je Tsongkhapa erhielt sie vom Weisheitsbuddha Manjushri. Er gab die Segnungen und Anleitungen der Überlieferungslinie an seinen Schüler Togden Jampel Gyatso weiter. Sie wurden dann durch eine fortlaufende, ununterbrochene Linie übertragen, bis sie zu Vajradhara Trijang Rinpoche gelangten, der eine Manifestation Buddha Herukas ist. Durch die große Güte dieses kostbaren Lama haben wir nun die Gelegenheit, diese kostbaren Anleitungen zu hören und umzusetzen. Wir sollten uns über unser großes Glück freuen.

Die *Ganden Emanationsschrift* ist eine heilige Schrift, die vom Weisheitsbuddha Manjushri ausgestrahlt wurde und die außergewöhnlichen Anleitungen der Ganden Lehre enthüllt. Es gibt Schriften, die Emanationen sind, ebenso wie es Lehrer und so weiter gibt, die Emanationen sind. Buddha sagt in den Sutras: «In Zukunft werdet ihr spirituellen Meistern im Aspekt gewöhnlicher Wesen begegnen. Ihr solltet wissen, dass sie meine Emanationen sind.» Tatsächlich gibt es zahllose Emanationsschriften, Emanationslehrer und so weiter. Buddhas Emanationen können alles sein, belebt oder unbelebt. Es gibt keinen einzigen Ort, der ohne Buddhas Emanationen ist. Die Tatsache, dass Buddha zahllose Emanationen hat, ist einer der Hauptgründe, die beweisen, dass Buddha die Fähigkeit hat, jeden Tag jedem einzelnen Lebewesen von Nutzen zu sein.

Durch die in diesem Buch dargelegten mündlichen Anleitungen des Mahamudra sollten wir die besonderen Merkmale der Lehre Je Tsongkhapas kennen. Im *Gebet für das Erblühen der Lehre Je Tsongkhapas* sagt der große Gelehrte Gungtang:

> Die Leerheit, die in Buddhas Sutra Lehren erklärt wird,
> Und die große Glückseligkeit, die in Buddhas tantrischen Lehren erklärt wird –
> Die Vereinigung dieser beiden ist die eigentliche Essenz der vierundachtzigtausend Unterweisungen Buddhas.
> Möge die Lehre des Eroberers Losang Dragpa für immer erblühen.

In Je Tsongkhapas Lehren finden wir eine klare, fehlerlose und vollständige Erklärung der Leerheit und ebenso eine klare, fehlerlose und vollständige Erklärung der großen Glückseligkeit. Dies ist das besondere Merkmal der Lehre Je Tsongkhapas. Indem wir das verstehen, sollten wir uns aus tiefstem Herzen über unser großes Glück freuen, der Lehre Je Tsongkhapas begegnet zu sein.

Es heißt, dass Mahamudra, Lamrim, oder die Stufen des Pfades, und Lojong, oder die Geistesschulung, der fehlerlose Dharma sind. Deshalb sollten wir uns sehr bemühen diese

Anleitungen selbst zu üben und andere darin zu unterrichten, da sie die eigentliche Essenz des Buddhadharma sind. Tun wir dies, dann hat unsere Begegnung mit Je Tsongkhapas Lehren ihren wirklichen Sinn erfüllt.

Im Urtext heißt es «Geden Kagyu». Dies bedeutet «mündliche Ganden Überlieferungslinie». In diesem Zusammenhang bezieht sich «Ganden», was «die Freudvolle» bedeutet, auf Je Tsongkhapas Lehre, und die Praktizierenden, die dieser Lehre folgen, werden «Gandenpas» genannt.

Einige Schriften erklären, dass Leerheit das «große Siegel» oder «Mahamudra» ist, doch «Mahamudra» ist lediglich ein Name für Leerheit. Das wirkliche Mahamudra ist die Vereinigung von großer Glückseligkeit und Leerheit.

Mahamudra, oder die Vereinigung von großer Glückseligkeit und Leerheit, hat zwei Teile: große Glückseligkeit und Leerheit. Im Höchsten Yoga Tantra ist große Glückseligkeit notwendigerweise eine Glückseligkeit, die durch das Schmelzen der Tropfen innerhalb des Zentralkanals entsteht, weil die inneren Winde der rechten und linken Kanäle durch die Kraft der Meditation in den Zentralkanal eintreten, dort verweilen und sich auflösen. Nur Übende des Höchsten Yoga Tantra und Buddhas erleben eine solche Glückseligkeit.

Der zweite Teil dieser Vereinigung, Leerheit, wurde von Buddha in den *Sutras der Vollkommenheit der Weisheit* erklärt und Je Tsongkhapa, Nagarjunas Kommentaren zu den *Sutras der Vollkommenheit der Weisheit* folgend, erklärte klar und ausführlich die Bedeutung der Leerheit.

Die Bedeutung der Vereinigung von großer Glückseligkeit und Leerheit ist, dass unser eigener Geist der großen Glückseligkeit und Leerheit durch die Kraft der Meditation nichtdual wird, nur eins, wie zwei Räume, die sich miteinander mischen. Dies ist äußerst tiefgründig und subtil und heutzutage sind diejenigen, die die Bedeutung dieser

Vereinigung aus eigener Erfahrung verstehen, so selten wie Sterne, die am helllichten Tag erscheinen.

Große Glückseligkeit ist Erscheinung und Leerheit ist leer. Die Vereinigung dieser beiden ist die Vereinigung von Erscheinung und Leerheit. Konventionelle Wahrheit ist Erscheinung und endgültige Wahrheit ist leer, und die Vereinigung dieser beiden ist ebenfalls die Vereinigung von Erscheinung und Leerheit. Wir selbst, als getragene Gottheit erzeugt, und das ganze tragende Mandala sind Erscheinung und Leerheit ist leer; und die Vereinigung dieser beiden ist ebenfalls die Vereinigung von Erscheinung und Leerheit. Wir sollten wissen, dass es viele Ebenen dieser Vereinigung von Erscheinung und Leerheit gibt. Normalerweise nehmen wir Erscheinung und Leerheit als zweierlei wahr, nicht als eins. Diese Wahrnehmung ist dualistische Erscheinung, die das Haupthindernis ist, um Erleuchtung zu erlangen. Dualistische Erscheinung und dualistisches Festhalten, die im Allgemeinen bekannt sind, beziehen sich auf Erscheinung und Leerheit, die als zweierlei erscheinen, und auf den Geist, der daran festhält.

Je Tsongkhapa sagte in einem Gebet:

> Möge ich, indem ich die Bedeutung der Vereinigung
> richtig identifiziere,
> Dauerhaft von fehlerhafter Erscheinung frei sein.

In diesem Zusammenhang bedeutet Vereinigung, dass Erscheinungen und Leerheiten nichtdual sind, von einer Natur. Verwirklichen wir diese Vereinigung direkt, so werden wir dauerhaft von jeder fehlerhaften Erscheinung frei sein. Verwirklichen wir durch Schulung, dass Erscheinungen und Leerheiten nichtdual sind, von einer Natur wie zwei Räume, die sich miteinander mischen, dann sollten wir dieses tiefgründige Wissen oder diese Erfahrung Tag und Nacht halten, ohne sie jemals zu vergessen. Machen wir das, werden wir schließlich in der Lage sein, für immer als

Buddha Shakyamuni

ein Heruka im weiten Raum der Vereinigung von Erscheinung und Leerheit zu verweilen. Das ist die Vereinigung von Heruka. Somit werden wir Erleuchtung erlangt haben.

Kurz gesagt, wenn sich unser Geist wie oben erwähnt durch die Kraft der Meditation in den Geist großer Glückseligkeit umwandelt und dieser Geist Leerheit direkt verwirklicht, ist dies die Vereinigung von großer Glückseligkeit und Leerheit, die eigentliche Verwirklichung des Mahamudra. Dann werden wir mit Sicherheit in diesem Leben Erleuchtung erlangen.

Viele Schüler Je Tsongkhapas und deren Schüler wiederum wurden im gleichen Leben zu erleuchteten Buddhas, indem sie durch die Übung der Anleitungen der mündlichen Ganden Überlieferungslinie die Verwirklichung der Vereinigung von großer Glückseligkeit und Leerheit erlangten. Dennoch fällt es Menschen schwer zu glauben, dass dies wahr ist, da ihr Geist durch gewöhnliche Erscheinung behindert ist.

WIE WIR MAHAMUDRA ÜBEN

Im Urtext des Mahamudra steht:

> Was dies anbelangt, gibt es drei – die Vorbereitungen, die eigentliche Praxis und die abschließende Praxis . . .

Das heißt, dass wir diese drei üben müssen, um die Verwirklichung des Mahamudra zu erlangen. Deshalb wird nun unter drei Überschriften erklärt, wie man Mahamudra übt:

1. Die Praxis der Vorbereitungen
2. Die eigentliche Praxis des Mahamudra
3. Die Praxis der nachfolgenden Erlangung

DIE PRAXIS DER VORBEREITUNGEN

Es ist allgemein bekannt, dass es vier große hinführende Vorbereitungen gibt:

1. Die erste große hinführende Vorbereitung, Schulung in aufrichtiger Zufluchtnahme, dem Tor zum Eintritt in den Buddhismus, und Schulung im mitfühlenden Geist des Bodhichitta, dem Tor zum Eintritt in das Mahayana, den Hauptpfad zum Zustand der Erleuchtung.
2. Die zweite große hinführende Vorbereitung, Schulung in der Praxis der Reinigung, dem Tor zur Reinigung von nichttugendhaften Handlungen und Behinderungen.
3. Die dritte große hinführende Vorbereitung, Schulung in der Praxis der Mandala Darbringung, dem Tor zur Anhäufung der Ansammlung von Verdiensten und zur Erlangung eines erleuchteten Reines Landes.
4. Die vierte große hinführende Vorbereitung, Schulung in Guru Yoga, dem Tor zum Empfangen von Segnungen.

DIE ERSTE GROSSE HINFÜHRENDE VORBEREITUNG

WIE WIR UNS IN AUFRICHTIGER ZUFLUCHTNAHME SCHULEN, DEM TOR ZUM EINTRITT IN DEN BUDDHISMUS

Der Ehrwürdige Sakya Pandita sagte, dass du kein Dharma Praktizierender bist, wenn du keine Praxis der Zuflucht zu den Drei Juwelen – Buddha, Dharma und Sangha – hast. Das bedeutet, dass wir nicht in den Buddhismus eintreten, wenn wir nicht in der Lage sind, Zuflucht in reiner Weise zu üben.

Und wenn wir nicht in den Buddhismus eintreten, werden wir keine Möglichkeit haben, dauerhafte Befreiung von Leiden oder das höchste Glück der Erleuchtung zu erlangen. Dann werden wir den wirklichen Sinn des menschlichen Lebens verloren haben.

Verstehen wir dies, fassen wir einen Entschluss und denken:

Ich werde Zuflucht in reiner Weise üben, damit ich in den Buddhismus eintreten kann.

Über diesen Entschluss meditieren wir.

Da es ohne Ursache keine Wirkung gibt, müssen wir zuerst die Ursachen reiner Zufluchtspraxis in unserem Geist erzeugen, indem wir über Folgendes nachdenken:

Ich und alle Mutterlebewesen, so weit wie der Raum, ertrinken im weiten und tiefen Ozean samsarischen Leidens, wo die Seeungeheuer des Herrn des Todes unsere Körper immer wieder verschlingen.

Wir erleben das Leiden des Sterbens auf so vielfältige Arten und all unsere zahllosen Körper werden von den Seeungeheuern des Herrn des Todes verzehrt.

Wir müssen den endlosen Kreislauf der Wiedergeburt erleben, mit Leiden, das von Wellen unerträglicher Qualen hervorgebracht wird. Und jedes Mal, wenn wir geboren werden, werden wir allein geboren und müssen unser ganzes Leben lang Leiden ertragen.

Dann kommt der Tod.

Und wieder werden wir allein geboren und müssen das ganze Leben lang Leiden ertragen.

Dann wieder Tod.

Und erneut werden wir geboren und so weiter.

Wir müssen diesen Kreislauf unerträglichen Leidens endlos ertragen und der Grund all dieses Leidens ist, dass wir Wiedergeburt in Samsara angenommen haben, dem Kreislauf unreinen Lebens.

Was bedeutet es, Wiedergeburt in Samsara zu nehmen? Es bedeutet, dass wir in jedem unserer Leben aus Unwissenheit an unserem Körper oder Geist als unserem Selbst festhalten und «ich, ich» denken, wo es kein Ich oder Selbst gibt. Dadurch erleben wir endlos die Leiden dieses Lebens und zahlloser zukünftiger Leben als Halluzinationen.

Verstehen wir dies, dann spüren wir, wie unerträglich samsarische Wiedergeburt für uns und andere ist, und wie unerträglich diese Ungewissheit des Leidens und der Wiedergeburt ist.

Wir denken auch:

Ich bin in Samsara, dem Kreislauf unreinen Lebens. Es ist, wie in einem Feuerkreis gefangen zu sein.

Wir erzeugen ein Gefühl starker Furcht vor diesem unerträglichen Kreislauf der Wiedergeburt und meditieren immer wieder über diese Furcht, während wir sie einsgerichtet halten, ohne sie zu vergessen. Indem wir Tag und Nacht in dieser Weise meditieren, sollten wir nie die Furcht davor vergessen, eine Wiedergeburt in Samsara im Allgemeinen und insbesondere in den niederen Bereichen anzunehmen.

Normalerweise hat es keinen Zweck, Furcht zu entwickeln. Doch die Furcht, die hier erklärt wird, öffnet das Tor zur reinen Zufluchtspraxis und ist deshalb äußerst sinnvoll. Sie ist eine unentbehrliche Ursache der reinen Praxis der Zuflucht. Bisher waren wir aufgrund des Fehlers, diese Furcht nicht zu haben, nicht in der Lage, in reiner Weise Zuflucht zu den Drei Juwelen zu nehmen. Deshalb sollten wir überlegen:

Das endlose Leiden dieses Kreislaufs der Wiedergeburt ist so furchteinflößend, wie in einem Feuerkreis gefangen zu sein. Deshalb werde ich Tag und Nacht danach streben, diese samsarische Wiedergeburt dauerhaft zu beenden, indem ich danach strebe, ihre Wurzel, die Unwissenheit des Festhaltens am Selbst, dauerhaft aufzugeben.

Wir meditieren immer wieder über diesen Entschluss und halten ihn einsgerichtet, ohne ihn zu vergessen. Der Geist, der diesen Entschluss ständig bewahrt, ist authentische Entsagung, die das Tor zur Befreiung öffnet.

Auf welche Methode sollten wir uns nun also verlassen, um samsarische Wiedergeburt dauerhaft zu beenden und ihre Wurzel, die Unwissenheit des Festhaltens am Selbst, dauerhaft aufzugeben? Wir können dieses Ziel nur erreichen, indem wir Buddhas Segnungen empfangen, die Hilfe der Sangha erhalten und den Dharma der drei höheren Schulungen üben. Deshalb sind die Drei kostbaren Juwelen Buddha, Dharma und Sangha die einzige Zuflucht, die uns dauerhaft von den endlosen Leiden Samsaras befreit. Diese Zuflucht finden wir sonst nirgendwo. Haben wir dies verstanden und darüber nachgedacht, sollten wir in unserem Herzen einen unumkehrbaren Glauben an und ein ebensolches Vertrauen in die Drei Juwelen entwickeln. Auch dies ist eine Ursache reiner Zufluchtspraxis.

Durch die Kraft richtiger Vorstellung visualisieren wir dann unseren Wurzelguru im Aspekt von Guru Sumati Buddha Heruka, dessen Natur unser Wurzelguru, Je Tsongkhapa, Buddha Shakyamuni und Heruka ist, und der tatsächlich im Raum vor uns erscheint, umgeben von allen Buddhas und Bodhisattvas der zehn Richtungen. Wir betrachten sie, meditieren kurz einsgerichtet mit einem Geist starken wünschenden Vertrauens und denken dabei:

Wie wunderbar, wenn ich und alle Mutterlebewesen so werden wie diese erleuchteten Wesen.

Je Tsongkhapa und seine beiden Söhne steigen vom Reinen Land Tushita herab

Nachdem wir die Objekte der Zuflucht in dieser Weise vor uns erzeugt und visualisiert haben, rezitieren wir das rituelle Gebet dreimal, während wir ein Versprechen abgeben:

O Guru Sumati Buddha Heruka, von jetzt an bis ich Erleuchtung erlange, werde ich mich nur auf die Drei Juwelen – Buddha, Dharma und Sangha – verlassen und sie als meine Zufluchtsobjekte bewahren.

Ich werde mich bemühen Buddhas Segnungen zu empfangen, die Hilfe der Sangha zu erhalten und die Verwirklichungen des Dharma Juwels zu erlangen, als endgültigen Schutz für mich und andere vor den Gefahren Samsaras.

Indem wir dieses rituelle Gebet dreimal rezitieren, legen wir die Mahayana Zufluchtsgelübde ab. Es ist sehr wichtig, dies jeden Tag zu tun.

Zuflucht zu den Drei Juwelen zu nehmen bedeutet das Versprechen abzugeben, uns zu bemühen die Segnungen Buddhas zu empfangen, die Hilfe der Sangha zu erhalten, den reinen spirituellen Praktizierenden, die ein gutes Vorbild sind, und mit der Motivation der Entsagung die Verwirklichungen des Dharma der drei höheren Schulungen zu erlangen – Schulung in moralischer Disziplin, Schulung in Konzentration oder Meditation und Schulung in der Weisheit der Leerheit –, die für uns und andere der endgültige Schutz vor den Gefahren Samsaras sind. Diese Versprechen sind die wesentlichen Verpflichtungen der Zufluchtnahme.

WIE WIR UNS IM MITFÜHLENDEN GEIST DES BODHICHITTA SCHULEN, DEM TOR ZUM EINTRITT IN DAS MAHAYANA, DEN HAUPTPFAD ZUM ZUSTAND DER ERLEUCHTUNG

Bodhichitta ist ein Geist, der zwei Bestreben hat: Er wünscht sich jeden Tag jedem einzelnen Lebewesen von Nutzen zu sein, und er wünscht sich zu diesem Zweck Erleuchtung zu erlangen. Ein Geist, der mit dem einzigen Ziel, alle Lebewesen dauerhaft von Leiden zu befreien, spontan Erleuchtung erlangen möchte, ist Bodhichitta. Erzeugen wir diesen kostbaren Geist, werden wir ein Bodhisattva und «Sohn oder Tochter des Buddha» genannt. Da dieser mitfühlende Geist des Bodhichitta uns das Tor zum Mahayanapfad öffnet, wird er das «Tor zum Eintritt in den Mahayanapfad» genannt.

Um eine Verwirklichung des Bodhichitta zu erlangen, müssen wir uns bemühen ihn zu üben. Ein solch kostbarer Geist kann unmöglich ohne Schulung von selbst entstehen. Wie sollten wir üben? Je Tsongkhapa sagt:

> Gieße das Wasser der Liebe auf den Boden des Gleichmuts und säe den Samen des Mitgefühls. Daraus wird der Medizinbaum des Bodhichitta entstehen.

Hier bezieht sich «Boden des Gleichmuts» auf zuneigungsvolle Liebe, die alle Lebewesen betrachtet. «Wasser der Liebe» bezieht sich auf wertschätzende Liebe, die alle Lebewesen betrachtet. Und «der Medizinbaum» bezieht sich auf die Verwirklichung des Bodhichitta.

Die Praxis des Bodhichitta hat also vier Stufen:

1. Übung in zuneigungsvoller Liebe
2. Übung in wertschätzender Liebe
3. Übung in großem Mitgefühl
4. Übung im eigentlichen Bodhichitta

WIE WIR ZUNEIGUNGSVOLLE LIEBE ÜBEN

Um die Verwirklichung zuneigungsvoller Liebe, die alle Lebewesen betrachtet, in unserem Geist zu erzeugen, denken wir über Folgendes nach:

Im Allgemeinen ist Höchstes Yoga Tantra als der schnelle Pfad zur Erleuchtung bekannt. Doch in den Sutras wird erklärt, dass der spontane Geist des Mitgefühls, der alle Lebewesen betrachtet, der schnelle Pfad ist. Haben wir diesen Geist, werden wir aufgrund seiner Kraft nicht einen Augenblick verschwenden, sondern jeden Moment, Tag und Nacht, der Erlangung der Erleuchtung näherkommen. Mit solch einem Geist des Mitgefühls werden wir wie der Kadampa Geshe Chekhawa sein. Denn selbst wenn wir uns wünschen würden, in unserem nächsten Leben in die Höllenbereiche zu gehen, würden wir durch die Kraft unseres reinen Karmas und unseres reinen Geistes mit Sicherheit in Buddhas Reinem Land geboren. Wir sollten denken:

Alle früheren Buddhas erlangten den Zustand der Erleuchtung in Abhängigkeit davon, Mitgefühl für alle Lebewesen zu verwirklichen. Bei allen zukünftigen Buddhas wird es ebenso sein.

Dieses gegenwärtige menschliche Leben zu erhalten, dient hauptsächlich dem Ziel, Erleuchtung zu erlangen. Deshalb muss ich Erleuchtung, Buddhaschaft, erlangen.

Wir erzeugen entschlossen diesen Gedanken und überlegen dann:

Obwohl das Erlangen der Erleuchtung davon abhängt, die Verwirklichung des Mitgefühls zu entwickeln, ist dies nicht möglich ohne ein Objekt des Mitgefühls. Nur Lebewesen können als dieses Objekt dienen.

Deshalb sind für mich alle Lebewesen meine spirituellen Meister, die mich zum Mahayanapfad führen, indem sie Objekte meines Mitgefühls sind.

Außerdem sind sie alle meine gütigen Mütter aus früheren Leben.

Indem wir all dies verstehen und darüber nachdenken, erzeugen wir aus tiefstem Herzen einen Geist, der allen Lebewesen gegenüber das gleiche Gefühl großer Nähe, Wärme und Freude spürt. Das ist zuneigungsvolle Liebe für alle Lebewesen. Wir wandeln unseren Geist in diese zuneigungsvolle Liebe um und meditieren fortwährend darüber, bis wir einen Geist entwickeln, der sich spontan allen Lebewesen gegenüber gleichermaßen sehr nah fühlt, warmherzig und freundlich. Entwickeln wir diese zuneigungsvolle Liebe, dann ist unser Geist von reiner Liebe für alle Lebewesen durchtränkt und hierdurch wird unser Geist friedvoll und ausgeglichen, frei von Wut und Anhaftung. Deshalb wird diese zuneigungsvolle Liebe auch «Gleichmut» genannt.

Ist in unserem Bewusstsein der Boden des Gleichmuts vorhanden – die zuneigungsvolle Liebe, die alle Lebewesen betrachtet –, dann ist es sehr leicht, die verbleibenden Verwirklichungen der wertschätzenden Liebe, des großen Mitgefühls und des Bodhichitta zu entwickeln. Im Buch *Moderner Buddhismus* und anderen Lamrim Texten wird ausführlich erklärt, wie wir uns in wertschätzender Liebe, großem Mitgefühl und Bodhichitta schulen.

Kurz gesagt sind Lamrim und Lojong zusammen mit der Erzeugungsstufe die Vorbereitungen für Mahamudra. Die eigentliche Hauptpraxis des Mahamudura ist eine Vollendungsstufenpraxis. Das wirkliche Mahamudra ist eine höhere Verwirklichung der Vollendungsstufe – die Vereinigung von großer Glückseligkeit und Leerheit, sinnklares Licht.

Es gibt zwei Arten, Lamrim und Lojong als Vorbereitungen für Mahamudra zu üben, eine ausführliche und eine zusammengefasste. Die ausführliche Praxis wird wie oben erwähnt entsprechend den großen Lamrim und Lojong Texten geübt.

Wir machen die zusammengefasste Praxis entsprechend dem *Gebet der Stufen des Pfades* oder den Gebeten, in denen wir in *Darbringung an den spirituellen Meister* um die Segnungen der Stufen des Pfades bitten, oder mit dem Bittgebet der Stufen des Pfades von Sutra und Tantra in *Die Hunderte von Gottheiten des Freudvollen Landes gemäß Höchstem Yoga Tantra*: der Guru Yoga von Je Tsongkhapa als eine vorbereitende Übung für Mahamudra.

Wir richten diese Bitten während der analytischen Meditation über Lamrim, Lojong, Erzeugungsstufe und Vollendungsstufe. Wir können zum Beispiel anhand des Verses in *Darbringung an den spirituellen Meister* verstehen, wie man Bodhichitta in einer Kurzfassung übt:

Zum Wohle aller fühlenden Mutterwesen
Werde ich die Guru-Gottheit werden
Und dann alle fühlenden Wesen
Zum erhabenen Zustand der Guru-Gottheit führen.

In dieser Weise erzeugen wir Bodhichitta gemäß Höchstem Yoga Tantra. In der Zeile «Werde ich die Guru-Gottheit werden» ist die Guru-Gottheit unsere persönliche Guru-Gottheit. Die Guru-Gottheit moderner Kadampa Praktizierender ist Guru Heruka, da ihre Hauptpraxis des Höchsten Yoga Tantra die Praxis von Heruka Vater und Mutter ist. Indem wir über die Bedeutung des oben genannten Verses nachdenken, sollten wir den Geist des Bodhichitta gemäß Höchstem Yoga Tantra erzeugen und darüber meditieren.

DIE ZWEITE GROSSE HINFÜHRENDE VORBEREITUNG, SCHULUNG IN DER PRAXIS DER REINIGUNG, DEM TOR ZUR REINIGUNG VON NICHTTUGENDHAFTEN HANDLUNGEN UND BEHINDERUNGEN

Als Folge der nichttugendhaften Handlungen in früheren Leben, den Wert von Buddha, Dharma und Sangha abzulehnen, haben Tiere keine Gelegenheit, Dharma zu hören oder zu üben.

Obwohl wir Menschen diese Möglichkeit haben, hat die überwiegende Mehrheit von uns kein Interesse an Dharma. Und denjenigen, die etwas Interesse an Dharma haben, fällt es beim Hören von Dharma schwer, seine Bedeutung zu verstehen. Sie entwickeln bei der Kontemplation keine Freude und wenn sie meditieren, bringen sie keine Verwirklichungen hervor. Sie erleben so viele äußere und innere Hindernisse, dass sie nicht in der Lage sind, Dharma rein zu üben. Auch dies sind die Folgen der nichttugendhaften Handlungen in ihren früheren Leben, den Wert von Buddha, Dharma und Sangha abzulehnen.

Nichttugendhafte Handlungen sind die Hauptursache all unseres Leidens in diesem Leben und in zahllosen zukünftigen Leben und insbesondere die Haupthindernisse für die Erlangung von Dharma Verwirklichungen. Wir müssen sie deshalb definitiv durch Reinigungspraxis reinigen. Buddha lehrte viele unterschiedliche Methoden, nichttugendhafte Handlungen, Übertretungen und gebrochene Verpflichtungen zu reinigen. Die beste Methode ist jedoch die Praxis der Meditation und Rezitation des Vajrasattva. Diese Übung ist eine wissenschaftliche Methode, unseren Geist zu reinigen und ihn von einem unreinen Geist in einen reinen Geist umzuwandeln, indem wir die Technik des Tantra anwenden.

Um den Geist der Lebewesen zu reinigen, erscheinen alle Buddhas eigens in der Form des Vajrasattva. Deshalb ist die Übung der Meditation und Rezitation des Vajrasattva den anderen Übungen der Reinigung überlegen. Wir sollten die Meditation und Rezitation des Vajrasattva üben, indem wir der Sadhana folgen, dem rituellen Gebet für die Erlangung des Vajrasattva. In Teil Drei dieses Buches befindet sich eine einfache, essenzielle Übung zur Erlangung des Vajrasattva.

In dieser Reinigungspraxis ist es besonders wichtig, die vier Gegenkräfte aufrichtig zu üben. Diese sind die Kraft des Bedauerns, die Kraft des Vertrauens, die Kraft der Gegenkraft und die Kraft des Versprechens. In den Büchern *Freudvoller Weg* und *Das Bodhisattva Gelübde* wird dies ausführlich erläutert.

DIE DRITTE GROSSE HINFÜHRENDE VORBEREITUNG, SCHULUNG IN DER PRAXIS DER MANDALA DARBRINGUNG, DEM TOR ZUR ANHÄUFUNG DER ANSAMMLUNG VON VERDIENSTEN UND ZUR ERLANGUNG EINES ERLEUCHTETEN REINEN LANDES

Im Allgemeinen ist die Praxis, die Ansammlung von Verdiensten anzuhäufen, sehr umfangreich. In diesem Zusammenhang ist es jedoch von großer Bedeutung, die Praxis der Mandala Darbringung gesondert zu erläutern. Hier ist mit «Mandala» ein Reines Buddhaland gemeint, das durch die Kraft richtiger Vorstellung erzeugt wird.

Die Praxis der Mandala Darbringung ist eine wissenschaftliche Methode, das Reine Land eines Buddha zu erreichen. Sie beinhaltet die Praxis der vier vollkommenen Reinheiten, die in tantrischen Lehren erwähnt werden, die vollkommene Reinheit der Welten, des Körpers, der Vergnügen und Tätigkeiten. Für qualifizierte Praktizierende ist die Praxis der Mandala Darbringung sehr tiefgründig und kraftvoll und führt schnell zu Erlangungen. Aus diesem Grund, um anderen ein Vorbild zu sein, machte Je Tsongkhapa die Mandala Darbringung zu einer seiner Hauptübungen.

Wie bringen wir das Mandala dar? Wir stoppen durch richtige Vorstellung unsere Erscheinung unreiner Welten, ihrer Bewohner und Vergnügen und glauben, dass jede Erscheinung der Welten, ihrer Bewohner und Vergnügen eine Erscheinung der Welten, Bewohner und Vergnügen eines Buddhalandes ist. In dieser Weise erzeugen wir durch unsere richtige Vorstellung ein neues Reines Buddhaland und bringen dieses neue Reine Land eines Buddha der Versammlung der Gottheiten der Guru-Gottheit dar. Das Hauptobjekt der Darbringung, die Guru-Gottheit, ist Guru Heruka. Er ist auch unser spiritueller Meister, Je Tsongkhapa und Buddha Shakyamuni und wird deshalb «Guru Sumati Buddha Heruka» genannt.

Kurz gesagt ist die Mandala Darbringung die Darbringung eines Reinen Landes, das durch die Kraft richtiger Vorstellung erzeugt wurde. Es macht keinen Unterschied, ob wir ein Reines Land darbringen, das durch die Kraft richtiger Vorstellung erzeugt wurde oder ob wir ein tatsächliches Reines Land darbringen. Beide sind bloße Erscheinungen des Geistes. Haben wir einen reinen Geist, dann existieren beide. Haben wir keinen reinen Geist, dann existiert keines von beiden.

Es heißt, dass jemand, der starkes Vertrauen hat und Tantra beständig mit richtiger Vorstellung übt, leicht tantrische Verwirklichungen erlangen kann. Manchmal sehen wir Menschen, die Vertrauen haben, dem äußeren Anschein nach aber dumm und töricht sind und nicht viel wissen, tatsächlich jedoch durch ihre Vorstellungskraft und die Kraft ihres großen Vertrauens hohe tantrische Verwirklichungen erlangt haben. Der Kadampa Geshe Jayulwa verbrachte zum Beispiel seine ganze Zeit im Dienst seines spirituellen Meisters. Er hatte keine Zeit, ausgiebig Dharma zu hören oder zu meditieren, doch seine Übungen des Vertrauens und der richtigen Vorstellung waren überaus kraftvoll und in der Folge erlangte er hohe Verwirklichungen. Unter den Gelehrten seiner Zeit war dies allgemein bekannt.

Es gibt nichts, was von der Seite des Objekts als ein Reines Land existiert. Das Reine Land ist bloß eine Erscheinung eines reinen Geistes. In gleicher Weise gibt es nichts, was von seiner eigenen Seite als unreine Welt existiert. Eine unreine Welt ist bloß eine Erscheinung eines unreinen Geistes.

Wenn unser Geist unrein ist, sind wir ein unreines Wesen. Und wenn unser Geist rein ist, sind wir ein reines Wesen. In *Schmuckstück der klaren Verwirklichung* sagt Buddha Maitreya:

> Unreine Welten entstehen, weil Lebewesen unrein sind. Das beweist, dass wir eine reine Welt oder ein Reines Buddhaland erlangen können, indem wir selbst ein reines Wesen werden.

Dies zeigt deutlich, dass wir, wenn wir wirklich in einem Reinen Land geboren werden wollen, unseren Geist reinigen müssen, sodass er klar und rein wird. Jeden Tag waschen wir unseren Körper und finden das wichtig. Doch wie viel wichtiger ist es, unseren Geist zu säubern und zu reinigen, sodass wir alles, einschließlich der Welt, als rein erleben werden?

Wie erreichen wir das Reine Land eines Buddha? Durch die Kraft von Vertrauen und richtiger Vorstellung stoppen wir alle unsere Erscheinungen einer unreinen belebten und unbelebten Welt und erzeugen alle unsere Erscheinungen als eine reine belebte oder unbelebte Welt. Meditieren wir stetig über diese Erzeugung, wird unser Geist durch diese Übung rein und so werden wir ein reines Wesen sein und in dieser Weise ein Reines Buddhaland erlangen können.

Die soeben erklärte Übung, ein Reines Buddhaland zu erreichen, ist in der Praxis der Mandala Darbringung enthalten. Werden wir in Abhängigkeit von dieser Übung in einem Reinen Buddhaland geboren, ist dies fast das Gleiche, als würden wir ein Buddha zu unserem eigenen Wohl.

Eine ausführliche, allgemeine Erklärung, wie wir das Mandala darbringen, können wir den klaren Erläuterungen in Lamrim Texten entnehmen.

DIE VIERTE GROSSE HINFÜHRENDE VORBEREITUNG, SCHULUNG IN GURU YOGA, DEM TOR ZUM EMPFANGEN VON SEGNUNGEN

Darbringung an den spirituellen Meister, oder *Lama Chöpa*, wird im Allgemeinen als der Guru Yoga betrachtet, der die vorbereitende Übung des Mahamudra ist. Er wurde vom ersten Panchen Lama Losang Chökyi Gyaltsen verfasst, der als Emanation Buddha Amitabhas in menschlicher Form erschien. Die Art und Weise, diesen Guru Yoga zu üben, wird im Buch *Große Schatzkammer der Verdienste* erklärt, einem Kommentar zu *Darbringung an den spirituellen Meister*.

Der Guru Yoga *Die Hunderte von Gottheiten des Freudvollen Landes*, der ein Auszug aus der *Ganden Emanationsschrift* ist, kann ebenfalls als vorbereitende Übung des Mahamudra verwendet werden. Dies ist nicht so allgemein bekannt und muss durch die Anleitungen der Gurus der mündlichen Ganden Überlieferungslinie verstanden werden.

Es gibt zwei Arten, den Guru Yoga *Die Hunderte von Gottheiten des Freudvollen Landes* zu üben: gemäß Sutra und gemäß Höchstem Yoga Tantra. Sie unterscheiden sich in der Art der Visualisierung des hauptsächlichen Verpflichtungswesens im Verdienstfeld. Dem Höchsten Yoga Tantra zufolge sollte das hauptsächliche Verpflichtungswesen des Verdienstfelds als Je Tsongkhapa visualisiert werden, mit

Buddha Shakyamuni in seinem und Heruka Vater und Mutter in dessen Herzen. Dieses hauptsächliche Verpflichtungswesen des Verdienstfelds wird «Guru Sumati Buddha Heruka» genannt. In diesem Zusammenhang bezieht sich «Guru» auf unseren eigenen Wurzelguru, «Sumati» bezieht sich auf Losang Dragpa – Je Tsongkhapas Ordinationsname – und «Buddha» bezieht sich auf Buddha Shakyamuni.

Wir können das anhand der folgenden Erklärung verstehen: Obwohl Buddha Shakyamuni in einem anderen Aspekt erscheint, ist er in Wirklichkeit Eroberer Vajradhara Heruka. Obwohl Je Tsongkhapa in einem anderen Aspekt erscheint, ist er in Wirklichkeit Buddha Shakyamuni. Und obwohl unser spiritueller Meister in einem anderen Aspekt erscheint, ist er in Wirklichkeit Je Tsongkhapa. Diese Gurus sind einfach eine Person, die in unterschiedlichen Aspekten erscheint, genau wie ein Schauspieler, der in unterschiedlichen Aspekten erscheinen und unterschiedliche Rollen spielen kann, während er dieselbe Person ist. Indem wir unseren spirituellen Meister in dieser Weise erkennen und dann diesen Guru Yoga üben, werden wir sehr schnell kraftvolle Segnungen erhalten. Die Erfahrung vieler Praktizierender, meine eigene eingeschlossen, beweist dies.

Wie oben erwähnt unterscheidet sich dieser Guru Yoga gemäß Höchstem Yoga Tantra von dem im Sutra hauptsächlich in der Visualisierung des hauptsächlichen Verpflichtungswesens des Verdienstfelds. Die verbleibenden Übungen ab der Einladung der Weisheitswesen bis hin zur Widmung unterscheiden sich nicht. Die Anleitung dieser Guru Yoga Praxis ist sehr gesegnet und leicht zu üben. Deshalb können wir sie in all unseren Sitzungen als vorbereitende Übung für Mahamudra verwenden.

Welche Beziehung besteht zwischen der Mahamudra Praxis und den vier großen hinführenden Vorbereitungen? Die

Praxis des Mahamudra ist wie ein Auto mit vier Rädern. Indem wir uns darauf verlassen, können wir rasch zur Ebene der Vereinigung der Buddhaschaft fahren. Die vier Vorbereitungen sind wie die vier Räder des Autos. Fehlt ein Rad, kann das Auto nicht fahren und ebenso können wir durch Mahamudra Praxis nicht zur Buddha Ebene reisen, wenn eine der vier Vorbereitungen fehlt.

Wollen wir wirklich dauerhafte Befreiung von den Leiden Samsaras und die endgültige Glückseligkeit der Erleuchtung erlangen, indem wir uns auf die Praxis des Mahamudra verlassen, dann ist es sehr wichtig, uns wirklich zu bemühen die vier großen hinführenden Vorbereitungen zu üben. Die Funktion der vorbereitenden Übungen besteht hauptsächlich darin, dass wir Verdienste ansammeln, Nichttugend reinigen und Segnungen erhalten. Deshalb müssen wir sie jeden Tag, wenn wir nicht in der Meditationssitzung sind, im Rahmen unserer üblichen Tätigkeiten praktisch umsetzen.

Die vier großen hinführenden Vorbereitungen abzuschließen bedeutet normalerweise, dass wir in der Praxis der Zuflucht hunderttausend Zufluchtsgebete anhäufen oder ansammeln. In der Praxis der Meditation und Rezitation des Vajrasattva sammeln wir hunderttausend Vajrasattva Mantras an, in der Praxis der Mandala Darbringung sammeln wir hunderttausend Mandala Darbringungen an und in der Praxis des Guru Yoga sammeln wir hunderttausend *Migtsema* Bittgebete an. Richtlinien zur Praxis der vier großen hinführenden Vorbereitungen des Mahamudra finden sich in Anhang I.

Nun folgt, wie wir *Die Hunderte von Gottheiten des Freudvollen Landes gemäß Höchstem Yoga Tantra* üben. Wir beginnen, indem wir Folgendes rezitieren, während wir über seine Bedeutung nachdenken:

Im Raume vor mir erscheint mein Wurzelguru, Guru Sumati Buddha Heruka, umgeben von allen Buddhas der zehn Richtungen.

Wir meditieren kurz über die Objekte der Zuflucht, die gleichzeitig die Verpflichtungswesen des Verdienstfelds sind, und die wir durch richtige Vorstellung erzeugt haben.

Dann überlegen wir und versprechen:

O Gurus, Buddhas und Bodhisattvas, bitte hört mich an.
Von jetzt an, bis wir Erleuchtung erlangen,
Nehmen ich und alle Mutterlebewesen, so weit wie der Raum,
Zuflucht zu den Drei kostbaren Juwelen – Buddha, Dharma und Sangha.

Indem wir dieses Versprechen dreimal rezitieren, legen wir die Mahayana Zufluchtsgelübde ab.

Dann überlegen wir und denken:

Zum Wohle aller fühlenden Mutterwesen
Werde ich die Guru-Gottheit werden
Und dann alle fühlenden Wesen
Zum erhabenen Zustand der Guru-Gottheit führen.

Indem wir dieses Versprechen dreimal rezitieren, erzeugen wir Bodhichitta und legen das Bodhisattva Gelübde gemäß dem Höchsten Yoga Tantra ab.

Dann rezitieren wir:

Aus dem Herzen des Beschützers der Hunderte von Gottheiten des Freudvollen Landes,
Auf den Gipfel einer Wolke, die einem Berg frischer weißer Sahne gleicht,
Allwissender Losang Dragpa, König des Dharma,
Bitte komme zusammen mit Deinen Söhnen an diesen Ort.

Wir stellen uns vor, dass sich die Weisheitswesen, die wir eingeladen haben, in die Verpflichtungswesen auflösen und sie untrennbar eins werden.

Dann rezitieren wir die verbleibenden Verse in gewohnter Weise, ab «Im Raume vor mir auf einem Löwenthron, Lotos und Mond» bis einschließlich der Widmung, während wir über ihre Bedeutung nachdenken. Dann bringen wir entweder ein kurzes oder langes Mandala dar. Danach rezitieren wir siebenmal oder öfter das *Migtsema* Bittgebet gemäß Höchstem Yoga Tantra.

Danach meditieren wir kurz über Lamrim, Lojong und die zwei Stufen des Höchsten Yoga Tantra, während wir das Gebet *Bitte an den Herrn aller Überlieferungslinien* rezitieren (siehe S. 79-86). Wir rezitieren nicht einfach die Worte, sondern konzentrieren uns stark auf die Bedeutung der jeweiligen Stufe des Pfades. Tun wir dies täglich in zwei, drei oder vier Sitzungen, wird es nicht lange dauern, bis wir durch die Kraft dieser Meditation Verwirklichungen des gesamten Lamrim von Sutra und Tantra erlangen. Dies ist ein sehr wichtiger Rat, den wir in unserem Herzen bewahren sollten.

Danach rezitieren wir:

O glorreicher und kostbarer Wurzelguru,
Bitte verweile auf dem Lotos und Mondsitz in meinem
Herzen.
Bitte sorge für mich mit Deiner großen Güte
Und gewähre mir die Segnungen Deines Körpers,
Deiner Rede und Deines Geistes.

Infolge dieser Bitte schmelzen die Buddhas der zehn Richtungen im Raume vor uns zu Licht und lösen sich in Je Tsongkhapa auf. Er schmilzt ebenfalls zu Licht und löst sich in Buddha Shakyamuni in seinem Herzen auf. Nun schmilzt Buddha Shakyamuni zu Licht und löst sich in Heruka in seinem Herzen auf.

Voller Entzücken kommt Guru Heruka zu unserem Scheitel und verweilt in der Mitte unseres Scheitelkanal-Rades. Licht strahlt aus seinem Körper und segnet die Kanäle, Winde und Tropfen in unserem Scheitel.

Dann rezitieren wir:

O glorreicher und kostbarer Wurzelguru,
Bitte verweile auf dem Lotos und Mondsitz in meinem Herzen.
Bitte sorge für mich mit Deiner großen Güte
Und gewähre mir die allgemeinen und höchsten Erlangungen.

Infolge dieser Bitte sinkt Guru Heruka in unseren Hals und verweilt in der Mitte unseres Halskanal-Rades. Licht strahlt aus seinem Körper und segnet die Kanäle, Winde und Tropfen in unserem Hals.

Dann rezitieren wir:

O glorreicher und kostbarer Wurzelguru,
Bitte verweile auf dem Lotos und Mondsitz in meinem Herzen.
Bitte sorge für mich mit Deiner großen Güte
Und bleibe unerschütterlich, bis ich die Essenz der Erleuchtung erlangt habe.

Infolge dieser Bitte sinkt Guru Heruka in unser Herz und verweilt in der Mitte unseres Herzkanal-Rades. Licht strahlt aus seinem Körper und segnet die Kanäle, Winde und Tropfen in unserem Herzen.

Nun mischt sich Guru Herukas Geist des klaren Lichts der großen Glückseligkeit untrennbar mit unserem Geist. Durch diese Kraft wird unser Geist zur Natur von Herukas Geist des klaren Lichts der großen Glückseligkeit. In dieser Weise erzeugen wir unseren Geist als Herukas Geist, indem wir ihn durch richtige Vorstellung mit Herukas Geist mischen. Wir sollten uns daran erinnern, dass tantrische Verwirklichungen

Manjushri

durch richtige Vorstellung erreicht werden können. Wir denken:

Meinen Geist mit Herukas Geist zu mischen ist eine kraftvolle Methode, um meine gewöhnliche Erscheinung und Vorstellungen dauerhaft zu reinigen. Ich werde diese Erfahrung Tag und Nacht bewahren.

DIE EIGENTLICHE PRAXIS DES MAHAMUDRA

Das eigentliche Mahamudra hat zwei Teile: große Glückseligkeit, wie sie im Tantra erklärt wird, und Leerheit, wie sie im Sutra erklärt wird. Die Vereinigung dieser Glückseligkeit und Leerheit ist das eigentliche Mahamudra.

Wenn unser Geist der großen Glückseligkeit durch die Kraft der Meditation mit Leerheit eins wird, ist dies die Vereinigung von großer Glückseligkeit und Leerheit. Wenn wir während einer Ermächtigung ins Höchste Yoga Tantra die vierte Ermächtigung, die Wortermächtigung, erhalten, erklärt der spirituelle Meister mündlich die Bedeutung von Vereinigung, weshalb sie «Wortermächtigung» genannt wird. Obwohl wir diese mündliche Anleitung des spirituellen Meisters hören, verstehen viele Leute nichts davon, da diese Vereinigung sehr subtil und tiefgründig ist.

Große Glückseligkeit kann nur in Abhängigkeit davon erlangt werden, dass Methoden der Vollendungsstufe wie das Durchdringen des Vajrakörpers geschickt angewendet werden. Dies wird unten ausführlich erklärt.

Leerheit ist die wirkliche Natur aller Phänomene. Sie ist ein tiefgründiges und sehr bedeutsames Objekt. Ohne die wirkliche Bedeutung der Leerheit zu verstehen, ist es unmöglich, dauerhafte Befreiung von Leiden zu erlangen. Da es aber nicht einfach ist, die wirkliche Bedeutung der Leerheit zu verstehen, lehnen viele Menschen den Wert eines solchen Verständnisses ab. Der Geist vieler Menschen ist völlig verwirrt in Bezug auf Leerheit. Umso größer ist unser Glück, dass wir in den Lehren Je Tsongkhapas eine klare, fehlerlose und vollständige Erklärung der Bedeutung der Leerheit finden können.

Es gibt fünf Stufen der eigentlichen Praxis des Mahamudra:

1. Über ruhiges Verweilen meditieren, nachdem wir unseren eigenen Geist identifiziert haben
2. Über höheres Sehen meditieren, nachdem wir Leerheit verwirklicht haben
3. Über den Zentralkanal meditieren, der Yoga des Zentralkanals
4. Über den unzerstörbaren Tropfen meditieren, der Yoga des Tropfens
5. Über den unzerstörbaren Wind meditieren, der Yoga des Windes

Wir sollten wissen, dass wir unseren eigenen Geist, unseren eigenen Körper und unser Selbst richtig identifizieren müssen. Seit anfangsloser Zeit haben wir unser Selbst in fehlerhafter Weise identifiziert. Wir glauben, dass unser Selbst, das wir normalerweise sehen, unser Selbst ist. Dieser Glaube ist Unwissenheit, da unser Selbst, das wir normalerweise sehen, nicht existiert. Dies wird weiter unten ausführlich erklärt. Wegen dieser Unwissenheit entwickeln und erleben wir verschiedene Arten fehlerhafter Erscheinung und aufgrund dessen erleben wir während dieses Lebens und Leben für Leben, endlos, verschiedene Arten von Leiden und Problemen wie Halluzinationen. Identifizieren wir jedoch unser Selbst als eine bloße Erscheinung, die nichts anderes ist als die Leerheit aller Phänomene, die bloße Abwesenheit aller Phänomene, die wir normalerweise wahrnehmen, wird sich unsere fehlerhafte Erscheinung vermindern und schließlich vollständig aufhören. Dann werden wir automatisch das endgültige Glück der Erleuchtung erleben.

ÜBER RUHIGES VERWEILEN MEDITIEREN, NACHDEM WIR UNSEREN EIGENEN GEIST IDENTIFIZIERT HABEN

Dies hat zwei Teile:

1. Die Stufen, unseren eigenen Geist zu identifizieren
2. Die eigentliche Meditation über ruhiges Verweilen

DIE STUFEN, UNSEREN EIGENEN GEIST ZU IDENTIFIZIEREN

Buddha sagt in einem Sutra:

> Verwirklichst du deinen eigenen Geist, dann wirst du ein Buddha. Du solltest Buddhaschaft nicht anderswo suchen.

Die tatsächliche Bedeutung dieses Sutra können wir anhand der folgenden Anleitungen des Höchsten Yoga Tantra verstehen.

Es gibt drei Stufen, unseren eigenen Geist zu identifizieren: unseren groben Geist identifizieren, unseren subtilen Geist identifizieren und unseren sehr subtilen Geist identifizieren. Der Geist, der jetzt, während wir nicht schlafen, verschiedene Arten von Objekten versteht, ist unser grober Geist. Es ist nicht schwer, ihn zu identifizieren oder zu kennen. Der Geist, der während unserer Träume verschiedene Arten von Traumobjekten sieht oder wahrnimmt, ist unser subtiler Geist. Er ist schwierig zu identifizieren oder zu kennen. Wenn durch die Kraft der Auflösung der groben und subtilen Winde innerhalb des Zentralkanals alle groben und subtilen Geistesarten aufhören, manifestiert sich ein Geist, der «klares Licht» genannt wird und der unser sehr subtiler Geist ist. Dieser Geist ist sehr schwer zu identifizieren oder zu kennen. Wenn wir solch einen sehr subtilen Geist direkt identifizieren, oder verwirklichen, ist das im Grunde nicht anders, als erleuchtet zu sein. Das ist die Bedeutung der oben zitierten Worte des Sutra.

Im Allgemeinen heißt es, dass die Bedeutung, oder Definition, von Geist «Klarheit und Erkennen» ist. Klarheit ist die Natur des Geistes und Erkennen seine Funktion.

Würde uns nun jemand fragen, was Klarheit bedeutet, was würden wir ihm antworten? Ich muss sagen, ich habe niemanden gefunden, der darauf eine klare Antwort geben kann. Als ich noch im Kloster lebte, fand ich keine befriedigende Antwort in den Lehrbüchern. Erst später, als ich in den Bergen im Retreat war, verstand ich deutlich die Bedeutung von Klarheit anhand eines Mahamudra Textes. Ich dachte: «Dieser Text, der eine echte mündliche Anleitung ist, ist wunderbar», und mich erfasste ein tiefes Gefühl der Freude. Jetzt habe ich die Zuversicht, die Bedeutung von Klarheit klar zu erläutern.

Die Bedeutung, oder Definition, von Klarheit ist etwas, das leer wie Raum ist, das nie Form haben kann und das die Grundlage ist, um Objekte wahrzunehmen.

Raum ist zum Beispiel von Natur aus leer und so ist er «leer wie Raum», doch er kann Form haben, da er Gestalt und Farbe haben kann. Am Tag kann er hell sein und in der Nacht dunkel. Deshalb ist Raum nicht Klarheit.

Leerheit ist auch «leer wie Raum» und auch sie kann nie Form haben, doch sie kann keine Grundlage sein, um Objekte wahrzunehmen. Deshalb ist Leerheit nicht Klarheit.

Nur Geist kann Klarheit sein. Es gibt keine konventionelle Natur des Geistes, die etwas anderes als Klarheit ist.

Wenn wir dies verstanden haben und versuchen unseren eigenen Geist zu identifizieren, und wir sehr klar etwas verstehen, das leer wie Raum ist, das nie Form haben kann und das die Grundlage ist, um Objekte wahrzunehmen, dann haben wir unseren eigenen Geist erkannt, oder identifiziert. Dann haben wir das Objekt der Meditation des ruhigen Verweilens, das unseren Geist beobachtet, gefunden.

In der Praxis des Mahamudra müssen wir ruhiges Verweilen erreichen, indem wir unseren eigenen Geist beobachten. Dafür gibt es viele Gründe, die unten erklärt werden. Deshalb ist es sehr wichtig, den eigenen Geist zu identifizieren, indem wir uns auf die oben erwähnten Anleitungen, wie wir unseren eigenen Geist identifizieren, stützen.

DIE EIGENTLICHE MEDITATION ÜBER RUHIGES VERWEILEN

Im Zusammenhang mit Mahamudra ist es notwendig, den Geist als Meditationsobjekt des ruhigen Verweilens zu nehmen. Es gibt viele besondere Gründe dafür, doch zuerst müssen wir einen Zweifel ausräumen.

Da der Geist hier das Objekt der Meditation ist und das, was meditiert, ebenfalls der Geist ist, könnte man sagen, dass der Geist sich selbst erkennt und daher Selbsterkenner existieren, was der Madhyamika-Prasangika Sicht widerspricht. Diesen Fehler gibt es jedoch nicht, weil der Geist, der das Objekt der Meditation ist, und der Geist, der meditiert, nicht das Gleiche sind. Der Geist, der das Objekt der Meditation ist, ist unser eigener sehr subtiler Geist und der Geist, der meditiert, ist unser grober Geist. Also meditiert der grobe Geist über den sehr subtilen Geist.

Die eigentliche Art und Weise, über ruhiges Verweilen zu meditieren, ist wie folgt: In unseren Sitzungen führen wir zuerst die Praxis des Guru Yoga aus, entweder mit *Die Hunderte von Gottheiten des Freudvollen Landes gemäß Höchstem Yoga Tantra* oder mit *Darbringung an den spirituellen Meister*, von der Zufluchtnahme bis zur Auflösung des Gurus in unser Herz. Dann müssen wir das Objekt der Meditation des ruhigen Verweilens finden.

Dies tun wir, indem wir durch die Kraft der untrennbaren Vermischung des Geistes der großen Glückseligkeit Guru Herukas mit unserem eigenen Geist ein Gefühl großer

Freude entwickeln. Mit diesem Gefühl der Freude beginnen wir dann mit der Suche, um unseren eigenen sehr subtilen Geist zu identifizieren, wobei wir uns an die oben erklärten Anleitungen erinnern.

Wie bereits erklärt ist der Geist, der das Objekt der Meditation ist, unser sehr subtiler Geist. Wenn wir untersuchen, um herauszufinden, was unser sehr subtiler Geist ist, so ist diese Untersuchung die Suche nach dem Objekt der Meditation, der Versuch, es zu finden. Wenn wir durch diese Art der Suche unseren sehr subtilen Geist klar als etwas wahrnehmen, das leer wie Raum ist, das nie Form haben kann und das die Grundlage ist, um Objekte wahrzunehmen, dann haben wir das Objekt der Meditation des ruhigen Verweilens gefunden.

Im Allgemeinen bedeutet ruhiges Verweilen Folgendes: «ruhig» bedeutet, dass unser Geist frei von Ablenkung durch äußere Objekte ist und «Verweilen» bedeutet, dass unser Geist einsgerichtet auf einem tugendhaften Objekt bleibt, oder verweilt. Im weitesten Sinn kann man deshalb ruhiges Verweilen als einen Geist bezeichnen, der frei von Ablenkung durch äußere Objekte ist und einsgerichtet auf einem tugendhaften Objekt verweilt. Das ist nicht allzu schwer zu erreichen.

Genauer gesagt ist ruhiges Verweilen eine Konzentration, die über die besondere Glückseligkeit körperlicher und geistiger Geschmeidigkeit verfügt, die mit der Vollendung von neun Ebenen der Konzentration erlangt wird, den neun Ebenen des geistigen Verweilens. Solch ein ruhiges Verweilen ist ein sehr friedvoller, subtiler Geist. Er ist in der Lage, Wut, Anhaftung und andere Verblendungen einschließlich des Festhaltens am Selbst der Wesen des Begierde- und Formbereichs zu befrieden. Er ist eine Ursache für das Erlangen von Hellsicht und Wunderkräften und er wirkt als Ursache für eine Wiedergeburt als Gott in den oberen Bereichen.

Allerdings ist das Erreichen von Hellsicht und Wunderkräften oder eine Wiedergeburt als Gott in den oberen Bereichen nicht von vorrangiger Bedeutung. Das Hauptziel der Meditation über ruhiges Verweilen ist, dauerhafte Befreiung von den Leiden Samsaras und die Glückseligkeit der Buddhaschaft für uns selbst und andere zu erlangen.

Es ist besonders wichtig zu wissen, dass wir in der Mahamudra Praxis das ruhige Verweilen vollenden, indem wir unseren eigenen sehr subtilen Geist beobachten. Der Grund dafür ist: Wenn wir die Konzentration des vierten geistigen Verweilens erlangen, die unseren eigenen sehr subtilen Geist beobachtet, können wir abhängig von der Praxis des Yoga des Schlafens unser klares Licht des Schlafes erkennen und in das endgültige beispielklare Licht umwandeln, und dann allmählich in das sinnklare Licht. Dann ist es sicher, dass wir die Vereinigung der erleuchteten Buddhaschaft sehr schnell erlangen. Daraus können wir ersehen, dass die Art und Weise, ruhiges Verweilen entsprechend der Mahamudra Praxis zu vollenden, eine sehr tiefgründige und geschickte Methode ist.

Die Zweige des ruhigen Verweilens (oder die äußeren und inneren Bedingungen, um ruhiges Verweilen zu erlangen) werden ausführlich in den Büchern *Freudvoller Weg* und *Leitfaden für die Lebensweise eines Bodhisattva* erklärt. Wenn wir diese Erklärungen genau verstanden haben, ist es sehr wichtig, die äußeren und inneren Bedingungen für die Erlangung des ruhigen Verweilens aufrechtzuerhalten. Dann wird es nicht schwierig sein, ruhiges Verweilen zu erlangen, auch wenn die Menschen heutzutage sehr abgelenkt sind.

Sind wir in der Meditation über das ruhige Verweilen gemäß den Mahamudra Lehren qualifiziert und erlangen dann die Konzentration des vierten geistigen Verweilens, die unseren sehr subtilen Geist beobachtet, hat diese Konzentration die gleiche Funktion wie das eigentliche ruhige

Verweilen, das in den Sutra Lehren erklärt wird. Das liegt daran, dass sowohl die Kraft der Segnungen der Anleitungen über ruhiges Verweilen, wie sie in den Mahamudra Lehren erklärt werden, als auch die Art zu meditieren, anderen Methoden überlegen ist. Deshalb müssen wir uns sehr bemühen, bis wir die Konzentration des vierten geistigen Verweilens, die den sehr subtilen Geist beobachtet, erlangt haben.

WIE WIR UNS IN DER MEDITATION DES RUHIGEN VERWEILENS SCHULEN, DAS DEN SEHR SUBTILEN GEIST BEOBACHTET

Wir erinnern uns an unsere frühere Erfahrung, als sich unser Geist mit Guru Herukas Geist der großen Glückseligkeit mischte, und entwickeln ein Gefühl großer Freude. Dann denken wir:

Wie ist mein sehr subtiler Geist beschaffen?

Wir erinnern uns an die Anleitungen, wie wir unseren Geist identifizieren und wie wir Klarheit verstehen. Dann wenden wir diese Anleitungen an, um unseren eigenen sehr subtilen Geist zu identifizieren. Wir überlegen:

Mein sehr subtiler Geist ist Klarheit, weil er Geist ist. Er ist also etwas, das leer wie Raum ist, das nie Form haben kann und das die Grundlage ist, um Objekte wahrzunehmen.

Darüber denken wir immer wieder nach, ohne uns ablenken zu lassen. Wenn wir durch diese Kontemplation unseren sehr subtilen Geist klar als etwas wahrnehmen, das leer wie Raum ist, das nie Form haben kann und das die Grundlage ist, um Objekte wahrzunehmen, dann haben wir unseren eigenen sehr subtilen Geist identifiziert, das Objekt des ruhigen Verweilens, das unseren eigenen sehr subtilen Geist beobachtet. Wir halten diesen sehr subtilen Geist, ohne ihn zu vergessen, und meditieren für kurze Zeit einsgerichtet darüber. Vergessen wir das Objekt der Meditation, sollten wir es uns erneut vergegenwärtigen und darüber meditieren.

Durch die Kraft, jeden Tag immer wieder so zu üben, werden wir eine stabile Vertrautheit erlangen, unseren eigenen sehr subtilen Geist wahrzunehmen. Mit dieser Vertrautheit konzentrieren wir unseren Geist einsgerichtet auf unseren sehr subtilen Geist und meditieren darüber. Diese Meditation ist das erste geistige Verweilen und wird «Verweilen des Geistes» genannt.

Wir meditieren dann fortwährend mit der Konzentration des ersten geistigen Verweilens. Wann immer wir das Objekt der Meditation vergessen, erinnern wir uns daran und meditieren darüber. Indem wir jeden Tag wiederholt in dieser Weise üben, werden wir jedes Mal, wenn wir diese Meditation üben, unsere Meditation über unseren eigenen sehr subtilen Geist mindestens fünf Minuten halten können, ohne ihn zu vergessen. Diese Meditation ist das zweite geistige Verweilen und wird «kontinuierliches Verweilen» genannt.

Dann meditieren wir fortwährend mit der Konzentration des zweiten geistigen Verweilens. Jedes Mal, wenn der Geist wandert und wir das Objekt der Meditation, unseren sehr subtilen Geist, vergessen, erinnern wir uns erneut daran und meditieren darüber. Indem wir jeden Tag wiederholt in dieser Weise üben, werden wir allmählich kraft unserer Vertrautheit eine Konzentration erlangen, die das Objekt der Meditation sogleich wieder ins Gedächtnis rufen kann, wann immer wir es vergessen. Diese Konzentration ist das dritte geistige Verweilen und wird «Wiederverweilen» genannt.

Dann meditieren wir fortwährend mit der Konzentration des dritten geistigen Verweilens. Da diese Konzentration das Objekt der Meditation sogleich wieder ins Gedächtnis rufen kann, wann immer wir es vergessen, werden wir, indem wir jeden Tag immer wieder mit dieser Konzentration meditieren, allmählich durch die Kraft der Vertrautheit eine

Konzentration erlangen, die während der ganzen Sitzung das Objekt der Meditation nie vergisst. Diese Konzentration ist das vierte geistige Verweilen und wird «nahes Verweilen» genannt.

Sobald wir die Konzentration des vierten geistigen Verweilens, das den sehr subtilen Geist beobachtet, erreicht haben, gibt es hinsichtlich des Ziels, die höheren Pfade zu erreichen, nahezu keinen Unterschied mehr zur Erlangung des eigentlichen ruhigen Verweilens, weil zu diesem Zeitpunkt unsere Konzentration sehr stabil und unsere Achtsamkeit sehr stark ist. Deshalb können wir von diesem Zustand aus die zweite Stufe der eigentlichen Mahamudra Praxis üben – über höheres Sehen meditieren, nachdem wir Leerheit verwirklicht haben.

ÜBER HÖHERES SEHEN MEDITIEREN, NACHDEM WIR LEERHEIT VERWIRKLICHT HABEN

Die Praxis der zweiten Stufe hat zwei Teile: Leerheit erkennen und über höheres Sehen meditieren. Im Urtext des Mahamudra heißt es:

> Diesbezüglich gibt es deshalb zwei Systeme:
> Auf der Grundlage der richtigen Sicht die Meditation suchen
> Und auf der Grundlage der Meditation die richtige Sicht suchen.
> Hier folgen wir dem zweiten System.

Die Art und Weise, auf der Grundlage der Meditation die richtige Sicht zu suchen, ist, zuerst die Konzentration des ruhigen Verweilens zu erlangen oder zumindest die Konzentration des vierten geistigen Verweilens, und dann auf der Grundlage dieser Meditation Leerheit zu verwirklichen.

Wie verwirklichen wir Leerheit? Im Allgemeinen lehrte Buddha, den unterschiedlichen Auffassungsgaben der Menschen entsprechend, viele unterschiedliche Ebenen der Bedeutung der Leerheit. Es waren Nagarjuna und sein Schüler Chandrakirti, die Buddhas eigentliche Absicht erläuterten, und es war Je Tsongkhapa, der sie unmissverständlich klarstellte.

Die Praxis des Mahamudra ist die Anleitung der mündlichen Überlieferungslinie. Sie umfasst viele Anleitungen, die anderen besonders überlegen sind, zum Beispiel:

- Wie man das Objekt der Verneinung der Leerheit identifiziert und wie man über seine Verneinung, Leerheit, meditiert
- Wie man als Vorbereitung auf den Pfad des Sehens, der Leerheit direkt verwirklicht, über höheres Sehen meditiert
- Wie man eine besondere Verwirklichung des Pfades des Sehens erzeugt, die nichtduale Glückseligkeit und Leerheit

Nehmen wir den ersten Punkt, wie man das Objekt der Verneinung der Leerheit identifiziert, so denken wir über die Bedeutung der Worte des großen Gelehrten und Yogi Norsang Gyatso nach, die der erste Panchen Lama in *Lampe der Klarstellung* zitiert, seinem Selbstkommentar zum Urtext des Mahamudra. Die Bedeutung dieser Worte ist wie folgt:

> Obwohl es viele Sterne gibt, die Anhänger der großen Sonne Je Tsongkhapas sind,
> Und die sagen, dass der große mittlere Weg, Leerheit,
> Die bloße Abwesenheit inhärenter Existenz ist,
> Glauben sie in ihrem Herzen, dass die Dinge, die wir normalerweise sehen, tatsächlich existieren.
> Traumdinge wie Traumberge und Traumhäuser
> Und die Pferde und Elefanten, die von Magiern erschaffen werden,

Je Phabongkhapa

Sind alle bloße Erscheinung des Geistes –
Sie existieren nicht tatsächlich.
Ebenso sind alle Lebewesen von den Göttern bis zu den Höllenwesen
Und alle Phänomene, die wir normalerweise sehen oder wahrnehmen,
Ebenfalls bloße Erscheinung des Geistes –
Sie existieren nicht tatsächlich.
Gelingt es uns nicht, all die Dinge zu verneinen, die wir normalerweise sehen,
Ist unsere Sicht der Leerheit lediglich unsere eigene Schöpfung
Und kann unser Problem der Verblendung nicht lösen.

Da wir früher vielleicht großes Interesse an Leerheit hatten, viele Bücher gelesen, viele Fragen gestellt und viele Antworten erhalten haben, müssen wir nicht lange nachdenken, wenn uns jetzt jemand fragt, was Leerheit ist. Wir antworten wie selbstverständlich: «Sie ist leer von inhärenter Existenz», so als ob wir Leerheit selbst verwirklicht hätten.

In Wahrheit sind wir nicht wie jemand, der sich satt gegessen hat und zufrieden ist. Der Grund dafür ist, dass wir nicht in der Lage sind, die Phänomene zu verneinen, die wir normalerweise sehen oder wahrnehmen. Normalerweise deuten wir auf eine Leerheit, die ein fabriziertes Objekt der Verneinung verneint, und sagen: «Das ist Leerheit.» Wir sollten wissen, dass wir, ganz gleich wie sehr wir dies auch analysieren mögen, nie von einer unrichtigen Sicht abrücken werden. Ganz gleich wie viel wir über eine solche Leerheit meditieren, es wird uns nicht helfen die Probleme der Verblendungen zu lösen.

Das tatsächliche Objekt der Verneinung der Leerheit ist das Phänomen, das wir normalerweise sehen oder wahrnehmen. Wir sollten uns sehr bemühen dies aus eigener Erfahrung zu verstehen. Im Allgemeinen bedeutet «Leerheit» die Nichtexistenz von etwas. Sagen wir zum Beispiel:

«Mein Geldbeutel ist leer», dann ist mit «leer» hier die Nichtexistenz von Geld in unserem Geldbeutel gemeint. Ähnlich ist es, wenn wir «Leerheit» sagen. Dann ist «leer» lediglich die Nichtexistenz der Phänomene, die wir normalerweise sehen oder wahrnehmen.

In den *Sutras der Vollkommenheit der Weisheit* heißt es direkt, dass Phänomene nicht existieren. Dort steht: «Es gibt keine Form, keinen Klang, keinen Geruch, keinen Geschmack, kein Tastobjekt, kein Phänomen», und wir sind mit Buddha einer Meinung darüber. In gleicher Weise sage ich direkt, dass all die Phänomene, die wir normalerweise sehen oder wahrnehmen, nicht existieren. Warum also solltest du nicht einer Meinung mit mir sein?

Ich sage nicht, dass alle Phänomene nicht existieren. Alle Phänomene existieren. Die Art, wie sie existieren, ist als bloßer Name. Irgendetwas anderes als bloßer Name existiert nicht. Doch all die Phänomene, die wir normalerweise sehen oder wahrnehmen, existieren nicht, nicht einmal als bloßer Name, weil sie allesamt fehlerhafte Erscheinung sind. Das ist eine schlüssige Begründung, denn wenn etwas tatsächlich existiert, gibt es keinen Grund, dass es eine fehlerhafte Erscheinung ist, und keinen Grund, dass es unwahr ist.

Im Kontext des Mahamudra und Nagarjunas Absicht folgend, wird zuerst die Anleitung gegeben, die Leerheit zu verwirklichen, die die Selbstlosigkeit von Personen ist, und dann die Anleitung, die Leerheit zu verwirklichen, die die Selbstlosigkeit von Phänomenen ist.

WIE WIR DIE LEERHEIT VERWIRKLICHEN, DIE DIE SELBSTLOSIGKEIT VON PERSONEN IST

Wir sollten wissen: Wenn unser Selbst, das wir normalerweise sehen, existiert, dann muss es in unserem Körper, in unserem Geist, als Ansammlung unseres Körpers und Geistes oder irgendwo anders existieren. Es gibt keine andere Art, wie es existieren kann. Im *Sutra der Vollkommenheit der*

Weisheit sagt Buddha: «Suchst du nach deinem Körper mit Weisheit, wirst du nichts finden.» Dies impliziert, dass wir, wenn wir nach unserem Selbst oder Ich mit Weisheit suchen, nichts finden werden.

Wie setzen wir diese Anleitung in die Praxis um? Wir überlegen und denken:

Ist mein Körper mein Selbst oder Ich, so folgt daraus, dass nach dem Tod mein Selbst nichtexistent wird, weil mein Körper nichtexistent wird, und dass es deshalb keine zukünftigen Leben gibt. Da dies unmöglich ist, ist klar, dass mein Körper nicht mein Selbst oder Ich ist.

Ist mein Geist mein Selbst oder Ich, dann ist es Unsinn, «mein Geist, mein Geist» zu sagen oder zu denken, wie wir es normalerweise tun. Denn mein Geist ist der Besitz und mein Selbst ist der Besitzer, und Besitz und Besitzer können nicht eins sein. Deshalb ist es sicher, dass mein Geist nicht mein Selbst oder Ich ist.

Da mein Körper und Geist einzeln und für sich nicht mein Selbst oder Ich sind, ist es unmöglich, dass die Ansammlung dieser beiden mein Selbst oder Ich ist. Da zum Beispiel eine Ziege und eine Kuh einzeln und für sich kein Schaf sind, ist es unmöglich, dass die Ansammlung dieser beiden Schaf ist. Da dies wahr ist, ist die Ansammlung meines Körpers und Geistes nicht mein Selbst oder Ich.

Es ist unmöglich, dass mein Selbst oder Ich getrennt vom Körper, vom Geist und der Ansammlung von Körper und Geist ist. Wäre das möglich, so würde daraus folgen, dass es möglich sein müsste, zum Beispiel Peter zu sehen, selbst wenn der Körper, der Geist und die Ansammlung von Körper und Geist einer Person namens Peter verschwinden würden! Dies sollte ich auf mein Selbst oder Ich beziehen.

Deshalb ist es sicher, dass mein Selbst oder Ich nicht etwas von Körper, Geist und der Ansammlung von Körper und Geist Verschiedenes ist.

Wir wiederholen diese Kontemplation geistig in unserem Herzen, während wir uns auf ihre Bedeutung konzentrieren. Dann denken wir: «Suche ich in dieser Weise mit dem Auge der Weisheit nach meinem Selbst oder Ich, werde ich nichts finden. Es wird verschwinden und nichtexistent werden.»

Dies beweist deutlich, dass mein Selbst oder Ich, das ich normalerweise sehe, überhaupt nicht existiert. Wir meditieren für kurze Zeit über dieses tiefgründige Wissen.

WIE WIR DIE LEERHEIT VERWIRKLICHEN, DIE DIE SELBSTLOSIGKEIT VON PHÄNOMENEN IST

Wir überlegen und denken:

Da mein Selbst oder Ich, das ich normalerweise sehe, nicht existiert, existieren seine Krankheit, sein Tod, seine Wiedergeburt und sein Leiden nicht. Es wird nichts gesehen und nichts gehört, nichts erinnert, nichts berührt, es gibt keine Tätigkeiten, nichts, das getan wird, keine Freude, keine Sorge, nichts zu loben, nichts zu tadeln, nichts zu gewinnen, nichts zu verlieren, nichts zu begehren, nichts nicht zu begehren, nichts zu erscheinen und nichts festzuhalten, was von meinem Selbst, das ich normalerweise sehe, erfahren wird. Dies beweist klar und deutlich, dass alle Phänomene, die ich normalerweise sehe oder wahrnehme, überhaupt nicht existieren.

Wir meditieren so lange wie möglich einsgerichtet über dieses tiefgründige Wissen. Wir sollten diese Kontemplation und Meditation fortwährend jeden Tag üben, bis wir direkt verwirklichen, dass alle Phänomene, die wir normalerweise sehen oder wahrnehmen, nicht existieren. Wir können dieses Ziel erreichen, indem wir uns bemühen mit dieser

Kontemplation und Meditation tief vertraut zu werden. Krankheit, Tod, Wiedergeburt und Leiden des Sohnes einer kinderlosen Frau existieren nicht, weil der Sohn selbst nicht existiert. In der gleichen Weise existieren Krankheit, Tod, Wiedergeburt und Leiden unseres Selbst oder Ich, das wir normalerweise sehen, nicht, weil unser Selbst oder Ich, das wir normalerweise sehen, nicht existiert.

Dennoch sollten wir wissen, dass grundsätzlich alle Phänomene als bloßer Name existieren. Indem wir mit ihren bloßen Namen zufrieden sind, können wir sagen: «Ich bin glücklich oder nicht glücklich» oder «Er oder sie ist glücklich oder nicht glücklich» und so weiter, wie es weltliche Leute tun. Buddha widerspricht nicht den Ansichten weltlicher Leute.

DIE PRAXIS DER NACHFOLGENDEN ERLANGUNG

Nachdem wir uns aus dem meditativen Gleichgewicht über Leerheit erhoben haben und unseren täglichen Beschäftigungen nachgehen, sollten wir verwirklichen und glauben, dass alles, was uns erscheint, sei es gut, schlecht oder neutral, obwohl es nicht existiert, dennoch erscheint, wie eine Illusion. Diese Art zu glauben und zu denken ist die Übung in illusionsgleicher Erscheinung.

Und wir verwirklichen und glauben, dass alles, was uns erscheint, sei es gut, schlecht oder neutral, obwohl es erscheint, nicht existiert, wie eine Illusion. Diese Art zu glauben und zu denken ist die Übung in illusionsgleicher Leerheit. Wie Buddha in den Sutras sagt, sind alle Phänomene, die wir normalerweise sehen oder wahrnehmen, wie eine Illusion. Dies bedeutet, dass sie wie eine Illusion nicht existieren, obwohl sie erscheinen. Sie sind einfach fehlerhafte Erscheinungen. Wir sollten dieses tiefgründige Wissen Tag und Nacht entwickeln und halten, ohne jemals zuzulassen, dass wir es vergessen.

Es ist äußerst wichtig, in unserem Alltag mit diesen Übungen tief vertraut zu werden. Durch sie können wir alle unsere täglichen Probleme lösen.

Wir sollten lernen das Festhalten an unserem Selbst, das wir normalerweise sehen, zu stoppen, indem wir uns daran erinnern, dass unser Selbst, das wir normalerweise sehen, nicht existiert. Gelingt uns das in praktischer Hinsicht, gibt es keine Grundlage, um Probleme und Leiden zu erfahren. Schließlich werden wir dauerhafte Befreiung von den Leiden dieses Lebens und zahlloser zukünftiger Leben erlangen. Wie wundervoll!

Gelingt es uns jedoch nicht, das Festhalten an unserem Selbst, das wir normalerweise sehen, zu stoppen, ist das ein klares Zeichen, dass unser Verständnis der Leerheit von Personen nicht qualifiziert ist.

Eins sollten wir wissen: Wir verstehen zwar, dass unser Selbst, das wir normalerweise sehen, nicht existiert, weil wir die oben erwähnten gültigen Gründe, die das beweisen, verstehen. Das heißt, dass wir die Leerheit unseres Selbst verstehen und trotzdem immer noch fortwährend an unserem Selbst, das wir normalerweise Tag und Nacht sehen, festhalten, sogar im Schlaf. Infolgedessen haben wir keine Möglichkeit, den geistigen Frieden zu erleben, der aus unserer Weisheit entsteht. Nur geistiger Frieden, der aus Weisheit entsteht, ist Glück. Der geistige Frieden, der aus weltlichen Vergnügen entsteht, ist kein wirkliches Glück, sondern sich veränderndes Leiden.

Warum also entwickeln wir dieses Problem des Festhaltens an unserem Selbst, das wir normalerweise sehen, auch wenn wir Leerheit verstehen? Das ist so, weil wir uns entweder nicht in Wachsamkeit und Achtsamkeit üben oder weil unsere Praxis dieser beiden zu schwach ist. Wie üben wir uns in Wachsamkeit und Achtsamkeit? Indem wir uns aufrichtig auf Wachsamkeit verlassen, die ein Teil der Weisheit ist, sollten wir sofort erkennen, wann wir an unserem Selbst, das wir normalerweise sehen, festhalten. Dann sollten wir uns bemühen das Festhalten an unserem Selbst, das wir normalerweise sehen, zu stoppen, indem wir uns daran erinnern, dass unser Selbst, das wir normalerweise sehen, nicht existiert. Üben wir Wachsamkeit in dieser Weise, sollten wir in unserem Bewusstsein die Beendigung des Festhaltens an unserem Selbst, das wir normalerweise sehen, erzeugen.

Indem wir uns anschließend aufrichtig auf Achtsamkeit verlassen, sollten wir die wahre Beendigung, die wir in unserem Bewusstsein erzeugt haben, stark halten und Tag und Nacht, sogar im Schlaf, nicht zulassen, dass wir sie vergessen. Indem wir in dieser Weise aufrichtig Wachsamkeit und Achtsamkeit üben, werden wir schließlich die dauerhafte Beendigung der Unwissenheit des Festhaltens am Selbst erlangen, die die Wurzel allen Leidens ist.

In *Leitfaden für die Lebensweise eines Bodhisattva* sagt Shantideva:

> Mit zusammengelegten Händen
> Bitte ich inständig diejenigen, die ihren Geist schützen wollen:
> Bemüht euch stets
> Sowohl Achtsamkeit als auch Wachsamkeit zu beschützen.

Bitte bewahre diesen Rat im Herzen.

WIE WIR ÜBER HÖHERES SEHEN MEDITIEREN

Das eigentliche höhere Sehen ist eine besondere Weisheit, die durch die Kraft der Meditation des ruhigen Verweilens erzeugt wird. Hier müssen wir über höheres Sehen, das Leerheit beobachtet, meditieren. Dies können wir, sobald wir die Konzentration des vierten geistigen Verweilens, die Leerheit beobachtet, erreicht haben. Auf dieser Stufe haben wir nicht das eigentliche höhere Sehen, sondern eine Ähnlichkeit des höheren Sehens. Haben wir diese Ähnlichkeit des höheren Sehens erzeugt und meditieren darüber, dann meditieren wir über höheres Sehen.

Die Konzentration des vierten geistigen Verweilens ist wie klares, ruhiges Wasser, das nicht vom Wind bewegt wird. Und die Ähnlichkeit des höheren Sehens ist wie ein kleiner Fisch, der in diesem Wasser schwimmt, ohne die Oberfläche zu kräuseln. Die Ähnlichkeit des höheren Sehens ist ein Teil der Weisheit innerhalb der Konzentration und untersucht das Objekt, ohne die Konzentration zu stören.

Über die Ähnlichkeit des höheren Sehens, das Leerheit beobachtet, zu meditieren, ist die Hauptursache, um das eigentliche höhere Sehen, das Leerheit beobachtet, zu erlangen. Und über das eigentliche höhere Sehen, das Leerheit beobachtet, zu meditieren, ist die Hauptursache, um den Pfad des Sehens, das Leerheit direkt verwirklicht, zu erlangen.

Dennoch sollten wir wissen, dass es einen großen Unterschied gibt zwischen dem Pfad des Sehens, wie er im Höchsten Yoga Tantra und dem Pfad des Sehens, wie er im Sutra erklärt wird. Der erste ist der Geist der spontanen großen Glückseligkeit, der Leerheit direkt verwirklicht. Dies ist eine eigentliche Verwirklichung des Mahamudra. Der zweite ist eine Verwirklichung, die Leerheit mit einem groben Geist direkt verwirklicht. Dieser Pfad des Sehens ist keine eigentliche Verwirklichung des Mahamudra. Leerheit mit einem groben Geist zu verwirklichen ist keine eigentliche direkte Verwirklichung der Leerheit. Die eigentliche direkte Verwirklichung der Leerheit verwirklicht Leerheit zwangsläufig mit einem sehr subtilen Geist. Deshalb ist der Pfad des Sehens, wie er im Sutra erklärt wird, nicht der eigentliche Pfad des Sehens und die höheren Wesen, die im Sutra erklärt werden, sind keine wirklichen höheren Wesen. Um den eigentlichen Pfad des Sehens zu erreichen, müssen wir den Geist spontaner großer Glückseligkeit erlangen, der von den Yogas der

Kanäle, Tropfen und Winde abhängt, um in den Vajrakörper einzudringen.

Wie wir über die Yogas der Kanäle, Tropfen und Winde meditieren, hat drei Teile:

1. Meditation über den Yoga des Zentralkanals
2. Meditation über den Yoga des Tropfens
3. Meditation über den Yoga des Windes

Zunächst folgt eine kurze Einleitung zu den Kanälen, Tropfen und Winden.

DIE KANÄLE

In diesem Zusammenhang sind die Kanäle jene Kanäle in unserem Körper, die Gefäße für die weißen und roten Tropfen sind sowie für die sich bewegenden Winde, die die Geistesarten tragen. Es gibt drei Hauptkanäle, den Zentralkanal und den rechten und linken Kanal. Der Zentralkanal wird auch «Dhuti» genannt und ist der Hauptkanal des Körpers.

Wir denken über das Folgende nach:

Der Zentralkanal, der nur so breit wie ein Strohhalm ist, liegt genau zwischen der linken und rechten Körperhälfte, allerdings etwas näher am Rücken als vorne. Er verläuft, wie die Säule des Körpers, in einer geraden Linie vom Scheitel des Kopfes hinab zur Spitze des Geschlechtsorgans.

Er hat folgende Merkmale: Er ist außen hellblau und innen ölig-rot. Er ist gerade, weich und biegsam, und er ist klar und durchscheinend.

Rechts vom Zentralkanal ist der rechte Kanal, der rotfarbig ist und in einer geraden Linie vom Scheitel bis zur Spitze des Geschlechtsorgans verläuft.

Links vom Zentralkanal ist der linke Kanal, der weißfarbig ist und in einer geraden Linie vom Scheitel bis zur Spitze des Geschlechtsorgans verläuft.

Für unsere gegenwärtigen Zwecke ist es nicht nötig, über die vier Kanal-Räder, die sechs Kanal-Räder und so weiter zu meditieren. Vor allem müssen wir immer wieder über die oben erwähnten Merkmale des Zentralkanals nachdenken und uns darin schulen, ein klares allgemeines Bild des Zentralkanals wahrzunehmen.

DIE TROPFEN

Die Tropfen verweilen innerhalb der Kanäle, sind von Natur aus feucht und flüssig und dienen dazu, Glückseligkeit zu erzeugen, wenn sie schmelzen. Es gibt zwei Arten: weiße Tropfen und rote Tropfen.

Wenn die weißen Tropfen schmelzen, die die Essenz des Spermas sind, dienen sie dazu, bei Männern Glückseligkeit zu erzeugen. Wenn die roten Tropfen schmelzen, die die reine Essenz des Blutes sind, dienen sie dazu, bei Frauen Glückseligkeit zu erzeugen. Durch die Kraft der Vereinigung von Mann und Frau tritt das innere Feuer, oder Tummo (das die Essenz von Blut und die Natur von Feuer, oder Hitze, ist), und das sich jeweils in ihrem Nabel befindet, in die Kanäle ein. Dies führt dazu, dass die weißen Tropfen in den Kanälen schmelzen und Glückseligkeit im Mann erzeugen, und dazu, dass die roten Tropfen in den Kanälen schmelzen und Glückseligkeit in der Frau erzeugen.

Bei denjenigen, die Verwirklichungen der Vollendungsstufe erlangt haben, treten die Winde des rechten und linken Kanals durch die Kraft der Meditation in den Zentralkanal ein, verweilen dort und lösen sich auf. Dadurch wird das innere Feuer im Nabel innerhalb des Zentralkanals lodern, was dazu führt, dass die Tropfen innerhalb des Zentralkanals schmelzen und Glückseligkeit erzeugen. Diese Glückseligkeit wird «große Glückseligkeit» genannt. Dies ist im Mahamudra die Glückseligkeit der Vereinigung von Glückseligkeit und Leerheit. Eine solche große Glückseligkeit wird im Urtext des Mahamudra als die Essenz des Höchsten Yoga Tantra bezeichnet.

Es gibt drei Arten von Tropfen: grob, subtil und sehr subtil. Von der ersten Art sind die Tropfen innerhalb des rechten und linken Kanals, von der zweiten die allgemeinen Tropfen innerhalb des Zentralkanals und die dritte Art bezeichnet den besonderen Tropfen in der Mitte des Zentralkanals im Herzen, der «der unzerstörbare Tropfen» genannt wird.

Die Tropfen werden auch «Bodhichittas» genannt. In diesem Zusammenhang ist Bodhichitta große Glückseligkeit, weil große Glückseligkeit die Hauptursache des Bodhi, oder Erleuchtung, ist. Im Hinblick auf die Tropfen wird der Ursache, dem Schmelzen der Tropfen, der Name ihrer Auswirkung, große Glückseligkeit, gegeben.

DIE WINDE

In diesem Zusammenhang verweilen die Winde innerhalb der Kanäle, sie sind von Natur aus leicht und beweglich und dienen den Geistesarten als Träger. Es gibt zehn innere Winde, fünf Ursprungswinde und fünf Zweigwinde. Diese sollten mithilfe des Buches *Das klare Licht der Glückseligkeit* verstanden werden.

Die Winde innerhalb der Kanäle sind subtile Winde und ohne sie könnten Geistesarten nicht funktionieren. Es ist die Funktion dieser Winde, den Geist zu seinem Objekt zu bewegen. Denkt unser Geist zum Beispiel an den Mond am Himmel, dann erreicht dieser Geist den Mond durch die Kraft des Windes, der ihn trägt. Unser Geist selbst ist wie jemand der Augen hat, aber keine Beine, und unsere inneren Winde sind wie Blinde, die Beine haben.

Vajradhara Trijang Rinpoche

Indem wir uns auf den Yoga des Windes verlassen, wird unser Geist rein, sobald die inneren Winde in unseren Kanälen rein werden. Und wenn unser Geist vollkommen rein ist, sind wir erleuchtet. Üben wir Tantra in einer reinen Weise, ist es nicht schwer, Erleuchtung zu erlangen. Dies wird durch die wahren Geschichten von Gyalwa Ensäpa und vielen seiner Schüler bezeugt, die den Zustand der Vereinigung der Buddhaschaft mit Leichtigkeit innerhalb eines kurzen Lebens erlangten.

Die Kanäle, Tropfen und inneren Winde werden der «Vajrakörper» genannt. Obwohl sie nicht unser eigentlicher Körper sind, sind sie Teile unseres Körpers und werden deshalb «Körper» genannt. Hier bedeutet «Vajra» «große Glückseligkeit». Da die Kanäle, Tropfen und Winde die Ursachen sind, durch die große Glückseligkeit erzeugt wird, erhält die Ursache den Namen der Auswirkung, indem man sie «Vajra» nennt.

Da die inneren Winde, die im rechten und linken Kanal fließen, Träger des Geistes des Festhaltens am Selbst sind, sind sie Objekte, die aufgegeben werden müssen. Wir geben sie auf, indem wir sie durch Meditation in den Zentralkanal auflösen, bis sie verschwinden. Die inneren Winde des Zentralkanals werden «Weisheitswinde» genannt, da sie als Träger für die Weisheit der großen Glückseligkeit dienen.

Damit endet eine kurze Einführung zu den Kanälen, Tropfen und Winden.

Wie dringen wir in die Kanäle, Tropfen und Winde, den Vajrakörper, ein? Hier ist damit die Meditation über den Zentralkanal, den unzerstörbaren Tropfen und den unzerstörbaren Wind gemeint.

Dies wird in drei Teilen erklärt:

1. Über den Zentralkanal meditieren, der Yoga des Zentralkanals
2. Über den unzerstörbaren Tropfen meditieren, der Yoga des Tropfens
3. Über den unzerstörbaren Wind meditieren, der Yoga des Windes

ÜBER DEN ZENTRALKANAL MEDITIEREN, DER YOGA DES ZENTRALKANALS

Um dies zu üben, denken wir wie oben erklärt zuerst in allen Einzelheiten über die Natur des Zentralkanals, seine Merkmale und so weiter nach. Das heißt nicht, dass wir nur einmal oder zweimal darüber nachdenken, sondern jeden Tag, immer wieder, bis wir durch die Kraft dieser Kontemplation deutlich ein allgemeines Bild des Zentralkanals wahrnehmen. Mit dem Glauben, dass unser Geist innerhalb des Zentralkanals in unserem Herzen verweilt, konzentrieren wir uns dann auf den Zentralkanal in der Höhe unseres Herzens und meditieren einsgerichtet über ihn, ohne ihn zu vergessen.

Indem wir jeden Tag immer wieder in dieser Weise meditieren, erlangen wir, wenn wir etwas Vertrautheit mit dieser Meditation erreicht haben, das erste geistige Verweilen, das den Zentralkanal in unserem Herzen beobachtet. Danach müssen wir uns beständig bemühen unsere Vertrautheit mit dieser Meditation zu verbessern und das zweite geistige Verweilen zu erreichen, dann das dritte, bis wir die Konzentration des vierten geistigen Verweilens, die den Zentralkanal in unserem Herzen beobachtet, erlangen.

Wenn wir die Konzentration des vierten geistigen Verweilens, die unseren Zentralkanal in unserem Herzen beobachtet, erreichen, werden wir die Zeichen wahrnehmen, dass die Winde des rechten und linken Kanals in den Zentralkanal eintreten, dort verweilen und sich auflösen, von der luftspiegelungsähnlichen Erscheinung bis hin zur Erscheinung des klaren Lichts, und die Tropfen innerhalb des Zentralkanals werden schmelzen und große Glückseligkeit erzeugen. Diese große Glückseligkeit ist die erste Verwirklichung der Vollendungsstufe.

Wir fragen uns vielleicht, ob es dann nicht ausreicht, nur über den Zentralkanal zu meditieren? Die Antwort ist nein, es reicht nicht aus. Es gibt drei Ebenen der Auflösung der Winde des rechten und linken Kanals in den Zentralkanal durch die Kraft der Meditation:

1. Einige wenige Winde lösen sich dort auf
2. Viele Winde lösen sich dort auf
3. Alle Winde lösen sich dort auf

Die erste Ebene können wir, wie soeben erklärt wurde, durch Meditation über den Zentralkanal vollenden, die zweite Ebene durch Meditation über den unzerstörbaren Tropfen und die dritte Ebene durch Meditation über den unzerstörbaren Wind und Geist.

Lösen sich durch die Kraft der Meditation über den unzerstörbaren Wind und Geist alle inneren Winde aus dem rechten und linken Kanal in unseren Zentralkanal auf und werden dauerhaft gereinigt, werden alle unreinen Geistesarten gereinigt und unser Geist wird vollkommen rein. Somit werden wir ein Buddha, ein erleuchtetes Wesen. Der Grund dafür ist, dass die Winde in den rechten und linken Kanälen die Träger unreiner Geistesarten sind und wenn deshalb diese Winde vollständig gereinigt werden, werden unsere unreinen Geistesarten vollständig gereinigt.

ÜBER DEN UNZERSTÖRBAREN TROPFEN MEDITIEREN, DER YOGA DES TROPFENS

Wie meditieren wir über den unzerstörbaren Tropfen? Innerhalb des Zentralkanals im Kanal-Rad in unserem Herzen ist ein Tropfen, dessen obere Hälfte weiß und dessen untere Hälfte rot ist. Er ist so groß wie eine kleine Erbse und sehr klar und strahlend. Er wird der «unzerstörbare Tropfen» genannt. Die zwei Teile dieses Tropfens, eine obere weiße Hälfte und eine untere rote Hälfte, sind unzerstörbar, was heißt, dass sie sich nie trennen, außer wenn wir sterben. Deshalb wird er der «unzerstörbare Tropfen» genannt.

Wenn wir sterben, lösen sich durch die Kraft des Karmas alle Winde aus unserem rechten und linken Kanal in diesen unzerstörbaren Tropfen in unserem Herzen auf und infolgedessen trennen sich der weiße und rote Teil des Tropfens und unser sehr subtiles Bewusstsein, das sich innerhalb des Tropfens befindet, entweicht und geht ins nächste Leben.

Die eigentliche Art und Weise, über diesen unzerstörbaren Tropfen zu meditieren, ist folgende: Das Objekt dieser Meditation ist der oben erklärte unzerstörbare Tropfen. Um dieses Objekt der Meditation zu finden oder deutlich wahrzunehmen, denken wir wie folgt:

> *Was ist der Ort meines unzerstörbaren Tropfens? Er befindet sich im Zentralkanal des Kanal-Rades in meinem Herzen. Was ist seine Natur? Der rote Teil dieses Tropfens hat die Natur reinen Blutes und der weiße Teil hat die Natur reinen Spermas. Wie groß ist er? Er ist so groß wie eine kleine Erbse.*
>
> *Außerdem ist er wie ein Gasthaus, in dem mein sehr subtiles Bewusstsein verweilt. Er ist sehr klar und strahlend. Er hat die Funktion, den Geist des klaren Lichts dazu zu bringen, manifest zu werden, wenn wir über ihn meditieren.*

Darüber denken wir jeden Tag immer wieder nach. Und wenn wir durch die Kraft der Vertrautheit deutlich ein allgemeines Bild des unzerstörbaren Tropfens wahrnehmen, haben wir das Objekt der Meditation gefunden.

Mit dem Glauben, dass unser Geist im Zentralkanal des Kanal-Rades in unserem Herzen weilt, konzentrieren wir uns stark auf den unzerstörbaren Tropfen und meditieren einsgerichtet darüber. Wenn wir das Objekt der Meditation vergessen, sollten wir uns sofort daran erinnern und darüber meditieren.

Indem wir jeden Tag immer wieder in dieser Weise meditieren, werden wir mit dieser Meditation etwas vertraut und erlangen das erste geistige Verweilen, das den unzerstörbaren Tropfen beobachtet. Dann müssen wir uns ständig bemühen unsere Vertrautheit mit dieser Meditation zu verbessern und das zweite geistige Verweilen zu erreichen, dann das dritte, bis wir die Konzentration des vierten geistigen Verweilens erlangen, das den unzerstörbaren Tropfen beobachtet.

Wenn wir diese Konzentration des vierten geistigen Verweilens, die den unzerstörbaren Tropfen beobachtet, erlangen, haben wir eine sehr stabile Konzentration, die unseren unzerstörbaren Tropfen beobachtet, und eine sehr starke Achtsamkeit. Dann können wir diese Konzentration, die den unzerstörbaren Tropfen beobachtet, aufrechterhalten, ohne das Objekt jemals während der gesamten Sitzung zu vergessen.

Infolgedessen werden wir die Zeichen wahrnehmen, dass die Winde des rechten und linken Kanals in den Zentralkanal eintreten, dort verweilen und sich auflösen, von der luftspiegelungsähnlichen Erscheinung bis hin zur Erscheinung des klaren Lichts. Diese Erfahrung wird deutlicher sein als unsere frühere, die wir durch die Meditation über den Zentralkanal erlangt haben. Um jedoch das vollqualifizierte klare Licht zu erlangen, indem die Knoten im Herzkanal aufgelöst werden, müssen wir die Meditation über den unzerstörbaren Wind üben, den Yoga des Windes.

ÜBER DEN UNZERSTÖRBAREN WIND MEDITIEREN, DER YOGA DES WINDES

Wie meditieren wir über den unzerstörbaren Wind? Der unzerstörbare Wind ist ein innerer Wind, der den sehr subtilen Geist trägt. Dieser Wind und der sehr subtile Geist werden nie zerstört, das bedeutet, dass sie nie getrennt werden. Aus diesem Grund wird er der «unzerstörbare Wind» genannt. Er ist auch der sehr subtile Wind.

Der unzerstörbare Wind wird auch der «ständig verweilende Wind» genannt, weil er ständig verweilt, während alle anderen Winde, die in den Kanälen fließen, vorübergehende Winde sind. Wenn wir sterben, hören zum Beispiel die anderen Winde, die in den Kanälen fließen, auf und werden nichtexistent. Der unzerstörbare Wind wird jedoch nie nichtexistent, sondern begleitet uns in unser nächstes Leben und wird in unserem Kontinuum bleiben, bis wir Buddhaschaft erlangen. Wenn wir ein Buddha werden, wird dieser Wind zu Buddhas Formkörper. Deshalb ist dieser unzerstörbare Wind unsere Buddha Natur, die unsere «anwachsende Buddha Natur» genannt wird.

Der unzerstörbare Wind und unzerstörbare Geist sind eine Natur, das bedeutet, dass der sehr subtile Wind und sehr subtile Geist eine Natur sind. Deshalb wird die Ansammlung dieser beiden der «unzerstörbare Wind und Geist» genannt.

Der unzerstörbare Geist wird auch der «ständig verweilende Geist» genannt. Wenn wir sterben, hören alle anderen Geistesarten auf und werden nichtexistent. Der unzerstörbare Geist wird jedoch nicht nichtexistent, sondern begleitet uns in unser nächstes Leben und wird in unserem Kontinuum bleiben, bis wir Buddhaschaft erlangen. Wenn wir ein Buddha werden, wird dieser Geist zu Buddhas Geist, dem Wahrheitskörper. Deshalb ist auch der unzerstörbare Geist unsere anwachsende Buddha Natur.

Die Leerheit unseres unzerstörbaren Windes und die Leerheit unseres unzerstörbaren Geistes sind unsere eigentliche, natürlich verweilende Buddha Natur. Die wirkliche Bedeutung der natürlich verweilenden Buddha Natur sollte anhand der Lehren des Höchsten Yoga Tantra verstanden werden.

Der unzerstörbare Wind wird auch der «ständig verweilende Körper» genannt. Er ist unser eigentlicher Körper. Unser gegenwärtiger grober Körper ist Teil der Körper unserer Eltern, deshalb ist er nicht unser eigentlicher Körper. Dennoch glauben wir aus Unwissenheit, dass er unser tatsächlicher Körper ist.

Unser ständig verweilender Körper kann unmöglich sterben, deshalb wird er der «ständig verweilende Körper» genannt. Unser unzerstörbarer Geist ist unser ständig verweilender Geist.

Für Lebewesen dient der unzerstörbare Wind als substanzielle Ursache des Zwischenzustandskörpers und des Traumkörpers. Für diejenigen, die Verwirklichungen der Vollendungsstufe erlangt haben, dient der unzerstörbare Wind als substanzielle Ursache des illusorischen Körpers und für erleuchtete Wesen dient der unzerstörbare Wind als substanzielle Ursache ihres Formkörpers.

Dies beendet eine kurze Erklärung, wie man den unzerstörbaren Wind und Geist identifiziert.

DIE EIGENTLICHE ART UND WEISE, ÜBER DEN UNZERSTÖRBAREN WIND ZU MEDITIEREN

Das Objekt dieser Meditation ist der unzerstörbare Wind und Geist, das heißt die Ansammlung des unzerstörbaren Windes und unzerstörbaren Geistes, wie oben erklärt. Um dieses Objekt der Meditation zu finden oder deutlich wahrzunehmen, denken wir über Folgendes nach:

Was ist der Ort meines unzerstörbaren Windes und Geistes? Er befindet sich innerhalb des unzerstörbaren Tropfens im Zentralkanal des Kanal-Rades in meinem Herzen. Was ist seine Natur? Seine Natur ist die Ansammlung meines unzerstörbaren Windes und unzerstörbaren Geistes. Was ist seine Funktion? Er dient als Grundlage sowohl für Samsara als auch Nirvana. Und meditieren wir über ihn, dann hat er die Funktion, die Knoten des Herzkanals zu lösen.

Darüber denken wir jeden Tag immer wieder nach. Und wenn wir das Objekt der Meditation, die Ansammlung des unzerstörbaren Windes und unzerstörbaren Geistes, durch die Kraft der Vertrautheit deutlich wahrnehmen, haben wir das Objekt der Meditation gefunden.

Nun stellen wir uns Folgendes vor: Innerhalb des unzerstörbaren Tropfens, der innerhalb des Zentralkanals auf Höhe unseres Herzens ist, ist unser unzerstörbarer Wind und Geist im Aspekt eines Buchstabens HUM, dessen Farbe rötlich-weiß ist und der so groß ist wie ein Gerstenkorn. Wir glauben fest daran, dass dieses HUM der eigentliche Guru Heruka ist.

Wir denken, dass unser Geist in den Buchstaben HUM eingetreten ist, und wir konzentrieren uns dann auf diesen Buchstaben HUM, der unser unzerstörbarer Wind und Geist ist. Wir halten ihn, ohne ihn zu vergessen, und meditieren einsgerichtet über ihn. Vergessen wir das Objekt der Meditation, sollten wir uns sogleich daran erinnern und darüber meditieren.

Indem wir jeden Tag immer wieder in dieser Weise meditieren, werden wir mit dieser Meditation etwas vertraut und erlangen das erste geistige Verweilen, das den unzerstörbaren Wind und Geist beobachtet. Dann müssen wir allmählich unsere Vertrautheit mit der Meditation über den unzerstörbaren Wind und Geist verbessern und uns bemühen das zweite geistige Verweilen zu erreichen, dann das dritte, bis wir die Konzentration des vierten geistigen Verweilens, die den unzerstörbaren Wind und Geist beobachtet, erlangen.

Wenn wir die Konzentration des vierten geistigen Verweilens erreichen, die unseren unzerstörbaren Wind und Geist beobachtet, werden wir die Zeichen wahrnehmen, dass die Winde des rechten und linken Kanals in den Zentralkanal eintreten, dort verweilen und sich auflösen, von der luftspiegelungsähnlichen Erscheinung bis hin zur Erscheinung des klaren Lichts. Diese Erfahrung wird unserer Erfahrung, die wir durch die Meditation über den unzerstörbaren Tropfen erlangt haben, überlegen sein.

Was sind die Zeichen, dass die Winde des rechten und linken Kanals in den Zentralkanal eintreten, dort verweilen und sich auflösen?

Die Zeichen, dass die Winde in den Zentralkanal eintreten, sind, dass unser Atem gleichmäßig durch beide Nasenlöcher strömt und dass der Druck der Einatmung und Ausatmung gleich stark wird.

Die Zeichen, dass die Winde im Zentralkanal verweilen, sind, dass die Bewegung des Windes durch beide Nasenlöcher immer schwächer wird und schließlich endet, und dass jede Bewegung des Bauches aufhört.

Es gibt acht Zeichen, dass die Winde sich in den Zentralkanal auflösen, von der luftspiegelungsähnlichen Erscheinung bis zur Erscheinung des klaren Lichts.

Auf dieser Stufe lösen sich sieben unterschiedliche Arten innerer Winde nacheinander in den Zentralkanal auf. Diese sind:

1. Der Erdelementwind
2. Der Wasserelementwind
3. Der Feuerelementwind
4. Der Windelementwind
5. Der Wind, der den Geist der weißen Erscheinung trägt

6. Der Wind, der den Geist der roten Vermehrung trägt
7. Der Wind, der den Geist der schwarzen Naherlangung trägt

Was sind die Zeichen, dass sich diese Winde auflösen?

1. Als Zeichen, dass sich der Erdelementwind in den Zentralkanal auflöst, erleben wir eine Erscheinung wie luftspiegelungsähnliches Wasser
2. Als Zeichen, dass sich der Wasserelementwind in den Zentralkanal auflöst, erleben wir eine rauchähnliche Erscheinung
3. Als Zeichen, dass sich der Feuerelementwind in den Zentralkanal auflöst, erleben wir eine funkelnde leuchtkäferähnliche Erscheinung
4. Als Zeichen, dass sich der Windelementwind in den Zentralkanal auflöst, erleben wir eine kerzenflammenähnliche Erscheinung
5. Ihr folgt die Erscheinung eines reinen Weiß
6. Als Zeichen, dass sich der Wind, der die weiße Erscheinung trägt, in den Zentralkanal auflöst, erleben wir die Erscheinung einer roten Vermehrung
7. Als Zeichen, dass sich der Wind, der die rote Vermehrung trägt, in den Zentralkanal auflöst, erleben wir die Erscheinung einer schwarzen Naherlangung
8. Als Zeichen, dass sich der Wind, der die schwarze Naherlangung trägt, in den Zentralkanal auflöst, erleben wir eine Erscheinung von klarem Licht

Klares Licht ist ein sehr subtiler manifester Geist, dem Leerheit erscheint. Er wird «klares Licht» genannt, weil es das innere klare Licht des Geistes ist, das aus dem Auflösen der inneren Winde des rechten und linken Kanals in den Zentralkanal entsteht.

Wenn wir das fünfte Zeichen der Auflösung der inneren Winde des rechten und linken Kanals in den Zentralkanal wahrnehmen, die Erscheinung der weißen Erscheinung, hören alle unsere groben Winde und Geistesarten auf. Wenn wir das achte Zeichen wahrnehmen, die Erscheinung des klaren Lichts, hören alle unsere subtilen Winde und Geistesarten auf und der sehr subtile Geist manifestiert sich.

Es gibt viele Ebenen der Verwirklichung des klaren Lichts. Das klare Licht, das erlangt wird, weil sich die Herzkanal-Knoten vollkommen gelöst haben, ist das vollqualifizierte klare Licht. Es hat zwei Arten, beispielklares Licht und sinnklares Licht.

Das vollqualifizierte klare Licht, das die große Glückseligkeit ist, die Leerheit durch ein allgemeines Bild verwirklicht, ist das endgültige beispielklare Licht. «Endgültig» bedeutet hier «vollqualifiziert». Indem wir dies als Beispiel betrachten, können wir verstehen, wie wir das sinnklare Licht erlangen. Deshalb heißt es «beispielklares Licht».

Wenn wir uns aus dem meditativen Gleichgewicht des endgültigen bespielklaren Lichts erheben, erlangen wir den unreinen illusorischen Körper. Im Allgemeinen meint «illusorischer Körper» den sehr subtilen inneren Wind, oder unzerstörbaren Wind, der im Aspekt des Körpers einer erleuchteten Gottheit erscheint. Weil er wie ein Körper erscheint, der von einem Magier erzeugt wurde, und weil ihm inhärente Existenz fehlt, wird er «Illusionskörper» oder «illusorischer Körper» genannt.

Es gibt zwei Arten des illusorischen Körpers, den unreinen illusorischen Körper und den reinen illusorischen Körper. Der unreine illusorische Körper ist der unzerstörbare Wind, der das beispielklare Licht trägt und im Aspekt des Körpers einer Gottheit erscheint. Er wird «unrein» genannt, weil wir zu der Zeit, zu der wir ihn erlangen, unsere Verblendungen noch nicht vollständig aufgegeben haben.

Wenn jemand, der das endgültige beispielklare Licht erlangt hat, durch die Kraft fortwährender Meditation über Leerheit mit seinem vollqualifizierten klaren Licht, das große Glückseligkeit ist, Leerheit direkt verwirklicht, dann ist für diese Person diese große Glückseligkeit das sinnklare Licht. Es ist auch die Vereinigung von Glückseligkeit und Leerheit des Mahamudra und anfänglich ist es der Pfad des Sehens gemäß Höchstem Yoga Tantra.

Wenn wir uns aus dem meditativen Gleichgewicht des sinnklaren Lichts erheben, erlangen wir den reinen illusorischen Körper. Der reine illusorische Körper ist der unzerstörbare Wind, der das sinnklare Licht trägt, und im Aspekt des Gottheitskörpers erscheint. Er wird «rein» genannt, weil zu der Zeit alle Verblendungen aufgegeben wurden.

Im Tantra hat der Pfad des Sehens die Fähigkeit, alle intellektuell gebildeten und angeborenen Verblendungen gleichzeitig aufzugeben. Das ist so, weil der Pfad des Sehens des Tantra dem Pfad des Sehens des Sutra bei weitem überlegen ist.

Wenn jemand, der den reinen illusorischen Körper erlangt hat, einsgerichtet über Leerheit meditiert, manifestiert sich das sinnklare Licht in seinem Geisteskontinuum. Zu der Zeit erlangt man die Vereinigung von reinem illusorischem Körper und sinnklarem Licht. Diese Verwirklichung wird die «Vereinigung des Noch-Lernens» genannt.

Kurz darauf wird der reine illusorische Körper, der Teil der Vereinigung des Noch-Lernens ist, zum Körper eines Buddha und das sinnklare Licht, das Teil dieser Vereinigung des Lernens ist, wird zum Geist eines Buddha. Danach erlangt man die Vereinigung der Buddhaschaft, den Zustand der Erleuchtung.

Die Vereinigung, die «der Zustand der Vereinigung Herukas» genannt wird, sollte als Vereinigung von Erscheinung und Leerheit verstanden werden. Folglich ist Herukas gesamtes getragenes und tragendes Mandala Erscheinung und die Leerheit von Herukas Geist, der Dharmakaya, ist leer. Diese Erscheinung und diese Leerheit sind nichtdual, nur eins, wie zwei Räume, die miteinander vermischt sind. Dies ist die Vereinigung von Erscheinung und Leerheit. Wenn wir diese Vereinigung direkt verwirklichen und erleben, haben wir den Zustand der Vereinigung Herukas erlangt, der die Vereinigung des Nicht-mehr-Lernens ist.

In der eigentlichen Mahamudra Praxis gibt es zwei Traditionen, die erklären, wie wir in den Vajrakörper eindringen, wenn wir über die Vollendungsstufe meditieren. Die erste Tradition lehrt, dass wir in den Vajrakörper eindringen, indem wir vor allem über das innere Feuer, oder Tummo, innerhalb des Zentralkanals auf Höhe des Nabels meditieren. Der ehrwürdige Milarepa und viele andere große Meditierende verließen sich auf diese Tradition.

Die zweite Tradition lehrt, dass wir in den Vajrakörper eindringen, wie oben erklärt wurde, indem wir vor allem über den Zentralkanal auf Höhe des Herzens und den unzerstörbaren Tropfen und den unzerstörbaren Wind und Geist innerhalb des Zentralkanals im Herzen meditieren. Dies ist die besondere Anleitung Je Tsongkhapas, die vom großen Mahasiddha Dharmavajra und seinen Schülern geübt wurde. Diese Überlieferungslinie erblühte fortwährend als die mündliche Ganden Überlieferungslinie.

Was ist der Unterschied zwischen diesen beiden Traditionen? Der Unterschied ist, dass durch die Meditation über den Zentralkanal auf Höhe des Nabels und das Tummo unsere inneren Winde in den Zentralkanal eintreten, dort verweilen und sich auflösen, und wir dadurch das klare Licht der großen Glückseligkeit erzeugen. Dennoch hat diese Meditation nicht die Kraft, die Knoten des Herzkanals zu lösen und deshalb können wir keine Verwirklichung des vollqualifizierten klaren Lichts erzeugen. Um eine Verwirklichung des vollqualifizierten klaren Lichts zu erzeugen und die Knoten des Herzkanals zu lösen, müssen wir uns in dieser Tradition auf eine Handlungsmudra verlassen.

Durch die oben erklärte Meditation über den Zentralkanal im Herzen und den unzerstörbaren Tropfen und den unzerstörbaren Wind und Geist innerhalb des Zentralkanals im Herzen, können wir nicht nur das klare Licht der großen Glückseligkeit erzeugen, sondern durch die Kraft dieser Meditation werden sich auch die Knoten unseres Herzkanals lösen und hierdurch werden wir die Verwirklichung des vollqualifizierten klaren Lichts erlangen. Dann müssen wir uns nicht auf eine Handlungsmudra verlassen, um die Knoten des Herzkanals zu lösen und werden die Vereinigung der Buddhaschaft sehr schnell erlangen.

Die oben erklärte Meditation über den unzerstörbaren Wind und Geist ist sehr gesegnet. Durch sie werden sich alle inneren Winde des rechten und linken Kanals in den unzerstörbaren Tropfen innerhalb des Zentralkanals im Herzen auflösen und die Knoten des Herzkanals vollständig lösen. Deshalb ist diese Meditation die geschickte Anleitung und erhabenste Methode, um unser endgültiges Ziel zu erreichen. Wie glücklich sind wir, die Möglichkeit zu haben, diese Praxis zu üben! Diese Praxis wird ausführlich in Teil Vier, im Kapitel *Die Stufe der Segnung des Selbst* erklärt.

TEIL ZWEI

Die Hunderte von Gottheiten des Freudvollen Landes gemäß Höchstem Yoga Tantra

DER GURU YOGA VON JE TSONGKHAPA ALS VORBEREITENDE ÜBUNG FÜR MAHAMUDRA

Dorjechang Kelsang Gyatso Rinpoche

Die Hunderte von Gottheiten des Freudvollen Landes gemäß Höchstem Yoga Tantra

DER GURU YOGA VON JE TSONGKHAPA ALS VORBEREITENDE ÜBUNG FÜR MAHAMUDRA

Hier ist «Guru» der spirituelle Meister, der uns zum richtigen spirituellen Pfad führt und der ein gutes Vorbild ist. Folgen wir dem richtigen spirituellen Pfad, können wir all unsere vorübergehenden und endgültigen Ziele vollenden. In diesem Zusammenhang bedeutet «Yoga» eine rituelle Übung, die eine besondere Art und Weise ist, uns auf den spirituellen Meister zu verlassen. Uns in reiner Weise auf den spirituellen Meister zu verlassen, ist die Wurzel aller spirituellen Verwirklichungen von Sutra und Tantra. Deshalb ist Guru Yoga eine essenzielle Übung des Buddhismus.

Für viele ist es schwierig, Gebete laut zu rezitieren und sich auf die Bedeutung zu konzentrieren, da der Klang ihre Konzentration stört. Deshalb müssen wir damit vertraut werden, Gebete geistig von Herzen, ohne Klang, zu rezitieren. Das heißt, wir müssen unsere täglichen Gebete auswendig lernen.

WIE WIR DIESEN GURU YOGA ÜBEN

Visualisierung

Im Raume vor mir erscheint mein Wurzelguru, Guru Sumati Buddha Heruka, umgeben von allen Buddhas der zehn Richtungen.

Wir rezitieren dies, während wir über die Bedeutung nachdenken und meditieren dann kurz mit starkem Vertrauen über die Versammlung der Zufluchtsobjekte und die Verpflichtungswesen des Verdienstfelds.

Die Mahayana Zufluchtsgelübde ablegen

O Gurus, Buddhas und Bodhisattvas, bitte hört mich an.
Von jetzt an, bis wir Erleuchtung erlangen,
Nehmen ich und alle Mutterlebewesen, so weit wie der Raum,
Zuflucht zu den Drei kostbaren Juwelen – Buddha, Dharma und Sangha. (3x)

Wir rezitieren dies dreimal und versprechen fest: «Von jetzt an, bis ich Erleuchtung erlange, werde ich mich nur auf Buddha, Dharma und Sangha verlassen und sie als meine endgültige Zuflucht bewahren.» In dieser Weise legen wir die Mahayana Zufluchtsgelübde ab.

Das Bodhisattva Gelübde gemäß Höchstem Yoga Tantra ablegen

Zum Wohle aller fühlenden Mutterwesen
Werde ich die Guru-Gottheit werden
Und dann alle fühlenden Wesen
Zum erhabenen Zustand der Guru-Gottheit führen. (3x)

Wir rezitieren dies dreimal, während wir über die Bedeutung nachdenken und aufrichtig dieses Versprechen ab-

geben. In dieser Weise erzeugen wir Bodhichitta und legen das Bodhisattva Gelübde gemäß Höchstem Yoga Tantra ab.

Die Weisheitswesen einladen

Aus dem Herzen des Beschützers der Hunderte von Gottheiten des Freudvollen Landes,
Auf den Gipfel einer Wolke, die einem Berg frischer weißer Sahne gleicht,
Allwissender Losang Dragpa, König des Dharma,
Bitte komme zusammen mit Deinen Söhnen an diesen Ort.

Wir rezitieren dies und überlegen, dass wir aus der Sphäre des unendlichen Raumes der Glückseligkeit und Leerheit im Herzen des Beschützers Buddha Maitreya, der im Reinen Land des Freudvollen Landes verweilt, die Weisheitswesen einladen – den König des Dharma, den Allwissenden Je Tsongkhapa, umgeben von den Buddhas der zehn Richtungen. Sie alle lösen sich in die Verpflichtungswesen im Raum vor uns auf und wir denken, dass die Weisheitswesen und Verpflichtungswesen untrennbar eins werden.

Bitten

Im Raume vor mir auf einem Löwenthron, Lotos und Mond,
Lächeln die ehrwürdigen Gurus voller Entzücken.
O erhabenes Verdienstfeld für meinen Geist des Vertrauens,
Bitte verweile für hundert Äonen, um die Lehre zu verbreiten.

Indem wir dies rezitieren, bitten wir: «O ehrwürdiger spiritueller Meister, wo auch immer ich sein mag, bitte erscheine im Raum vor mir und verweile voller Freude für hunderttausend Äonen als ein Feld, in das ich die Saat des Vertrauens säen kann, und als das Objekt, durch das ich die Ansammlung von Verdiensten anhäufen kann.»

Die sieben Glieder

Verbeugung

Dein Geist der Weisheit verwirklicht das ganze Ausmaß der Objekte des Wissens,
Deine gewandte Rede ist das Ohrornament der vom Glück Begünstigten,
Dein schöner Körper erstrahlt in der Herrlichkeit des Ruhmes.
Ich verbeuge mich vor Dir, den zu sehen, zu hören und an den zu denken so bedeutungsvoll ist.

Wir rezitieren dies und glauben fest daran, dass wir uns mit zahllosen Körpern, die wir durch die Kraft richtiger Vorstellung ausgestrahlt haben, für zahllose Äonen vor zahllosen Zufluchtsobjekten verbeugen, während wir uns an ihre Güte und guten Eigenschaften erinnern.

Darbringung

Freudebringende Wasserdarbringungen, verschiedene Blumen,
Süßduftenden Weihrauch, Lichter, Duftwasser und noch mehr,
Eine weite Wolke von Gaben, sowohl vorhandene wie vorgestellte,
Bringe ich Dir, o höchstes Verdienstfeld, dar.

Wir überlegen und glauben daran, dass alle Welten vollkommen reine Buddhaländer sind, mit Unmengen an äußeren, inneren und geheimen Darbringungen, die durch die Kraft der Konzentration erzeugt wurden. Unvorstellbare Wolken vollkommen reiner Darbringungen bedecken den ganzen Boden und erfüllen den ganzen Raum. Und wir stellen uns vor, dass wir diese Darbringungen für zahllose Äonen dem erhabenen Verdienstfeld darbringen, der Versammlung der Gottheiten Guru Sumati Buddha Herukas.

Reinigung

Welche Nichttugenden von Körper, Rede und Geist
Ich auch immer seit anfangsloser Zeit angesammelt habe,
Besonders Übertretungen meiner drei Gelübde,
Mit großer Reue bekenne ich jede einzelne aus tiefstem Herzen.

Wir flehen Guru Sumati Buddha Heruka an: «Alle Negativität, Übertretungen und gebrochenen Verpflichtungen, die ich während all meiner zahllosen Leben bis jetzt mit meinem Körper, meiner Rede und meinem Geist angesammelt habe, bekenne ich mit einem Geist starken Bedauerns und starken Versprechens. O Beschützer, bitte segne mich durch die Kraft Deines Mitgefühls, damit ich sie jetzt reinige.» Um zu reinigen, denken wir aus tiefstem Herzen immer wieder darüber nach.

Sich erfreuen

In dieser degenerierten Zeit hast Du nach großem Wissen und Vollendung gestrebt.
Durch das Aufgeben der acht weltlichen Belange hast Du deiner Freiheit und Begabung einen Sinn gegeben.
O Beschützer, aus der Tiefe meines Herzens
Erfreue ich mich an der gewaltigen Woge Deiner Taten.

Wir versprechen: «O ehrwürdiger Guru, aus der Tiefe meines Herzens erfreue ich mich an Deinen geschickten Taten, mit denen Du so viele glückliche Wesen zum Zustand der Vereinigung der Erleuchtung führst. Und ich verspreche, so zu werden wie Du.»

Bitte, das Rad des Dharma zu drehen

Aus den sich auftürmenden Wolken der Weisheit und des Mitgefühls
Im Raume Eurer Wahrheitskörper, o ehrwürdige und heilige Gurus,
Bitte sendet einen Regen weiten und tiefgründigen Dharmas herab,
Angemessen für die Schüler dieser Welt.

Wir bitten: «O ehrwürdiger Guru, aus den sich auftürmenden Wolken Deiner Weisheit und Deines Mitgefühls im Raume Deines Wahrheitskörpers, des Dharmakaya, strahle bitte zahllose unterschiedliche spirituelle Meister aus, die entsprechend den Bedürfnissen der Schüler die ganze Welt durchdringen. Und lasse einen Regen des weiten und tiefgründigen Dharma der mündlichen Ganden Überlieferungslinie auf zahllose Schüler herabströmen.»

Die spirituellen Meister anflehen, nicht dahinzuscheiden

Bitte sende aus Deinem eigentlichen, unsterblichen Körper, aus dem sinnklaren Licht geboren,
Zahllose Emanationen in die ganze Welt,
Um die mündliche Überlieferungslinie der Ganden Lehre zu verbreiten,
Und mögen sie für sehr lange Zeit verweilen.

Wir bitten einsgerichtet: «O Beschützer, obwohl Dein Körper der Vereinigung, aus dem sinnklaren Licht entstanden, frei von Tod ist, sind die unterschiedlichen Arten spiritueller Meister, die Du als gewöhnliche Wesen ausstrahlst, nicht unsterblich. Wir bitten diese spirituellen Meister, nie dahinzuscheiden, sondern zu verweilen, bis Samsara endet.»

Widmung

Mögen durch die Tugenden, die ich hier angesammelt habe,
Die Lehre und alle Lebewesen allen Nutzen erhalten.
Möge insbesondere die Essenz der Lehre
Des Ehrwürdigen Losang Dragpa für immer erstrahlen.

Wir widmen all die Tugenden, die wir und andere bisher angesammelt haben, dem Wohl der Lehre und allen Lebewesen, und insbesondere dafür, dass die Essenz der Lehre Je Tsongkhapas, die Anleitung und Praxis der mündlichen Ganden Überlieferungslinie, wachsen und sich in der ganzen Welt verbreiten möge.

Mandala Darbringung

Wir bringen Guru Sumati Buddha Heruka und seiner Versammlung der Gottheiten entweder ein langes oder kurzes Mandala dar.

OM VAJRA BHUMI AH HUM
Großer und mächtiger, goldener Grund,
OM VAJRA REKHE AH HUM
Am Rande um den äußeren Ring steht der eiserne Zaun.
In der Mitte der Berg Meru, König aller Berge,
Rund um diesen liegen vier Kontinente:
Im Osten Purvavideha, im Süden Jambudipa,
Im Westen Aparagodaniya, im Norden Uttarakuru.
Jeder hat zwei Subkontinente:
Deha und Videha, Tsamara und Abatsamara,
Satha und Uttaramantrina, Kurava und Kaurava.
Der Berg aus Juwelen, der wunscherfüllende Baum,
Die wunscherfüllende Kuh und die ungesäte Ernte.
Das kostbare Rad, das kostbare Juwel,
Die kostbare Königin, der kostbare Minister,
Der kostbare Elefant, das kostbare, erhabene Pferd,
Der kostbare General und die große Schatzvase.

Die Göttin der Schönheit, die Göttin der Girlanden,
Die Göttin des Gesangs, die Göttin des Tanzes,
Die Göttin der Blumen, die Göttin des Weihrauches,
Die Göttin des Lichts, die Göttin des Duftes.
Die Sonne, der Mond, der kostbare Schirm,
Das Siegesbanner in allen Richtungen,
In der Mitte alle Schätze der Götter und Menschen,
Eine erlesene Ansammlung, in der nichts fehlt.
All dies bringe ich Euch, meinem gütigen Wurzelguru und den Gurus der Überlieferungslinie dar,
All Euch heiligen und glorreichen Gurus,
Und insbesondere Dir, Guru Sumati Buddha Heruka, zusammen mit Deinen Gefolgen.
Bitte nehmt es aus Mitgefühl für die Wandernden an,
Und nachdem Ihr es aus Eurem großen Mitgefühl angenommen habt,
Gewährt bitte allen fühlenden Wesen, die den Raum durchdringen, Eure Segnungen.

Den Boden mit Duftwasser besprengt und mit Blumen geschmückt,
Den großen Berg, vier Länder, Sonne und Mond,
Als Buddhaland betrachtet bringe ich sie dar,
Mögen sich alle Wesen an solch Reinen Ländern erfreuen.

Ohne Gefühl von Verlust bringe ich die Objekte dar,
Die in mir Anhaftung, Hass und Verwirrung erzeugen,
Meine Freunde, Feinde und Fremde, unsere Körper und Vergnügen.
Bitte nehmt dies an und segnet mich, damit ich sofort von den drei Giften befreit werde.

IDAM GURU RATNA MANDALAKAM NIRYATAYAMI

Wir bringen dieses Mandala mit starkem Vertrauen dar und verwandeln das ganze Universum durch richtige Vorstellung in ein Reines Buddhaland. Wir bringen dieses Reine Buddhaland der Versammlung der Gottheiten Guru Sumati Buddha Herukas mit ihren Gefolgen dar.

Das *Migtsema* Bittgebet gemäß Höchstem Yoga Tantra rezitieren

O Guru Sumati Buddha Heruka, Vereinigung aller drei Linien in einer,
Ich ersuche Dich, bitte vertreibe alle meine äußeren und inneren Hindernisse,
Lass mein Geisteskontinuum reifen, befreie mich von dualistischer Erscheinung
Und segne mich, damit ich mühelos allen Lebewesen helfen werde.

In diesem Zusammenhang bezieht sich «drei Linien» auf den Körper, die Rede und den Geist aller Buddhas.

Wir rezitieren dieses Migtsema *Bittgebet siebenmal oder öfter.*

Traditionell müssen wir in dieser Praxis mit starkem Vertrauen und während wir über seine Bedeutung nachdenken, mindestens hunderttausend dieser Migtsema *Bittgebete ansammeln. Dadurch werden wir kraftvolle Segnungen empfangen.*

Bitte an den Herrn aller Überlieferungslinien
Bittgebet für die Praxis von Lamrim, Lojong, Erzeugungsstufe und Vollendungsstufe

Vollkommen frei von Ablenkungen sollten wir uns auf die Bedeutung der folgenden Worte konzentrieren.

Wir richten eine kraftvolle Bitte an ihn und ermutigen uns selbst, jede einzelne Stufe der Pfade von Sutra und Tantra zu üben, und wir fassen den festen Entschluss, die eigentliche Verwirklichung jeder einzelnen Stufe zu vollenden.

In dieser Weise sollten wir jeden Tag üben. Es gibt nichts Sinnvolleres als dies. Bitte bewahre diesen Rat im Herzen.

O Ehrwürdiger Eroberer Losang Dragpa,
Der Du der glorreiche Herr aller Überlieferungslinien, Heruka, bist,
In dessen einem Körper alle Buddhas, ihre Welten und Gefolge verweilen,
Ich ersuche Dich, bitte gewähre Deine Segnungen.

Mein gütiger, kostbarer Wurzelguru,
Der Du untrennbar eins mit Heruka bist,
In dessen großer Glückseligkeit alle Phänomene in einem gesammelt sind,
Ich ersuche Dich, bitte gewähre Deine Segnungen.

Da es die Wurzel aller spirituellen Erlangungen ist,
Sich in reiner Weise auf den spirituellen Meister zu verlassen,
Gewähre nun bitte meinem Körper, meiner Rede und meinem Geist
Die tiefgründigen Segnungen Deines Körpers, Deiner Rede und Deines Geistes.

Aus seiner großen Güte stellte Je Tsongkhapa
Alle Sutra und Tantra Lehren Buddhas als praktische Anleitungen vor.
Doch mein großes Glück, dem heiligen Dharma, Buddhas Lehre, begegnet zu sein,
Könnte nur für dieses eine Leben bei mir bleiben.

Mein Atem jedoch gleicht Dunst, im Begriff sich aufzulösen,
Und mein Leben gleicht einer Kerzenflamme, im Begriff im Wind zu erlöschen.
Da es nicht gewiss ist, dass ich heute nicht sterben werde,
Ist jetzt die einzige Zeit, den wirklichen Sinn menschlichen Lebens zu ergreifen, die Erlangung der Erleuchtung.

In meinen zahllosen früheren Leben häufte ich verschiedene Arten nichttugendhafter Handlungen an.
Und als Folge davon werde ich viele Äonen lang die unerträglichen Leiden niederer Wiedergeburt erleben müssen.
Da das für mich unerträglich ist, suche ich aufrichtig, aus der Tiefe meines Herzens,
Zuflucht in Buddha, Dharma und Sangha.

Ich werde mich aufrichtig bemühen
Buddhas Segnungen zu empfangen,
die Hilfe der Sangha zu erhalten, der reinen spirituell Praktizierenden,
Und Dharma rein zu üben.

Durch beständiges Ausführen dieser Praxis
Werde ich die eigentliche Zuflucht in meinem Geist vollenden –
Die Verwirklichungen des heiligen Dharma,
Die mich dauerhaft von allen Leiden und Problemen befreien.

Die Ursache des Leidens sind nichttugendhafte Handlungen
Und die Ursache des Glücks sind tugendhafte Handlungen.
Da dies vollkommen wahr ist,
Werde ich mit Sicherheit erstere aufgeben und letztere üben.

So wie der irrtümliche Glaube,
Dass ein Gifttrunk Nektar ist,
So ist auch Anhaftung mit Festhalten an Objekten des Begehrens
Die Ursache großer Gefahr.

Im Kreislauf unreinen Lebens, Samsara,
Gibt es keinen wirklichen Schutz vor Leiden.
Wo auch immer ich geboren werde, als ein niederes oder höheres Wesen,
Ich werde nur Leiden erleben müssen.

Das Fleisch und die Knochen all meiner bisherigen Körper ergäben zusammen einen Berg so hoch wie der Berg Meru.
Und wenn das Blut und die Körperflüssigkeiten gesammelt würden, entsprächen sie dem tiefsten Ozean.
Obwohl ich zahllose Körper als Brahma, Indra, Chakravatin Könige, Götter und gewöhnliche Menschen angenommen habe,
Hat nichts davon eine Bedeutung gehabt, denn noch immer leide ich.

Wenn ich, der ich in den Höllen geboren wurde und dort flüssiges Kupfer trank, der als Insekten geboren wurde, deren Körper zu Schlamm wurden,
Und der ich als Hunde, Schweine und so weiter geboren wurde, die genug Unrat fraßen, um damit die ganze Erde zu bedecken,
Und wenn, wie es heißt, die Tränen, die ich wegen all dieses Leidens vergossen habe, größer als ein Ozean sind,
Und ich immer noch keinerlei Sorge oder Furcht verspüre, habe ich dann einen Geist aus Eisen?

Mit diesem Verständnis werde ich mich stets bemühen samsarische Wiedergeburt zu beenden,
Indem ich danach strebe, ihre Wurzel, die Unwissenheit des Festhaltens am Selbst, für immer aufzugeben.
Abhängig von dieser Entsagung werde ich das Tor zum Pfad zur Befreiung öffnen
Und danach streben, die drei höheren Schulungen, die Synthese aller Pfade, zu üben.

Mit meinem Geist gleich einem edlen Pferd zu höheren Ebenen eilend,
Gelenkt durch die Zügel des Dharma der drei höheren Schulungen
Und angetrieben mit der Peitsche starken Bemühens,
Werde ich jetzt schnell auf dem Pfad zur Befreiung reisen.

Alle Mutterlebewesen, die sich mit solch einer Güte um mich kümmern,
Ertrinken im furchtbaren Ozean Samsaras.
Wenn ich mir keine Gedanken über ihr bemitleidenswertes Leiden mache,
Bin ich wie ein gemeines und herzloses Kind.

Da während all meiner Leben, seit anfangsloser Zeit bis jetzt, mein Geist der Selbstwertschätzung die Wurzel all meines Leidens gewesen ist,
Muss ich ihn aus meinem Herzen vertreiben, ihn ganz weit fortwerfen und nur andere Lebewesen wertschätzen.
So werde ich meine Übung im Austauschen vom Selbst mit anderen vollenden.
O mein kostbarer Guru, bitte gewähre Deine Segnungen, sodass ich diese tiefgründige Übung vollenden kann.

Um alle Mutterlebewesen dauerhaft
Von Leiden und fehlerhafter Erscheinung zu befreien,
Werde ich die Vereinigung des Zustands der Erleuchtung
Durch die Praxis der sechs Vollkommenheiten erlangen.

Ablenkungen in meinem Geist vollständig beseitigen,
Ein einzelnes Objekt der Meditation mit Achtsamkeit beobachten und halten
Und verhindern, dass die Hindernisse des geistigen Sinkens und der geistigen Erregung entstehen –
In dieser Weise werde ich meinen Geist mit klarer und freudvoller Meditation zähmen.

Alle meine Erscheinungen in Träumen lehren mich,
Dass alle meine Erscheinungen des Wachzustands nicht existieren.
Deshalb sind für mich alle meine Traumerscheinungen
Die erhabenen Anleitungen meines Gurus.

Die Phänomene, die ich normalerweise sehe oder wahrnehme,
Sind täuschend – erschaffen von fehlerhaften Geistesarten.
Suche ich nach der Wirklichkeit dessen, was ich sehe,
Ist dort nichts, das existiert. Ich nehme nur raumgleiche Leere wahr.

Suche ich mit meinem Weisheitsauge,
Verschwinden alle Dinge, die ich normalerweise sehe,
Und nur ihr bloßer Name bleibt übrig.
Mit diesem bloßen Namen akzeptiere ich einfach alles, damit ich mich mit anderen verständigen kann.

Die Art und Weise, wie Phänomene existieren, ist genau so.
Guru Vater Je Tsongkhapa klärte dies, Nagarjunas Absicht folgend.
Deshalb ist die richtige Sicht der Leerheit, frei von den zwei Extremen,
Äußerst tiefgründig.

Mit meiner Erfahrung in den allgemeinen Pfaden
Erscheint nun das Oberhaupt des Reinen Landes Akanishta, Vajradhara Heruka,
In dieser Welt als Emanation Herukas
In der Gestalt meines Wurzelgurus,
Der mich in das große Mandala des Körpers von Heruka führte
Und mir die vier Ermächtigungen gewährte, die mein Geisteskontinuum reifen lassen.
Somit bin ich ein vom Glück sehr Begünstigter geworden, der die Gelegenheit hat, in diesem Leben
Die Vereinigung Herukas durch die Vollendung des

Nicht-mehr-Lernens zu erlangen, den Zustand der Erleuchtung.

Die Güte von Guru Heruka Vater und Mutter ist unvorstellbar
Und die Güte meines Wurzelgurus ist unvorstellbar.
Aufgrund dieses großen Glücks und durch die Kraft meiner richtigen Vorstellung
Verweile ich nun im großen Mandala Herukas, der Natur meines gereinigten groben Körpers.

Ich bin die erleuchtete Gottheit Heruka,
Die Natur meines gereinigten weißen unzerstörbaren Tropfens,
Mit meiner Gefährtin Vajravarahi,
Die Natur meines gereinigten roten unzerstörbaren Tropfens.
Ich bin umgeben von den Bodhisattva Gottheiten, den Helden und Heldinnen,
Die die Natur meiner gereinigten Kanäle und Tropfen sind.
Durch den Genuss großer Glückseligkeit und der Leerheit aller Phänomene habe ich alle gewöhnlichen Erscheinungen und Vorstellungen befriedet
Und so den wirklichen Sinn des menschlichen Lebens erfüllt.

Nachdem ich mich als Heruka mit Gefährtin erzeugt habe,
Meditiere ich kurz über meinen Körper als hohl und leer wie Raum.
In diesem Körper ist mein Zentralkanal, der vier Merkmale besitzt.
Innerhalb meines Zentralkanals, in der Mitte der acht Blütenblätter des Herzkanal-Rades,
Ist die Vereinigung meines weißen und roten unzerstörbaren Tropfens, so groß wie eine kleine Erbse,
Der sehr klar ist und fünffarbiges Licht ausstrahlt.
In ihm ist mein unzerstörbarer Wind im Aspekt eines Buchstabens HUM,

Der der eigentliche Glorreiche Heruka ist.
Mein Geist tritt in das HUM ein und vermischt sich damit, wie Wasser sich mit Wasser mischt.
Ich halte dieses HUM, das mein unzerstörbarer Wind und Heruka ist, mit Achtsamkeit und meditiere einsgerichtet darüber.

Indem ich diese Meditation festige, wird die Bewegung meiner inneren Winde der Vorstellungen aufhören.
Somit werde ich ein vollqualifiziertes klares Licht wahrnehmen.
Indem ich die Übung dieses klaren Lichts vollende,
Werde ich die eigentliche Vereinigung des großen Keajra erlangen, den Zustand der Erleuchtung.
Dies ist die große Güte Guru Herukas;
Möge ich so werden wie Du.

Segnungen empfangen

O glorreicher und kostbarer Wurzelguru,
Bitte verweile auf dem Lotos und Mondsitz in meinem Herzen.
Bitte sorge für mich mit Deiner großen Güte
Und gewähre mir die Segnungen Deines Körpers, Deiner Rede und Deines Geistes.

Infolge dieser Bitte schmelzen alle Buddhas der zehn Richtungen im Raume vor mir zu Licht und lösen sich in den Ehrwürdigen Guru Tsongkhapa auf. Er schmilzt ebenfalls zu Licht und löst sich in Buddha Shakyamuni in seinem Herzen auf. Daraufhin schmilzt Buddha Shakyamuni zu Licht und löst sich in Heruka in seinem Herzen auf.

Mit großer Freude kommt Guru Heruka zu meinem Scheitel und verweilt im Zentralkanal in der Mitte meines Scheitelkanal-Rades. Licht strahlt aus seinem

Körper und segnet die Kanäle, Winde und Tropfen in meinem Scheitel.

O glorreicher und kostbarer Wurzelguru,
Bitte verweile auf dem Lotos und Mondsitz in
meinem Herzen.
Bitte sorge für mich mit Deiner großen Güte
Und gewähre mir die allgemeinen und höchsten
Erlangungen.

Infolge dieser Bitte sinkt Guru Heruka in meinen Hals und verweilt im Zentralkanal in der Mitte meines Halskanal-Rades. Licht strahlt aus seinem Körper und segnet die Kanäle, Winde und Tropfen in meinem Hals.

O glorreicher und kostbarer Wurzelguru,
Bitte verweile auf dem Lotos und Mondsitz in
meinem Herzen.
Bitte sorge für mich mit deiner großen Güte
Und bleibe unerschütterlich, bis ich die Essenz der
Erleuchtung erlangt habe.

Infolge dieser Bitte sinkt Guru Heruka in mein Herz und verweilt im Zentralkanal in der Mitte meines Herzkanal-Rades. Licht strahlt aus seinem Körper und segnet die Kanäle, Winde und Tropfen in meinem Herzen.

Dann mischt sich Guru Herukas Geist des klaren Lichts großer Glückseligkeit mit meinem Geist und sie werden nichtdual, von einer Natur. Durch diese Kraft wird mein Geist zur Natur von Herukas Geist des klaren Lichts großer Glückseligkeit.

Wir meditieren kurz über unseren Geist, der das klare Licht großer Glückseligkeit von Herukas Geist ist und der durch die Kraft richtiger Vorstellung erlangt wurde. Wir halten ihn einsgerichtet, ohne ihn zu vergessen.

Dann widmen wir uns mit einem Gefühl großer Freude der eigentlichen Praxis des Mahamudra, indem wir das Folgende üben, das bereits erklärt wurde:

1. *Über ruhiges Verweilen meditieren, nachdem wir unseren eigenen Geist identifiziert haben*
2. *Über höheres Sehen meditieren, nachdem wir Leerheit verwirklicht haben*
3. *Über den Zentralkanal meditieren, der Yoga des Zentralkanals*
4. *Über den unzerstörbaren Tropfen meditieren, der Yoga des Tropfens*
5. *Über den unzerstörbaren Wind meditieren, der Yoga des Windes*

Widmung

Durch die Fürsorge des Eroberers Tsongkhapa
In allen meinen Leben als mein Mahayana Guru
Möge ich mich nie auch nur für einen Augenblick
Von diesem ausgezeichneten Pfad abwenden, der von den Eroberern gepriesen wird.

Durch die Übungen in reiner moralischer Disziplin, ausgiebigem Zuhören,
Schulung in Bodhichitta, reiner Sicht, reinem Verhalten und so weiter,
Mögen ich und alle Lebewesen aufrichtig, rein und makellos
Die Lehre des Eroberers Losang Dragpa praktizieren.

Kolophon: Diese Sadhana, ein rituelles Gebet für spirituelle Erlangungen, wurde vom Ehrwürdigen Geshe Kelsang Gyatso Rinpoche 2015 aus traditionellen Quellen zusammengestellt.

TEIL DREI

Die neue Essenz des Vajrayana

DIE SELBSTERZEUGUNGSPRAXIS DES HERUKA KÖRPERMANDALAS, EINE ANLEITUNG DER MÜNDLICHEN GANDEN ÜBERLIEFERUNGSLINIE

Tisch des Praktizierenden, auf dem die innere Darbringung, Vajra und Glocke, Damaru, Handlungsvase und Mala zu sehen sind

Die neue Essenz des Vajrayana

DIE SELBSTERZEUGUNGSPRAXIS DES HERUKA KÖRPERMANDALAS, EINE ANLEITUNG DER MÜNDLICHEN GANDEN ÜBERLIEFERUNGSLINIE

EINLEITUNG

Wir sollten wissen, dass Buddha, als er tantrische Ermächtigungen gab, im Allgemeinen als Vajradhara erschien. Doch als er eine Heruka Ermächtigung gab, erschien er als Heruka. Dies zeigt, dass Vajradhara, Heruka und Buddha Shakyamuni dieselbe Person sind, aber mit unterschiedlichen Aspekten und unterschiedlichen Funktionen.

Es ist allgemein bekannt, dass die Anleitungen, wie man die Erzeugungs- und Vollendungsstufen des Heruka Körpermandalas und von Vajrayogini praktiziert, tiefgründiger sind als die Anleitungen, wie man die Erzeugungs- und Vollendungsstufen der anderen tantrischen Gottheiten wie zum Beispiel Guhyasamaja oder Yamantaka praktiziert. Deshalb sind die Übungen des Heruka Körpermandalas und von Vajrayogini die wirkliche Essenz des Höchsten Yoga Tantra.

In den Schriften heißt es: So wie die Zeiten immer mehr in spiritueller Hinsicht degenerieren, wird es immer länger dauern, bis Praktizierende die Segnungen tantrischer Gottheiten erhalten. Das gilt im Allgemeinen, bei den tantrischen Gottheiten von Heruka und Vajrayogini ist jedoch das Gegenteil der Fall. Je unreiner die Zeiten werden, umso schneller werden wir die Segnungen und besondere Fürsorge von Heruka und Vajrayogini erhalten und dadurch leicht und schnell Verwirklichungen erlangen. Das liegt daran, dass die Menschen dieser Welt eine besondere Verbindung zu Heruka und Vajrayogini haben.

Es gibt in unserer Welt vierundzwanzig heilige Stätten von Heruka, wie Puliramalaya, Dzalendhara und so weiter, einschließlich den Berg Kailash. An jeder dieser heiligen Stätten erscheint auf der Erde eine menschliche Welt und im Himmel darüber erscheint Herukas Welt, das Mandala. Praktizierende wie Milarepa haben das Mandala von Heruka an diesen Stätten direkt gesehen. Außerdem durchdringen die Helden und Dakinis, die Emanationen von Heruka und Vajrayogini sind, alle Orte auf der ganzen Welt und die Menschen erhalten ihre Segnungen und besondere Fürsorge. Dies alles sind klare Hinweise darauf, dass wir, die Menschen dieser Welt, eine besondere Verbindung zu den erleuchteten Gottheiten Heruka und Vajrayogini haben.

Mit einem Verständnis von all dem sollten wir uns über unser großes Glück freuen und uns selbst ermutigen aufrichtig die allgemeinen Pfade zu üben – uns in Entsagung, im höchsten guten Herz Bodhichitta und der richtigen Sicht der Leerheit zu schulen – sowie die außergewöhnlichen Pfade zu üben, das heißt uns in der Erzeugungs- und Vollendungsstufe des Heruka Körpermandalas oder von Vajrayogini zu schulen. In dieser Weise können wir das endgültige Ziel eines menschlichen Lebens erreichen.

Weitere Erklärungen finden sich in der Einführung zur ausführlichen Sadhana Essenz des Vajrayana.

DIE PRAXIS DER VORBEREITUNGEN

Zuflucht und Bodhichitta

Im Raume vor mir erscheint Heruka Vater und Mutter,
Untrennbar von meinem Wurzelguru,
Umgeben von einer unendlichen Anzahl an
Zufluchtsobjekten,
Einer Versammlung der Gurus, erleuchteten Gottheiten,
Drei kostbaren Juwelen und Bodhisattva Helden und
Heldinnen.

Wir meditieren über diese weite Versammlung der Zufluchtsobjekte mit bewunderndem Vertrauen, glaubendem Vertrauen und wünschendem Vertrauen. Bewunderndes Vertrauen hat die Natur des Sicherfreuens – sich über die vollkommene Reinheit erleuchteter Wesen zu freuen. Glaubendes Vertrauen hat die Natur richtigen Glaubens – zu glauben, dass die Versammlung erleuchteter Wesen wirklich vor uns im Raum ist. Und wünschendes Vertrauen hat die Natur des Wünschens – sich zu wünschen, so zu werden wie sie.

Auf ewig werde ich Zuflucht nehmen
Zu Buddha, Dharma und Sangha.
Zum Wohle aller Lebewesen
Werde ich Heruka werden. (3x)

Wir konzentrieren uns auf die unendliche Anzahl an Zufluchtsobjekten und nehmen Zuflucht und erzeugen Bodhichitta gemäß Tantra.

Unseren Körper, Rede und Geist reinigen

Ich nehme nichts anderes als Leerheit wahr.
Aus dem Zustand der Glückseligkeit und Leerheit
erscheine ich als Heruka
Mit einem blaufarbigen Körper, einem Gesicht und zwei
Händen,

Vajrasattva mit Gefährtin

Halte Vajra und Glocke und umarme Vajravarahi.
Ich stehe mit meinem rechten Bein ausgestreckt.

Darüber denken wir nach und machen durch richtigen Glauben unseren Körper, Rede und Geist rein, indem wir sie in Herukas Körper, Rede und Geist umwandeln.

Alle Orte, Vergnügen und Tätigkeiten reinigen

Lichtstrahlen aus dem Buchstaben HUM in meinem Herzen
Reinigen alle Welten und ihre Wesen vollständig.
Alles wird makellos rein,
Vollständig erfüllt mit einer riesigen Aufstellung von Darbringungen, die nichtverunreinigte Glückseligkeit gewähren.

Wir glauben fest, dass durch die Kraft richtiger Vorstellung alle Orte, Vergnügen und Tätigkeiten vollkommen rein werden und ganz natürlich nichtverunreinigte Glückseligkeit gewähren.

Nichttugenden und Behinderungen reinigen

Visualisierung

Auf einem Mondsitz inmitten eines achtblättrigen Lotos auf meinem Scheitel sitzt Guru Vajrasattva mit seiner Gefährtin. Er ist untrennbar eins mit allen Buddhas der zehn Richtungen. Er hat einen weißfarbigen Körper aus Licht und schaut mich mit mitfühlenden Augen an.

Wir meditieren kurz über diese Visualisierung.

Bitten

O Guru Vajrasattva, ich habe keine andere Zuflucht als Dich.
Bitte reinige dauerhaft meine Nichttugenden,
Übertretungen und gewöhnlichen Erscheinungen und
Vorstellungen. (3x)

Zwölfarmiger Heruka

Während wir uns auf die Bedeutung dieser Bitte konzentrieren, rezitieren wir das folgende Mantra einundzwanzigmal, hundertmal oder öfter:

OM VAJRASATTVA SARWA SIDDHI HUM

Aufgrund dieser Bitte schmelzen Vajrasattva Vater und Mutter zu weißem Licht, treten durch meinen Scheitel ein und lösen sich in die innere Dunkelheit meiner Nichttugenden, Übertretungen und gewöhnlichen Erscheinungen und Vorstellungen in meinem Herzen auf. Meine Nichttugenden, Übertretungen und gewöhnlichen Erscheinungen und Vorstellungen sind dauerhaft gereinigt.

Wir meditieren kurze Zeit über diesen Glauben.

Die Praxis des Guru Yoga, das Tor zum Empfangen von Segnungen

Das Verdienstfeld, die Verpflichtungswesen, visualisieren

Im Raume vor mir ist mein Wurzelguru Heruka,
Auf Lotos, Sonne und zornvollen Dämonen stehend,
Mit einem dunkelblauen Körper aus Weisheitslicht, wie ein Berg aus Lapislazuli.
Er hat vier Gesichter, die im Gegenuhrzeigersinn blau, grün, rot und gelb sind.

Seine beiden Haupthände halten Vajra und Glocke und umarmen die Mutter.
Unter diesen hat er der Reihe nach zwei Hände, die eine Elefantenhaut halten,
Zwei, die einen Damaru und einen Khatanga halten, zwei, die eine Axt und eine Schädelschale mit Blut halten,
Zwei, die ein gekrümmtes Messer und eine Vajraschlinge halten, und zwei, die einen dreizackigen Speer und einen viergesichtigen Kopf von Brahma halten.

Er zeigt die neun Stimmungen und trägt sechs
Knochenornamente.
Sein Scheitel ist mit einem Halbmond und einem
gekreuzten Vajra geschmückt.
Er trägt eine Halskette aus Menschenköpfen und ein
unteres Gewand aus Tigerfell.
Er steht mit seinem rechten Bein ausgestreckt inmitten
eines lodernden Flammenmeeres.

Vajravarahi ist rot und mit fünf Knochenornamenten
geschmückt.
Sie hält ein gekrümmtes Messer und eine Schädelschale
und umschlingt den Vater in Umarmung.
Die vier Elemente, der Berg Meru und der himmlische
Palast sind die Natur von Herukas Körper.

In der Mitte, innerhalb seines Herzkanal-Rades,
Erscheint sein weißer und roter Tropfen als Heruka und
Vajravarahi in Umarmung,
Die Kanal-Blütenblätter der Elemente in den vier
Richtungen erscheinen als die vier Yoginis
Und die Kanal-Blütenblätter in den Zwischenrichtungen
erscheinen als Schädelschalen, die mit Nektar
gefüllt sind.

An den vierundzwanzig Stellen im oberen, mittleren und
unteren Teil seines Körpers
Sind die hohlen Kanäle und darin enthaltenen Tropfen
Die vierundzwanzig Helden, die Natur der Tropfen,
Die die vierundzwanzig Heldinnen umarmen, die Natur
der Kanäle.
Die Kanäle an seinen Sinnestoren sind die acht Göttinnen
der Tore.
Sie sind umgeben von einer Versammlung der Gurus,
Gottheiten, Drei Juwelen, Helden, Dakinis und Dharma
Beschützer.

Ihre drei Stellen, Scheitel, Hals und Herz, sind mit den drei
Buchstaben gekennzeichnet: OM, AH und HUM.
Lichtstrahlen strömen aus dem Buchstaben HUM und laden
die Versammlung der Weisheitswesen ein.
Sie werden untrennbar von den Verpflichtungswesen.

Verbeugung

So wie die Zeiten immer unreiner werden,
Nehmen Deine Kraft und Deine Segnungen immer mehr zu,
Und Du sorgst schnell für uns, so geschwind
wie Gedanken.
O Heruka Vater und Mutter, vor Dir verbeuge ich mich.

Äußere, innere, geheime und Dasheitsdarbringungen

Wolken äußerer Darbringungen, die acht Darbringungen
und die glückverheißenden Substanzen,
Große Mengen innerer Darbringungen der zehn
Substanzen, gereinigt, umgewandelt und vermehrt,
Und Heerscharen von Dakini Gefährtinnen, die spontane
große Glückseligkeit gewähren:
All dies bringe ich im Zustand Deines erhabenen Geistes
des endgültigen Bodhichitta dar.

Reinigung

Bitte reinige innerhalb der Sphäre des klaren Lichts
der Leerheit
Alle Nichttugenden und Übertretungen meiner drei Tore,
Die ich, während ich in Samsara wanderte, seit
anfangsloser Zeit begangen habe,
Getäuscht vom Festhalten an Dingen, wie sie erscheinen.

Bitte, das Rad des Dharma zu drehen, und Widmung

Durch das Rad der scharfen Waffen der erhabenen Weisheit der Glückseligkeit und Leerheit,
Das bis ans Ende des Äons den Raum des Geistes fühlender Wesen durchkreist
Und dabei den Dämon des Festhaltens am Selbst, die Wurzel Samsaras, durchschneidet,
Möge der definitive Heruka siegreich sein.

Mandala Darbringung

Ich bringe den Gurus, Gottheiten und Drei kostbaren Juwelen
Hundert Millionen der vier Kontinente, den Berg Meru,
Sonne und Mond, die sieben kostbaren Objekte und so weiter dar,
Ein mit Juwelen geschmücktes Universum mit unendlichen Wolken völlig reiner Darbringungen, in ein Reines Buddhaland verwandelt.
Bitte nehmt es aus Mitgefühl an und gewährt mir Eure Segnungen.

IDAM GURU RATNA MANDALAKAM NIRYATAYAMI

Die vier Ermächtigungen empfangen

O Guru Heruka, Vereinigung aller Drei Juwelen,
Indem Du mir die vier tiefgründigen Ermächtigungen gewährst,
Reinige bitte meine Nichttugenden von Körper, Rede und Geist und meine Behinderungen dualistischer Erscheinung,
Und segne mich, damit ich die vier Körper der Erleuchtung erlange. (3x)

Nachdem sie in dieser Weise einsgerichtet gebeten wurden,
Gewähren die ausgestrahlte Vajravarahi und die vier
Yoginis die Vasenermächtigung.
Alle Behinderungen meines Körpers sind gereinigt
Und ich bin ermächtigt, Verwirklichungen der Erzeugungsstufe und den Emanationskörper zu erlangen.

Guru Vater und Mutter treten in Vereinigung und ich koste
ihre geheime Substanz.
Alle Behinderungen meiner Rede, Kanäle und Winde sind
gereinigt.
Ich bin ermächtigt, die Vollendungsstufenverwirklichungen
des illusorischen Körpers zu erlangen,
Und meine Potenziale, Buddhas Rede und den
Freudenkörper zu erlangen, reifen.

Ich erhalte Vajravarahi als meine Gefährtin.
Ich trete mit ihr in Vereinigung und erzeuge dadurch die
erhabenen Weisheiten der vier Freuden.
Alle Behinderungen meines Geistes sind gereinigt
Und ich bin ermächtigt, die Vollendungsstufe des sinnklaren Lichts und den Wahrheitskörper zu erlangen.

Indem ich die Einführung zur Vereinigung
Von endgültigem illusorischem Körper und sinnklarem
Licht anhöre,
Werden meine Behinderungen dualistischer Erscheinung
gereinigt
Und mein Potenzial reift heran, die Vereinigung Herukas
zu erlangen.

Die Gurus der Überlieferungslinie bitten

Indem Du den Gottheiten Yoga des großen Geheimnisses
offenbarst,
Werden die vom Glück Begünstigten in einem Leben
zum Zustand der Vereinigung geführt.
O Gesegneter Heruka, Glorreicher Vater und Mutter,
Ich ersuche Dich, bitte gewähre Vereinigung in diesem Leben.

O Mahasiddha Ghantapa, Kurmapada,
Dzalandhara, Krishnapada
Und alle anderen Überlieferungsliniengurus dieses Pfades,
Ich ersuche Euch, bitte gewährt Vereinigung in diesem Leben.

Und besonders Du, o Ehrwürdiger, mein gütiger
Wurzelguru,
Das Mitgefühl aller Buddhas,
Das als mein spiritueller Meister erscheint, der den ganzen
Pfad zur Erleuchtung enthüllt,
Ich ersuche Dich, bitte gewähre Vereinigung in diesem Leben.

Bitte segne mich, damit ich schnell
Die spontanen Verwirklichungen
Aller Stufen des Pfades erzeugen kann:
Entsagung, Bodhichitta, richtige Sicht und die zwei
tantrischen Stufen.

Kurz gesagt, ehrwürdiger Guru Vater und Mutter,
Bitte segne mich, damit ich in diesem Leben
Durch die Kraft Deiner tiefgründigen Segnungen, die in
mein Herz strömen,
Den eigentlichen Zustand der Vereinigung Herukas erlange.

Spontane große Glückseligkeit vollenden, indem wir den Guru in uns auflösen

Das gesamte Verdienstfeld sammelt sich allmählich von
den Rändern her
Und löst sich in meinen Wurzelguru Heruka auf.
Voller Freude kommt mein Guru zu meinem Scheitel,
Sinkt durch meinen Zentralkanal hinab in mein Herz
Und wird eins mit meinem Geist in meinem Herzen.
Ich erlebe die Vereinigung von spontaner großer
Glückseligkeit und Leerheit.

Wir meditieren kurz über diese Vereinigung, die wir durch richtigen Glauben erzeugt haben.

DIE EIGENTLICHE PRAXIS DER SELBSTERZEUGUNG

Den Tod in den Pfad zum Wahrheitskörper bringen, Buddhas sehr subtilem Körper

Die ganze Welt und ihre Bewohner schmelzen zu Licht und lösen sich in meinen Körper auf. Auch mein Körper schmilzt zu Licht und wird langsam kleiner, bis er sich schließlich in Leerheit auflöst. Dies ähnelt der Art und Weise, wie sich alle Erscheinungen dieses Lebens während des Todes auflösen.

Ich erlebe das klare Licht des Todes, dessen Natur große Glückseligkeit ist. Mein Geist, das klare Licht der Glückseligkeit, wird untrennbar eins mit Leerheit, der bloßen Abwesenheit all der Dinge, die ich normalerweise sehe. Ich nehme nichts außer Leerheit, endgültige Wahrheit, wahr. Ich bin der Wahrheitskörper-Heruka.

Wie wir über das Bringen des klaren Lichts des Todes in den Pfad zum Wahrheitskörper meditieren

Wie oben erwähnt stellen wir uns vor, dass wir das klare Licht des Todes erleben, das große Glückseligkeit ist und untrennbar eins mit Leerheit wird, und wir glauben, dass diese Vereinigung von großer Glückseligkeit und Leerheit der Wahrheitskörper Herukas ist.

Dann, indem wir diesen weiten Raum der Leerheit des Wahrheitskörpers wahrnehmen, entwickeln und halten wir den Gedanken «Ich bin der Wahrheitskörper-Heruka». Unser Geist verwandelt sich in diesen Gedanken «Ich bin der Wahrheitskörper-Heruka» und wir meditieren darüber so lange wie möglich.

Wenn wir durch fortwährende Schulung in dieser Meditation bezogen auf den weiten, leeren Wahrheitskörper Herukas spontan «ich, ich» denken, haben wir zu dieser

Nada und HUM

Zeit die Grundlage der Zuschreibung für unser Selbst geändert, von unserem normalen Körper, der ein verunreinigter Körper ist, zu Herukas Wahrheitskörper, der ein nichtverunreinigter Körper ist, ein vollkommen reiner Körper. Ab dann sind wir ein vollkommen reines Wesen, Heruka, da die Grundlage der Zuschreibung für unser Selbst vollkommen rein ist. Deshalb ist diese Anleitung eine wissenschaftliche Methode, Erleuchtung sehr schnell zu erlangen.

Wir sollten wissen, dass wir den Gedanken «ich, ich» normalerweise bezogen auf unseren gegenwärtigen Körper entwickeln und halten. Dieser Gedanke ist Unwissenheit, da unser gegenwärtiger Körper nicht unser Selbst sein kann, weil er ein Teil der Körper anderer ist, ein Teil der Körper unserer Eltern. Das zeigt uns, dass unsere normale Art und Weise, unser Selbst zu identifizieren, Unwissenheit ist. Aufgrund dieser Unwissenheit entwickeln wir unterschiedliche Arten fehlerhafter Erscheinung und aus diesen entstehen endlos unterschiedliche Arten von Leiden und Problemen als Halluzinationen.

Denken wir andererseits spontan «ich, ich» bezogen auf den weiten Raum der Leerheit des Wahrheitskörpers, dann ist die Art und Weise, unser Selbst zu identifizieren, richtig. Indem wir unser Selbst in dieser Weise richtig identifizieren, wird unsere fehlerhafte Erscheinung aufhören und damit werden unsere Halluzinationen all der Leiden und Probleme dieses Lebens und zahlloser zukünftiger Leben für immer aufhören. Dies ist auch eine der Hauptfunktionen der zuvor beschriebenen Meditation. Diese Erklärung ist nicht allgemein bekannt, sie ist eine mündliche Anleitung.

Führen wir diese Meditation aus, wenn wir sterben, dann gibt es keinen Zweifel, dass wir im nächsten Leben zumindest durch Vertrautheit in Herukas Reinem Land Keajra geboren werden.

Diese Meditation führt uns zu der Erlangung des Wahrheitskörpers von Buddha Heruka, indem wir unser klares Licht des Todes in den Pfad zum Wahrheitskörper umwandeln. Deshalb wird sie «den Tod in den Pfad zum Wahrheitskörper bringen» genannt.

Den Zwischenzustand in den Pfad zum Freudenkörper bringen, Buddhas subtilem Formkörper

Aus der Leerheit des Wahrheitskörpers, des Dharmakaya, verwandle ich mich augenblicklich in den Freudenkörper-Heruka in Form eines Nada. Dies ähnelt der Art und Weise, wie der Körper eines Wesens des Zwischenzustands aus dem klaren Licht des Todes entsteht. Ich bin der Freudenkörper-Heruka.

Wir meditieren kurz über diesen göttlichen Stolz. Heruka, der auf den subtilen Formkörper eines Buddha zugeschrieben wird, ist der Freudenkörper-Heruka.

Wiedergeburt in den Pfad zum Emanationskörper bringen, Buddhas grobem Formkörper, indem wir die fünf allwissenden Weisheiten vollenden

In der Mitte der vier Elemente, des Berges Meru und eines Lotos ist ein rötlich-weißer Mond, der aus den Vokalen und Konsonanten entstanden ist. Ich trete in die Mitte des Mondes ein und verwandle mich allmählich in ein HUM. Aus dem HUM, das die Ansammlung der fünf allwissenden Weisheiten ist, entsteht augenblicklich das gesamte getragene und tragende Mandala.

Ich bin der Basis-Heruka mit meiner Gefährtin. Der himmlische Palast des Körpermandalas ist die Natur der groben Teile meines Körpers und die Versammlung der Helden und Heldinnen des Körpermandalas ist die Natur der subtilen Teile meines Körpers, der Kanäle und Tropfenelemente. So entstehe ich als Heruka Vater und Mutter des Körpermandalas, die Natur meines unzerstörbaren weißen und roten Tropfens, mit dem gesamten getragenen und tragenden Körpermandala, vollständig und auf einmal. Ich bin der Emanationskörper-Heruka.

Wir meditieren und denken: «Ich bin der Emanationskörper-Heruka.»

Diese Meditation verhindert, dass wir nach unserem Tod in Samsara wiedergeboren werden, und ist die Ursache dafür, den Emanationskörper-Heruka zu erlangen. Deshalb wird sie «die Wiedergeburt in den Pfad zum Emanationskörper bringen» genannt.

Indem wir vollständig die fünf allwissenden Weisheiten durch die Kraft richtiger Vorstellung in unserem Geisteskontinuum vollenden, was wir aus der Entwicklung des HUM aus dem Nada verstehen, erzeugen wir uns als Emanationskörper-Heruka. Wir meditieren einsgerichtet so lange wie möglich über diese Selbsterzeugung.

Prüfende Meditation über Basis-Heruka mit Gefährtin

Des Weiteren bin ich der Gesegnete Heruka
Mit einem dunkelblauen Körper wie ein Berg aus Lapislazuli.
Ich habe vier Gesichter, die im Gegenuhrzeigersinn blau, grün, rot und gelb sind.
Meine beiden Haupthände halten Vajra und Glocke und umarmen meine Gefährtin.

Unter diesen habe ich der Reihe nach zwei Hände, die eine Elefantenhaut halten,
Zwei, die einen Damaru und einen Khatanga halten, zwei, die eine Axt und eine Schädelschale mit Blut halten,
Zwei, die ein gekrümmtes Messer und eine Vajraschlinge halten, und zwei, die einen dreizackigen Speer und einen viergesichtigen Kopf von Brahma halten.
Ich zeige die neun Stimmungen und trage sechs Knochenornamente.

Mein Scheitel ist mit einem Halbmond und einem gekreuzten Vajra geschmückt.
Ich trage eine Halskette aus Menschenköpfen und ein unteres Gewand aus Tigerfell.
Ich stehe mit meinem rechten Bein ausgestreckt auf Lotos, Sonne und zornvollen Dämonen.
Vajravarahi ist rot und mit fünf Knochenornamenten geschmückt.
Sie hält ein gekrümmtes Messer und eine Schädelschale und umschlingt den Vater in Umarmung.

Prüfende Meditation über das Körpermandala

Die vier Elemente, der Berg Meru und der himmlische Palast sind die Natur der gereinigten Teile des groben Körpers von mir selbst als Basis-Heruka.

In der Mitte, innerhalb des Herzkanal-Rades von mir selbst als Basis-Heruka erscheinen Heruka Vater und Mutter, das Oberhaupt des Körpermandalas, so groß wie ein Gerstenkorn. Sie sind die Natur meines gereinigten weißen und roten unzerstörbaren Tropfens. Der Vater hat vier Gesichter und zwölf Arme.

Die Kanal-Blütenblätter der Elemente in den vier Richtungen erscheinen als die vier Yoginis und die Kanal-Blütenblätter in den Zwischenrichtungen erscheinen als Schädelschalen, die mit Nektar gefüllt sind.

An den vierundzwanzig Stellen im oberen, mittleren und unteren Teil meines Körpers – Haaransatz, Scheitel, rechtes Ohr, Nacken, linkes Ohr, der Punkt zwischen den Augenbrauen, zwei Augen, zwei Schultern, zwei Achseln, zwei Brüste, Nabel, Nasenspitze, Mund, Hals, Herz, zwei Hoden, Spitze des Geschlechtsorgans, Anus, zwei Oberschenkel, zwei Waden, acht Finger und acht Zehen, meine Fußrücken, zwei Daumen und zwei große Zehen, und zwei Knie – erscheinen in ihren hohlen Kanälen die vierundzwanzig Helden, die Natur der Tropfenelemente, und umarmen die vierundzwanzig Heldinnen, die Natur der Kanäle.

Die Kanäle an meinen Sinnestoren erscheinen als die acht Göttinnen der Tore.

Mit den zweiundsechzig Gottheiten und dem himmlischen Palast mit allen wesentlichen Merkmalen, dem Schutzkreis und den acht Friedhöfen ist alles vollständig.

Buddha erklärte im Allgemeinen vier Mandalas: das Sandmandala, das Zeichenmandala, das Körpermandala und das Konzentrationsmandala. Mahasiddha Ghantapa sagte aber, dass die ersten beiden, das Sandmandala und das Zeichenmandala, keine wirklichen Mandalas sind, sondern einfach Kreationen. Der Grund, weshalb Buddha sie erklärte, war, denjenigen vorübergehend zu helfen, die glauben, diese zwei Mandalas seien so wichtig.

Eine ausführliche Erklärung, wie wir über das Heruka Körpermandala meditieren, ist in der langen Sadhana Essenz des Vajrayana *und dem gleichnamigen Kommentar zu finden.*

Die Weisheitswesen einladen und in die Verpflichtungswesen auflösen, verbunden mit dem Empfangen der Ermächtigung und anderen Übungen

PHÄM
Meine drei Stellen sind mit den drei Buchstaben gekennzeichnet. Lichtstrahlen strömen aus dem Buchstaben HUM und laden alle Buddhas der zehn Richtungen im gleichen Aspekt wie jene, die visualisiert wurden, zusammen mit den Ermächtigungsgottheiten ein.

DZA HUM BAM HO

Die Weisheitswesen werden untrennbar von den Verpflichtungswesen.

Die Ermächtigungsgottheiten gewähren die Ermächtigung, mein Körper ist erfüllt und ich erlebe Glückseligkeit. Der überströmende Nektar auf den Scheiteln verwandelt sich vollständig. Das Oberhaupt ist mit Vajrasattva geschmückt, Vajravarahi mit Akshobya, die vier Mütter mit Ratnasambhava und die Gottheiten der vier Räder – der Räder des Herzens, der Rede, des Körpers und der Verpflichtung – jeweils mit Akshobya, Amitabha, Vairochana und Amoghasiddhi.

Die innere Darbringung segnen

OM KHANDAROHI HUM HUM PHAT
OM SÖBHAWA SHUDDHA SARWA DHARMA SÖBHAWA SHUDDHO HAM
Alles wird Leerheit.

Aus dem Zustand der Leerheit entsteht aus YAM Wind, aus RAM entsteht Feuer, aus AH ein Dreifuß aus drei Menschenköpfen. Darauf erscheint aus AH eine weite und ausgedehnte Schädelschale. In ihr entstehen aus OM, KHAM, AM, TRAM, HUM die fünf Nektare. Aus LAM,

MAM, PAM, TAM, BAM entstehen die fünf Fleischarten, jede mit diesen Buchstaben gekennzeichnet. Der Wind bläst, das Feuer lodert und die Substanzen in der Schädelschale schmelzen. Darüber entsteht aus HUM ein weißer, umgekehrter Khatanga, der in die Schädelschale hineinfällt und schmilzt, wodurch die Substanzen die Farbe von Quecksilber annehmen. Über ihnen verwandeln sich drei Reihen von Vokalen und Konsonanten, die übereinander stehen, in OM AH HUM. Aus diesen ziehen Lichtstrahlen den Nektar der erhabenen Weisheit aus den Herzen aller Tathagatas, Helden und Yoginis der zehn Richtungen. Wenn dies hinzugefügt wird, vermehrt sich der Inhalt und wird unermesslich.

OM AH HUM (3x)

Wenn wir eine kürzere Segnung bevorzugen:

HA HO HRIH

Alle möglichen Unreinheiten der Farbe, des Geruchs und des Geschmacks sind gereinigt und es wird Nektar.

OM AH HUM (3x)

Er vermehrt sich, wird unermesslich und wird gesegnet.

Die Darbringungen an die Selbsterzeugung segnen

OM KHANDAROHI HUM HUM PHAT
OM SÖBHAWA SHUDDHA SARWA DHARMA SÖBHAWA SHUDDHO HAM
Alles wird Leerheit.

Aus dem Zustand der Leerheit entstehen aus KAMs weite und ausgedehnte Schädelschalen, in denen aus HUMs Wasser zum Trinken, Wasser zum Baden, Wasser für den Mund, Blumen, Weihrauch, Lichter, Duftwasser, Speisen und Musik entstehen. In ihrer Natur Leerheit, haben sie den Aspekt der einzelnen Darbringungssubstanzen und dienen den sechs Sinnen als Objekte des Vergnügens, um eine besondere, nichtverunreinigte Glückseligkeit zu gewähren.

OM AHRGHAM AH HUM
OM PADÄM AH HUM
OM ÄNTZAMANAM AH HUM
OM VAJRA PUPE AH HUM
OM VAJRA DHUPE AH HUM
OM VAJRA DIWE AH HUM
OM VAJRA GÄNDHE AH HUM
OM VAJRA NEWIDE AH HUM
OM VAJRA SHAPTA AH HUM

Der Selbsterzeugung Gaben und Lobpreisungen darbringen

Zahllose atemberaubend schöne Darbringungsgöttinen und lobpreisende Göttinnen strahlen aus meinem Herzen aus und bringen mir Gaben und Lobpreisungen dar.

Äußere Darbringungen

OM AHRGHAM PARTITZA SÖHA
OM PADÄM PARTITZA SÖHA
OM ÄNTZAMANAM PARTITZA SÖHA
OM VAJRA PUPE AH HUM SÖHA
OM VAJRA DHUPE AH HUM SÖHA
OM VAJRA DIWE AH HUM SÖHA
OM VAJRA GÄNDHE AH HUM SÖHA
OM VAJRA NEWIDE AH HUM SÖHA
OM VAJRA SHAPTA AH HUM SÖHA

Innere Darbringung

OM HUM BAM RIM RIM LIM LIM, KAM KHAM GAM GHAM NGAM, TSAM TSHAM DZAM DZHAM NYAM, TrAM THrAM DrAM DHrAM NAM, TAM THAM DAM DHAM NAM, PAM PHAM BAM BHAM, YAM RAM LAM WAM, SHAM KAM SAM HAM HUM HUM PHAT OM AH HUM

Geheime Darbringung

Die vier Stellen und die geheime Stelle werden gesegnet.
Ich, das Oberhaupt Vater und Mutter, trete in die Vereinigung der Umarmung ein.
Der Bodhichitta schmilzt und während er von meinem Scheitel zu meinem Hals hinabsinkt, erlebe ich Freude.
Während er von meinem Hals zu meinem Herzen hinabsinkt, erlebe ich erhabene Freude.
Während er von meinem Herzen zu meinem Nabel hinabsinkt, erlebe ich außerordentliche Freude.
Und während er von meinem Nabel zur Spitze meines Juwels hinabsinkt, erlebe ich spontane große Glückseligkeit, untrennbar von Leerheit.

Dasheitsdarbringung

Das Oberhaupt und das ganze Gefolge erleben eine besondere erhabene Weisheit der Glückseligkeit und Leerheit.

Außerhalb unserer Sitzungen rezitieren wir immer erst die folgenden Worte, bevor wir ein Objekt des Begehrens genießen:

«Im Tempel des Körpers von mir selbst als Basis-Heruka, die Natur von Weisheitslicht,
Erscheinen Heruka Vater und Mutter, die Natur meines gereinigten unzerstörbaren weißen und roten Tropfens,

Umgeben von den Helden und Heldinnen der fünf Räder, die Natur meiner gereinigten Kanäle und Tropfenelemente.
Ich bringe Dir, Vereinigung aller Buddhas der zehn Richtungen, alle meine täglichen Vergnügen dar – Essen, Trinken und das Genießen aller anderen Objekte des Begehrens – als reine und nichtverunreinigte Darbringungen.
Möge ich schnell Erleuchtung erlangen und so werden wie Du, damit ich mühelos allen Lebewesen helfen werde.»

Wie wunderbar dies ist!

Während wir uns auf die Bedeutung dieser Worte konzentrieren, genießen wir jedes Objekt des Begehrens als Darbringung an die heiligen Wesen, die im Tempel unseres Körpers weilen. Diese Übung ist eine besondere Methode, unsere täglichen Vergnügen in den schnellen Pfad zur Erleuchtung umzuwandeln. Dies ist tantrische Technologie!

Lobpreis

Ich bringe dem Glorreichen Heruka Vater und Mutter Lobpreis dar, dem Oberhaupt des Körpermandalas,
In dessen großer Glückseligkeit und Leerheit alle Phänomene in einem gesammelt sind,
Und der Versammlung der Helden und Heldinnen,
Die an den Orten der fünf Räder weilen.

Meditation über die Erzeugungsstufe der nichtdualen Erscheinung und Leerheit

Im weiten Raum der Leerheit aller Phänomene, der Natur meiner gereinigten fehlerhaften Erscheinung aller Phänomene, was das Reine Land Keajra ist, erscheine ich als Buddha Heruka mit einem blaufarbigen Körper, vier Gesichtern und zwölf Armen, die Natur meines gereinigten weißen unzerstörbaren Tropfens. Ich umarme Vajravarahi, die Natur meines gereinigten roten unzerstörbaren Tropfens. Ich bin umgeben von den Helden und Heldinnen der fünf Räder, die die Natur meines gereinigten subtilen Körpers sind, der Kanäle und Tropfenelemente. Ich weile im Mandala, dem himmlischen Palast, der die Natur meines gereinigten groben Körpers ist. Obwohl ich diese Erscheinung habe, ist sie nichts anderes als Leerheit. Sie ist eine Manifestation der Leerheit.

Während wir uns auf die Bedeutung konzentrieren, wiederholen wir im Geist:

«Obwohl ich diese Erscheinung habe, das gesamte getragene und tragende Mandala, die Natur meines gereinigten groben und subtilen Körpers, ist sie nichts anderes als Leerheit, die bloße Abwesenheit aller Phänomene, die ich normalerweise sehe oder wahrnehme. Sie ist eine Manifestation der Leerheit.»

Dann halten wir dieses tiefgründige Wissen oder diese Erfahrung fest und meditieren einsgerichtet darüber.

Wir sollten diese Meditation beständig jeden Tag üben, bis wir nichtduale Erscheinung und Leerheit direkt verwirklichen. Hierdurch wird unsere dualistische Erscheinung aufhören und wir werden ein erleuchtetes Wesen.

Diese Meditation hat drei Funktionen:

1. *Indem wir über Leerheit meditieren, verhindern wir eine Wiedergeburt in Samsara*
2. *Indem wir über das Körpermandala meditieren, öffnen wir das Tor dafür, im Reinen Land Keajra geboren zu werden*

3. *Indem wir über die Vereinigung von Erscheinung und Leerheit meditieren, erlangen wir die Vereinigung des Zustands des Nicht-mehr-Lernens, Buddhaschaft, in diesem Leben*

Die Übungen der drei Bringungen, die hier erklärt werden, reinigen unseren Tod, Zwischenzustand und Wiedergeburt und sind Ursachen, um die drei Körper eines Buddha, den Wahrheitskörper, den Freudenkörper und den Emanationskörper, sehr schnell zu erlangen.

Der sehr subtile Körper eines Buddha ist der Wahrheitskörper. Dieser Körper ist die Grundlage der Zuschreibung des Wahrheitskörper-Heruka. Der Wahrheitskörper-Heruka ist der Heruka, der auf den Wahrheitskörper zugeschrieben wird.

Der subtile Formkörper eines Buddha ist der Freudenkörper. Dieser Körper ist die Grundlage der Zuschreibung des Freudenkörper-Heruka. Der Freudenkörper-Heruka ist der Heruka, der auf den Freudenkörper zugeschrieben wird.

Der grobe Formkörper eines Buddha ist der Emanationskörper. Dieser Körper ist die Grundlage der Zuschreibung des Emanationskörper-Heruka. Der Emanationskörper-Heruka ist der Heruka, der auf den Emanationskörper zugeschrieben wird.

Im Allgemeinen müssen wir zwischen einem Emanationskörper und einer Emanation unterscheiden. Einen Emanationskörper haben nur Buddhas, doch eine Emanation kann alles sein, ein Buddha oder ein Nichtbuddha. Es gibt viele unbelebte Objekte, wie Schiffe und Brücken, die Emanationen sind.

Die Mantras rezitieren

Die Mala segnen

Die Mala wird Pämanarteshvara, die Natur der Vajrarede aller Buddhas.

Wie wir die Mantras rezitieren

Durch die Rezitation der Mantras werde ich meinen Geist in Herukas Geist verwandeln, in das klare Licht der großen Glückseligkeit, untrennbar von Leerheit, der bloßen Abwesenheit aller Phänomene, die ich normalerweise sehe oder wahrnehme.

Das Mantra, das rezitiert wird, kommt aus dem HUM in meinem Herzen, sinkt hinab und verlässt den Körper durch die Spitze meines Vajras, tritt in die Bhaga der Gefährtin ein, steigt auf, verlässt ihren Körper durch ihren Mund, tritt in meinen Mund ein, sinkt hinab und löst sich wieder in das HUM auf. Dann beginnt es zu kreisen wie zuvor, verlässt meinen Zentralkanal und tritt erneut in ihn ein. Meine vier Münder und alle Gottheiten des Gefolges rezitieren die Mantras.

Die Mantras, die rezitiert werden

Das Essenzmantra des Vaters

OM SHRI VAJRA HE HE RU RU KAM HUM HUM PHAT DAKINI DZALA SHAMBARAM SÖHA

Das nahe Essenzmantra des Vaters

OM HRIH HA HA HUM HUM PHAT

Das Essenzmantra der Mutter

OM VAJRA BEROTZANIYE HUM HUM PHAT SÖHA

Das nahe Essenzmantra der Mutter

OM SARWA BUDDHA DAKINIYE VAJRA WARNANIYE HUM HUM PHAT SÖHA

Die Rezitationen der Essenzmantras und der nahen Essenzmantras sind die besondere Methode, die Vereinigung von großer Glückseligkeit und Leerheit zu erlangen, die die wirkliche Essenz des Höchsten Yoga Tantra ist. Deshalb wird das erste Mantra die «Essenz» genannt. Das zweite wird die «nahe Essenz» genannt, was bedeutet, dass seine Funktion dem ersten Mantra, dem Essenzmantra, ähnelt.

Das Gefolgemantra

OM RIM RIM LIM LIM, KAM KHAM GAM GHAM NGAM, TSAM TSHAM DZAM DZHAM NYAM, TrAM THrAM DrAM DHrAM NAM, TAM THAM DAM DHAM NAM, PAM PHAM BAM BHAM, YAM RAM LAM WAM, SHAM KAM SAM HAM HUM HUM PHAT

Wir rezitieren so viele, wie wir möchten.

Am Ende dieser Mantrarezitation meditieren wir über unseren Geist als Herukas Geist des klaren Lichts großer Glückseligkeit untrennbar von Leerheit, die bloße Abwesenheit aller Phänomene, die wir normalerweise sehen oder wahrnehmen.

In einem Annäherungsretreat ist es notwendig, das Essenzmantra und nahe Essenzmantra des Vaters und das Essenzmantra und nahe Essenzmantra der Mutter jeweils hunderttausendmal und das Gefolgemantra zehntausendmal zu rezitieren.

Möchten wir die Wurzelmantras des Vaters und der Mutter, die Rüstungsmantras des Vaters und der Mutter und die ausführlichen Gefolgemantras rezitieren, sollten wir diese der ausführlichen Selbsterzeugungssadhana Essenz des Vajrayana *entnehmen.*

Den Torma darbringen

Wir segnen den Torma in der gleichen Weise wie zuvor die innere Darbringung.

Vor-uns-Erzeugung

PHÄM
Lichtstrahlen strömen aus dem Buchstaben HUM auf dem Sonnensitz in meinem Herzen und laden in den Raum vor mir das gesamte Körpermandala ein, zusammen mit all den weltlichen Gefolgen, wie den Richtungswächtern, die in den acht Friedhöfen wohnen.

OM AHRGHAM PARTITZA SÖHA
OM PADÄM PARTITZA SÖHA
OM ÄNTZAMANAM PARTITZA SÖHA
OM VAJRA PUPE AH HUM SÖHA
OM VAJRA DHUPE AH HUM SÖHA
OM VAJRA DIWE AH HUM SÖHA
OM VAJRA GÄNDHE AH HUM SÖHA
OM VAJRA NEWIDE AH HUM SÖHA
OM VAJRA SHAPTA AH HUM SÖHA

Aus einem weißen HUM in der Zunge eines jeden Gastes entsteht ein weißer, dreizackiger Vajra, durch den sie die Essenz des Tormas zu sich nehmen, indem sie sie durch Halme aus Licht ziehen, die nur so dick wie Gerstenkörner sind.

OM VAJRA AH RA LI HO: DZA HUM BAM HO: VAJRA DAKINI SAMAYA TÖN TRISHAYA HO (3x)

Wir rezitieren dies dreimal. Mit der ersten Rezitation bringen wir den Torma dem Hauptvater dar, mit der zweiten der Hauptmutter und mit der dritten dem Gefolge.

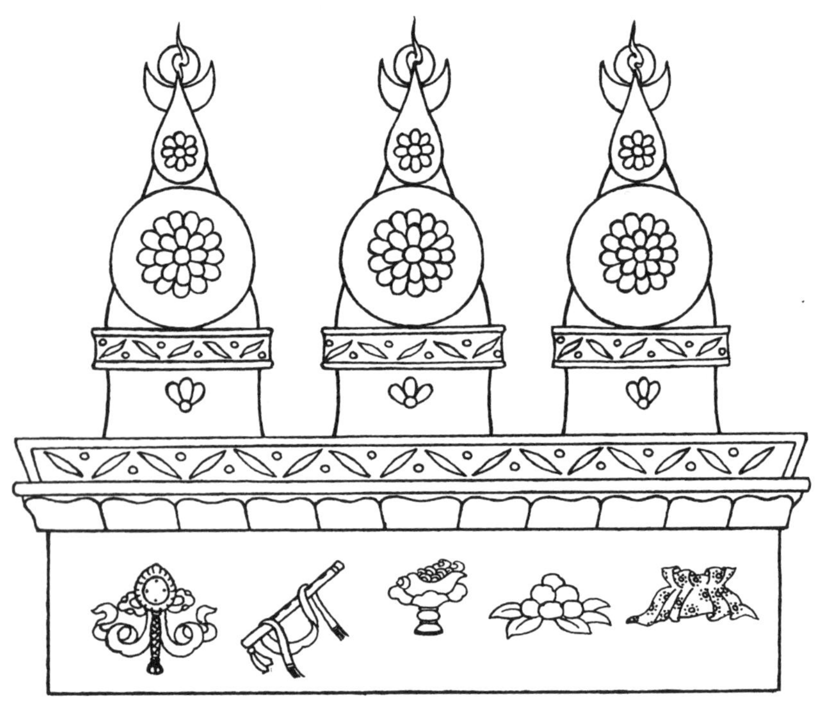

Darbringungstormas für die Versammlung von Heruka

Äußere Darbringungen

OM AHRGHAM PARTITZA SÖHA
OM PADÄM PARTITZA SÖHA
OM ÄNTZAMANAM PARTITZA SÖHA
OM VAJRA PUPE AH HUM SÖHA
OM VAJRA DHUPE AH HUM SÖHA
OM VAJRA DIWE AH HUM SÖHA
OM VAJRA GÄNDHE AH HUM SÖHA
OM VAJRA NEWIDE AH HUM SÖHA
OM VAJRA SHAPTA AH HUM SÖHA

Innere Darbringung

OM HUM BAM RIM RIM LIM LIM, KAM KHAM GAM GHAM NGAM, TSAM TSHAM DZAM DZHAM NYAM, TrAM THrAM DrAM DHrAM NAM, TAM THAM DAM DHAM NAM, PAM PHAM BAM BHAM, YAM RAM LAM WAM, SHAM KAM SAM HAM HUM HUM PHAT OM AH HUM

Lobpreis und Verbeugungen

Ich bringe Guru Beschützer Heruka Lobpreis und Verbeugungen dar,
Der aus dem Spiel der großen Glückseligkeit der Vereinigung von AH und HAM,
In der alles in einem gesammelt ist,
Die Versammlung der Gottheiten der fünf Räder ausstrahlt.

Um die Erfüllung von Wünschen bitten

Du, der Du sowohl Anhaftung an Samsara und alleinigen Frieden als auch alle begrifflichen Vorstellungen zerstört hast,
Der alle Dinge sieht, die im ganzen Raum existieren,
O Beschützer, der Du starkes Mitgefühl besitzt, möge ich durch das Wasser Deines Mitgefühls gesegnet sein
Und mögen mich die Dakinis in ihre liebevolle Obhut nehmen.

Den weltlichen Gottheiten den Torma darbringen

Die Richtungswächter, örtlichen Wächter, Nagas und so weiter, die in den acht großen Friedhöfen wohnen, treten augenblicklich in das klare Licht ein und entstehen in der Form der Gottheiten von Heruka im Aspekt von Vater und Mutter. Aus einem weißen HUM in der Zunge eines jeden Gastes entsteht ein weißer, dreizackiger Vajra, durch den sie die Essenz des Tormas zu sich nehmen, indem sie sie durch Halme aus Licht ziehen, die nur so dick wie Gerstenkörner sind.

OM KHA KHA, KHAHI KHAHI, SARWA YAKYA RAKYASA, BHUTA, TRETA, PISHATSA, UNATA, APAMARA, VAJRA DAKA, DAKI NÄDAYA, IMAM BALING GRIHANTU, SAMAYA RAKYANTU, MAMA SARWA SIDDHI METRA YATZANTU, YATIPAM, YATETAM, BHUDZATA, PIWATA, DZITRATA, MATI TRAMATA, MAMA SARWA KATAYA, SÄDSUKHAM BISHUDHAYE, SAHAYEKA BHAWÄNTU, HUM HUM PHAT PHAT SÖHA (2x)

Wir rezitieren dies zweimal und bringen ihn den Gästen in den Haupt- und Zwischenrichtungen dar.

Äußere Darbringungen

OM AHRGHAM PARTITZA SÖHA
OM PADÄM PARTITZA SÖHA
OM VAJRA PUPE AH HUM SÖHA
OM VAJRA DHUPE AH HUM SÖHA
OM VAJRA DIWE AH HUM SÖHA
OM VAJRA GÄNDHE AH HUM SÖHA
OM VAJRA NEWIDE AH HUM SÖHA
OM VAJRA SHAPTA AH HUM SÖHA

Innere Darbringung

Den Mündern der Richtungswächter, örtlichen Wächter, Nagas und so weiter OM AH HUM

Bitten

Mögen ich und andere Praktizierende
Gute Gesundheit, langes Leben, Kraft,
Ehre, Ruhm, Glück
Und ausgiebige Vergnügen haben.

Bitte gewährt mir die Erlangungen
Der befriedenden, vermehrenden, kontrollierenden und zornvollen Handlungen.
O Wächter, steht mir immer bei.
Beseitigt vorzeitigen Tod, Krankheiten,
Schaden durch Geister und Hindernisse.
Beseitigt schlechte Träume,
Üble Vorzeichen und schlechte Handlungen.

Möge es Glück in der Welt geben, mögen die Jahre gut sein.
Möge sich die Ernte verbessern und möge der Dharma erblühen.
Möge alles Gute und Glück geschehen
Und mögen alle Wünsche erfüllt sein.

Wenn du möchtest, kannst du an dieser Stelle die Tsog-darbringung machen. Sie beginnt auf S. 129

Auflösung und die Handlungsgottheiten erzeugen

Die Friedhöfe und der Schutzkreis lösen sich in den himmlischen Palast auf.
Der himmlische Palast löst sich in den Basis-Heruka auf.
Die Gottheiten des Körpermandalas lösen sich in ihre eigenen Stellen auf und segnen meine Kanäle und Tropfenelemente.
Der Basis-Heruka schmilzt zu Licht und löst sich in Leerheit auf.

Zweiarmiger Heruka

Aus dem Zustand der Leerheit entstehe ich als der Gesegnete Heruka, mit einem blaufarbigen Körper, einem Gesicht und zwei Händen, die Vajra und Glocke halten. Ich stehe mit meinem rechten Bein ausgestreckt und umarme die Mutter Vajravarahi, die rot ist, mit einem Gesicht und zwei Händen, die ein gekrümmtes Messer und eine Schädelschale halten.

Meditation über die erste der fünf Stufen der Vollendungsstufe, die Stufe der Segnung des Selbst

Innerhalb meines Zentralkanals, in der Mitte meines Herzkanal-Rades, ist ein Tropfen. Seine weiße obere Hälfte und die rote untere Hälfte sind miteinander verbunden. Er ist so groß wie eine kleine Erbse und strahlt fünffarbiges Licht aus.

Innerhalb dieses Tropfens ist mein unzerstörbarer Wind und Geist im Aspekt eines Buchstabens HUM, der weiß mit rötlichem Schimmer ist. Er ist die Natur von Heruka. Das winzige Nada des HUM, das drei Kurven hat, ist so dünn wie eine Haarspitze. Es ist oben rot und unten rötlichweiß. Es ist äußerst hell, strahlt rotes Licht aus und tropft Nektar, dessen Natur große Glückseligkeit ist. Mein Geist ist untrennbar eins mit diesem Nada.

Wir meditieren einsgerichtet über dieses Nada des HUM, das untrennbar eins ist mit unserem Geist. Durch beständiges Üben sollten wir eine tiefe Erfahrung in dieser Meditation gewinnen.

Widmungsgebete

Möge ich durch die Tugenden,
Die Darbringungen, Lobpreisungen, Rezitationen und Meditationen
Der Erzeugungsstufe des Glorreichen Heruka richtig ausgeführt zu haben,

Alle Stufen der allgemeinen und außergewöhnlichen
Pfade vollenden.

Zum Wohle aller Lebewesen
Möge ich Heruka werden
Und dann jedes Lebewesen
Zum erhabenen Zustand Herukas führen.

Und sollte ich diesen erhabenen Zustand nicht in diesem
Leben erlangen,
Mögen der ehrwürdige Vater und Mutter und ihr Gefolge
mir zum Zeitpunkt meines Todes begegnen,
Mit Wolken atemberaubender Darbringungen, himmlischer
Musik
Und vielen ausgezeichneten, glückverheißenden Zeichen.

Möge ich dann am Ende des klaren Lichts des Todes
Ins Reine Land Keajra geführt werden,
Zur Wohnstätte der Wissenshalter, die den erhabenen
Pfad praktizieren,
Und möge ich dort diesen tiefgründigen Pfad
rasch vollenden.

Möge die äußerst tiefgründige Praxis und Anleitung
Herukas,
Geübt von Millionen kraftvoller Yogis, stark zunehmen.
Und möge sie für sehr lange Zeit, ohne nachzulassen,
Als das Haupttor für jene, die Befreiung suchen, erhalten
bleiben.

Mögen die Helden, Dakinis und ihre Gefolge,
Die in den vierundzwanzig erhabenen Stätten Herukas in
dieser Welt weilen,
Und die ungehinderte Kraft besitzen, diese Methode
zu vollenden,
Nie zögern, Praktizierende immer zu unterstützen.

Kurz gesagt, möge ich nie vom ehrwürdigen Guru Vater
und Mutter getrennt sein,
Sondern immer in ihrer liebevollen Obhut bleiben und ihre
Segnungen empfangen.
Möge ich in dieser Weise alle Ebenen und Pfade
rasch vollenden
Und schnell den Zustand Herukas erlangen.

Glückverheißende Gebete

Möge es die Glücksverheißung eines großen Schatzes an
Segnungen geben,
Die aus den ausgezeichneten Taten aller Wurzel- und
Überlieferungsliniengurus entsteht,
Die die erhabene Erlangung Buddha Herukas vollendeten,
Indem sie sich auf den ausgezeichneten, geheimen Pfad des
Königs der Tantras verließen.

Möge es die Glücksverheißung der großen,
ausgezeichneten Taten der Drei Juwelen geben –
Das heilige Buddha Juwel, den durchdringenden
Natur-Heruka, den definitiven Heruka,
Das endgültige, große, geheime Dharma Juwel, die
Schriften und Verwirklichungen des Heruka Tantra,
Und das höchste Sangha Juwel, die Versammlungen der
Gefolgegottheiten Herukas.

Mögen durch all das große Glück, das es in den kostbaren,
himmlischen Palästen gibt,
Die so weit sind wie die dreitausend Welten
Und mit Ornamenten wie den Strahlen von Sonne und
Mond geschmückt sind,
Alle Welten und ihre Wesen Glück, Güte, Ruhm und
Wohlstand erfahren.

Wenn wir ein Annäherungsretreat mit vier Sitzungen machen, müssen wir in den ersten drei Sitzungen keine Tormas darbringen oder die glückverheißenden Gebete rezitieren. In den letzten drei Sitzungen sind die Meditation und Rezitation des Vajrasattva und die Segnung der inneren Darbringung nicht nötig.

Da ich verstanden habe, dass moderne Praktizierende eine Sadhana des Heruka Körpermandalas brauchen, die nicht so umfangreich, aber leicht zu verstehen und zu üben ist, habe ich diese echte Essenzpraxis des Heruka Körpermandalas vorbereitet, die auf den Anleitungen der großen Gelehrten Gungtang Tenpai Dronme, Ngulchu Dharmabhadra, Je Phabongkhapa und Vajradhara Trijang Rinpoche beruht.

Möge durch diese Tugenden der heilige Dharma, der im Heruka Tantra dargelegt wird, für immer erblühen.

Kolophon: Diese Sadhana, ein rituelles Gebet für spirituelle Erlangungen, wurde vom Ehrwürdigen Geshe Kelsang Gyatso Rinpoche 2015 aus traditionellen Quellen zusammengestellt.

DIE TSOGDARBRINGUNG DES HERUKA KÖRPERMANDALAS

Die äußeren und inneren Darbringungen, die Umgebung sowie die Wesen und die Substanzen der Tsogdarbringung segnen

OM AH HUM (3x)

In ihrer Natur erhabene Weisheit, im Aspekt der inneren Darbringung und der einzelnen Darbringungssubstanzen, die den sechs Sinnen als Objekte des Vergnügens dienen, um eine besondere erhabene Weisheit von Glückseligkeit und Leerheit zu erzeugen, bedecken unfassbare Wolken von äußeren, inneren und geheimen Darbringungen, Verpflichtungssubstanzen und anziehenden Gaben den gesamten Boden und füllen den ganzen Raum.

EH MA HO Große Manifestation der erhabenen Weisheit.
Alle Bereiche sind Vajrabereiche,
Und alle Orte sind große Vajrapaläste,
Versehen mit weiten Wolken der Darbringungen Samantabhadras,
Einem Überfluss an allen begehrten Vergnügen.
Alle Wesen sind wirkliche Helden und Heldinnen.
Alles ist makellos rein,
Ohne auch nur den Namen fehlerhafter, unreiner Erscheinung.

HUM Alle Ausschmückungen sind im Zustand des Wahrheitskörpers vollständig befriedet. Der Wind bläst und das Feuer lodert. Darüber, auf einem Dreifuß aus drei Menschenköpfen, AH innerhalb einer qualifizierten Schädelschale, OM die individuellen Substanzen lodern. Über diesen stehen OM AH HUM, in ihren leuchtenden Farben erstrahlend. Der Wind bläst und das Feuer lodert, dadurch schmelzen die Substanzen. Kochend wirbeln

sie in einer großen Dunstwolke. Zahllose Lichtstrahlen strömen aus den drei Buchstaben in die zehn Richtungen und laden die drei Vajras zusammen mit Nektaren ein. Diese lösen sich getrennt in die drei Buchstaben auf. Zu Nektar schmelzend, vermengen sie sich mit der Mischung.
Gereinigt, umgewandelt und vermehrt,
EH MA HO werden sie ein strahlender Ozean von großartigen Freuden.

OM AH HUM (3x)

Die Gäste der Tsogdarbringung einladen

PHÄM
Aus dem heiligen Palast des Dharmakaya,
Großer Meister, Halter der erhabenen Überlieferungslinie des Vajrayana,
Der unsere Hoffnungen auf alle Erlangungen erfüllt,
O Versammlung der Wurzel- und Überlieferungsliniengurus, bitte kommt an diesen Ort.

Aus den vierundzwanzig heiligen Stätten auf der ganzen Welt,
O Glorreicher Heruka, dessen Natur das Mitgefühl aller Buddhas ist,
Und alle Helden und Heldinnen dieser Orte,
Bitte kommt hierher, um die Erlangungen zu gewähren, nach denen wir uns sehnen.

Aus den reinen und unreinen Ländern der zehn Richtungen,
O Versammlung der Yidams, Buddhas, Bodhisattvas und Dharma Beschützer
Und alle Wesen Samsaras und Nirvanas,
Bitte kommt hierher als Gäste dieser Tsogdarbringung.

OM GURU VAJRADHARA CHAKRASAMBARA SÄMANDALA DEWA SARWA BUDDHA BODHISATTVA SAPARIWARA EH HAYE HI VAJRA SAMAYA DZA DZA

PÄMA KAMALAYE TÖN

Die Tsogdarbringung durchführen

HO Diesen Ozean von Tsogdarbringungen aus nichtverunreinigtem Nektar,
Durch Konzentration, Mantra und Mudra gesegnet,
Bringe ich dar, um meinen gütigen Wurzelguru Vajradhara Heruka Vater und Mutter zu erfreuen.
OM AH HUM
Entzückt durch den Genuss dieser prachtvollen Objekte des Begehrens,
EH MA HO
Bitte segne mich, damit ich das äußere und innere Dakiniland erlangen kann.

HO Diesen Ozean von Tsogdarbringungen aus nichtverunreinigtem Nektar,
Durch Konzentration, Mantra und Mudra gesegnet,
Bringe ich dar, um die vier Yoginis des großen Glückseligkeitsrades zu erfreuen.
OM AH HUM
Entzückt durch den Genuss dieser prachtvollen Objekte des Begehrens,
EH MA HO
Bitte segnet mich, damit ich spontane große Glückseligkeit erlangen kann.

HO Diesen Ozean von Tsogdarbringungen aus nichtverunreinigtem Nektar,
Durch Konzentration, Mantra und Mudra gesegnet,
Bringe ich dar, um die Helden und Heldinnen des Vajrageistes zu erfreuen.

OM AH HUM
Entzückt durch den Genuss dieser prachtvollen Objekte des Begehrens,
EH MA HO
Bitte segnet mich, damit ich Freude mit den Boten der Vajrageist Familie erleben kann.

HO Diesen Ozean von Tsogdarbringungen aus nichtverunreinigtem Nektar,
Durch Konzentration, Mantra und Mudra gesegnet,
Bringe ich dar, um die Helden und Heldinnen der Vajrarede zu erfreuen.
OM AH HUM
Entzückt durch den Genuss dieser prachtvollen Objekte des Begehrens,
EH MA HO
Bitte segnet mich, damit ich Freude mit den Boten der Vajrarede Familie erleben kann.

HO Diesen Ozean von Tsogdarbringungen aus nichtverunreinigtem Nektar,
Durch Konzentration, Mantra und Mudra gesegnet,
Bringe ich dar, um die Helden und Heldinnen des Vajrakörpers zu erfreuen.
OM AH HUM
Entzückt durch den Genuss dieser prachtvollen Objekte des Begehrens,
EH MA HO
Bitte segnet mich, damit ich Freude mit den Boten der Vajrakörper Familie erleben kann.

HO Diesen Ozean von Tsogdarbringungen aus nichtverunreinigtem Nektar,
Durch Konzentration, Mantra und Mudra gesegnet,
Bringe ich dar, um die Gottheiten des Verpflichtungsrades zu erfreuen.
OM AH HUM

Entzückt durch den Genuss dieser prachtvollen Objekte des Begehrens,
EH MA HO
Bitte segnet mich, damit ich alle Hindernisse befrieden kann.

HO Diesen Ozean von Tsogdarbringungen aus nichtverunreinigtem Nektar,
Durch Konzentration, Mantra und Mudra gesegnet,
Bringe ich dar, um alle anderen Yidams, Buddhas, Bodhisattvas und Dharma Beschützer zu erfreuen.
OM AH HUM
Entzückt durch den Genuss dieser prachtvollen Objekte des Begehrens,
EH MA HO
Bitte segnet mich, damit ich alle Verwirklichungen von Sutra und Tantra erlangen kann.

HO Diesen Ozean von Tsogdarbringungen aus nichtverunreinigtem Nektar,
Durch Konzentration, Mantra und Mudra gesegnet,
Bringe ich dar, um die Versammlung der fühlenden Mutterwesen zu erfreuen.
OM AH HUM
Entzückt durch den Genuss dieser prachtvollen Objekte des Begehrens,
EH MA HO
Mögen Leiden und fehlerhafte Erscheinung befriedet sein.

Äußere Darbringungen

OM AHRGHAM PARTITZA SÖHA
OM PADÄM PARTITZA SÖHA
OM VAJRA PUPE AH HUM SÖHA
OM VAJRA DHUPE AH HUM SÖHA
OM VAJRA DIWE AH HUM SÖHA
OM VAJRA GÄNDHE AH HUM SÖHA
OM VAJRA NEWIDE AH HUM SÖHA
OM VAJRA SHAPTA AH HUM SÖHA

Innere Darbringung

OM HUM BAM RIM RIM LIM LIM, KAM KHAM GAM GHAM NGAM, TSAM TSHAM DZAM DZHAM NYAM, TrAM THrAM DrAM DHrAM NAM, TAM THAM DAM DHAM NAM, PAM PHAM BAM BHAM, YAM RAM LAM WAM, SHAM KAM SAM HAM HUM HUM PHAT OM AH HUM

Geheime und Dasheitsdarbringung

Indem sich Vater und Mutter in Umarmung vereinigen, genießen alle Haupt- und Gefolgegottheiten eine besondere Erfahrung großer Glückseligkeit und Leerheit.

Acht Zeilen des Lobpreises an den Vater

OM Ich verbeuge mich vor dem Gesegneten, dem Herrn der Helden HUM HUM PHAT
OM vor Dir, mit einem Glanz gleich dem Feuer des großen Äons HUM HUM PHAT
OM vor Dir, mit einem unerschöpflichen Haarknoten HUM HUM PHAT
OM vor Dir, mit einem furchteinflößenden Gesicht und gefletschten Reißzähnen HUM HUM PHAT
OM vor Dir, dessen tausend Arme in gleißendem Licht erstrahlen HUM HUM PHAT
OM vor Dir, der eine Axt, eine erhobene Schlinge, einen Speer und einen Khatanga hält HUM HUM PHAT
OM vor Dir, der ein Tigerfell trägt HUM HUM PHAT
OM ich verbeuge mich vor Dir, dessen großer, rauchfarbiger Körper Behinderungen vertreibt HUM HUM PHAT

Acht Zeilen des Lobpreises an die Mutter

OM Ich verbeuge mich vor Vajravarahi, der Gesegneten Mutter HUM HUM PHAT
OM vor der höheren und mächtigen Dame des Wissens, unbesiegt durch die drei Bereiche HUM HUM PHAT

OM vor Dir, die Du alle Ängste vor bösen Geistern mit Deinem großen Vajra zerstörst HUM HUM PHAT
OM vor Dir mit zähmenden Augen, die als der Vajrasitz unbesiegt durch andere bleibt HUM HUM PHAT
OM vor Dir, deren zornvolle, wilde Form Brahma austrocknet HUM HUM PHAT
OM vor Dir, die Dämonen in Angst und Schrecken versetzt und ausdörrt, und jene in anderen Richtungen erobert HUM HUM PHAT
OM vor Dir, die alle erobert, die uns dumpf, starr und wirr machen HUM HUM PHAT
OM ich verbeuge mich vor Vajravarahi, der Großen Mutter, der Dakini Gefährtin, die jedes Verlangen erfüllt HUM HUM PHAT

Die Tsogdarbringung an den spirituellen Meister des Vajrayana durchführen

EH MA HO Großer Kreis von Tsog!
O großer Held, wir verstehen,
Dass Du durch das Befolgen des Pfades der Sugatas der drei Zeiten
Die Quelle aller Erlangungen bist.
Alle begrifflichen Geisteszustände aufgebend,
Bitte erfreue Dich immerwährend an diesem Kreis von Tsog.
AH LA LA HO

Die Antwort des spirituellen Meisters des Vajrayana

OM Mit einer Natur, untrennbar von den drei Vajras, erzeuge ich mich als Guru-Gottheit.
AH Diesen Nektar nichtverunreinigter, erhabener Weisheit und Glückseligkeit,
HUM Ohne mich von Bodhichitta zu trennen,
Nehme ich zu mir, um die Gottheiten, die in meinem Körper weilen, zu erfreuen.
AH HO MAHA SUKHA

Lied der Frühlingskönigin

HUM All Ihr Tathagatas,
Helden, Yoginis,
Dakas und Dakinis,
Euch allen trage ich meine Bitte vor:
O Heruka, der sich an großer Glückseligkeit erfreut,
Du führst die Vereinigung spontaner Glückseligkeit aus,
Indem Du Dich der Dame widmest, die von Glückseligkeit
berauscht ist,
Und Dich im Einklang mit den Ritualen vergnügst.
AH LA LA, LA LA HO, AH I AH, AH RA LI HO
Möge die Versammlung der makellosen Dakinis
Mit liebevoller Zuneigung blicken und alle Taten vollbringen.

HUM All Ihr Tathagatas,
Helden, Yoginis,
Dakas und Dakinis,
Euch allen trage ich meine Bitte vor:
Mit einem Geist, der völlig von großer Glückseligkeit
erregt ist,
Und einem Körper in einem Tanz beständiger Bewegung,
Bringe ich den Scharen von Dakinis die große
Glückseligkeit dar,
Die durch das Genießen des Lotos der Mudra entsteht.
AH LA LA, LA LA HO, AH I AH, AH RA LI HO
Möge die Versammlung der makellosen Dakinis
Mit liebevoller Zuneigung blicken und alle Taten vollbringen.

HUM All Ihr Tathagatas,
Helden, Yoginis,
Dakas und Dakinis,
Euch allen trage ich meine Bitte vor:
Ihr, die auf eine wunderschöne und friedvolle Weise tanzt,
O glückseliger Beschützer und ihr Scharen von Dakinis,
Bitte erscheint vor mir und gewährt mir Eure Segnungen

Und die spontane große Glückseligkeit.
AH LA LA, LA LA HO, AH I AH, AH RA LI HO
Möge die Versammlung der makellosen Dakinis
Mit liebevoller Zuneigung blicken und alle Taten vollbringen.

HUM All Ihr Tathagatas,
Helden, Yoginis,
Dakas und Dakinis,
Euch allen trage ich meine Bitte vor:
Ihr, die Ihr das Merkmal der Befreiung großer Glückseligkeit besitzt,
Sagt nicht, dass Erlösung in einer Lebensspanne
Durch verschiedene asketische Übungen nach Aufgabe der großen Glückseligkeit erlangt werden kann,
Sondern, dass die große Glückseligkeit ihren Sitz in der Mitte des erhabenen Lotos hat.
AH LA LA, LA LA HO, AH I AH, AH RA LI HO
Möge die Versammlung der makellosen Dakinis
Mit liebevoller Zuneigung blicken und alle Taten vollbringen.

HUM All Ihr Tathagatas,
Helden, Yoginis,
Dakas und Dakinis,
Euch allen trage ich meine Bitte vor:
Wie ein Lotos, der aus der Mitte eines Sumpfes geboren wurde,
Ist diese Methode, obwohl aus Anhaftung geboren, unbefleckt von den Fehlern der Anhaftung.
O erhabene Dakini, bitte bringe durch die Glückseligkeit Deines Lotos
Schnell Befreiung aus den Fesseln Samsaras.
AH LA LA, LA LA HO, AH I AH, AH RA LI HO
Möge die Versammlung der makellosen Dakinis
Mit liebevoller Zuneigung blicken und alle Taten vollbringen.

HUM All Ihr Tathagatas,
Helden, Yoginis,
Dakas und Dakinis,
Euch allen trage ich meine Bitte vor:
Genau wie die Essenz des Honigs in der Honigquelle
Von Bienenschwärmen aus allen Richtungen getrunken wird,
So bringe bitte durch Deinen weiten Lotos mit sechs Eigenschaften
Befriedigung mit dem Geschmack von großer Glückseligkeit.
AH LA LA, LA LA HO, AH I AH, AH RA LI HO
Möge die Versammlung der makellosen Dakinis
Mit liebevoller Zuneigung blicken und alle Taten vollbringen.

Die verbliebene Tsogdarbringung segnen

HUM Unreine, falsche Erscheinungen sind in Leerheit gereinigt,
AH Großer Nektar, der aus erhabener Weisheit vollendet wurde,
OM Er wird zu einem weiten Ozean begehrter Vergnügen.
OM AH HUM (3x)

Die verbliebene Tsogdarbringung den Geistern geben

HO Diesen Ozean verbliebener Tsogdarbringung aus nichtverunreinigtem Nektar,
Durch Konzentration, Mantra und Mudra gesegnet,
Bringe ich dar, um die Versammlung der schwurgebundenen Wächter zu erfreuen,
OM AH HUM
Entzückt durch den Genuss dieser prachtvollen Objekte des Begehrens,
EH MA HO
Bitte führt vollkommene Handlungen aus, um Praktizierenden zu helfen.

Bringe den Rest der Tsogdarbringung hinaus für die Geister.

HO
O Gäste des Restes zusammen mit Euren Gefolgen,
Bitte genießt diesen Ozean verbliebener Tsog Gaben.
Mögen diejenigen, die die kostbare Lehre verbreiten,
Die Halter der Lehre, ihre Gönner und andere
Und insbesondere ich selbst und andere Praktizierende
Gute Gesundheit, langes Leben, Kraft,
Ehre, Ruhm, Glück
Und ausgiebige Vergnügen haben.
Bitte gewährt mir die Erlangungen
Der befriedenden, vermehrenden, kontrollierenden und zornvollen Handlungen.
Ihr, die Ihr durch Schwur gebunden seid, bitte beschützt mich
Und helft mir, alle Erlangungen zu vollenden.
Vernichtet vorzeitigen Tod und Krankheit,
Schaden durch Geister und Hindernisse.
Beseitigt schlechte Träume,
Böse Vorzeichen und schlechte Handlungen.

Möge es Glück in der Welt geben, mögen die Jahre gut sein,
Möge sich die Ernte verbessern und möge der Dharma erblühen.
Möge alles Gute und Glück geschehen,
Und mögen alle Wünsche erfüllt sein.

Möge ich durch die Kraft dieses reichlichen Gebens
Ein Buddha werden zum Wohle der Lebewesen,
Und möge ich durch meine Freigebigkeit
Alle befreien, die von früheren Buddhas nicht befreit wurden.

Heruka Feuerpuja Mandala

Khatanga, Siegesvase, Trichter für Feuerpuja, Kelle für Feuerpuja

TEIL VIER
Essenz der fünf Stufen der Vollendungsstufe Herukas

Essenz der fünf Stufen der Vollendungsstufe Herukas

Die fünf Stufen der Vollendungsstufe Herukas sind:

1. Die Stufe der Segnung des Selbst
2. Die Stufe des Vajras verschiedener Eigenschaften
3. Die Stufe des Füllens mit Juwelen
4. Die Stufe des Dzöladhara
5. Die Stufe der Unvorstellbarkeit

DIE STUFE DER SEGNUNG DES SELBST

Diese Stufe hat zwei Teile:

1. Wie wir über die Stufe der Segnung des Selbst mit Samen meditieren
2. Wie wir über die Stufe der Segnung des Selbst ohne Samen meditieren

Hier bezieht sich «Segnung des Selbst» auf das Segnen der Grundlage der Zuschreibung des Selbst, unseren unzerstörbaren Wind und Geist. Unser unzerstörbarer Wind und Geist, unser sehr subtiler Wind und Geist und unser ständig verweilender Körper und Geist sind synonym. Üben wir die Meditation über die Stufen der Segnung des Selbst in reiner Weise und fortwährend, wird unser unzerstörbarer Wind und Geist, unser ständig verweilender Körper und Geist, die besondere Segnung Herukas, der die Manifestation aller Buddhas ist, erhalten. Infolgedessen werden unsere inneren Winde des rechten und linken Kanals in die Vereinigung unseres unzerstörbaren Windes und Geistes eintreten, dort verweilen und sich schließlich auflösen. Dadurch werden wir die Verwirklichung erfahren, die «endgültiges beispielklares Licht» genannt wird, durch die wir den unsterblichen Körper, den illusorischen Körper, erlangen. Ab diesem Zeitpunkt werden wir eine unsterbliche Person sein.

WIE WIR ÜBER DIE STUFE DER SEGNUNG DES SELBST MIT SAMEN MEDITIEREN

VORBEREITENDE ÜBUNGEN

Zuerst sollten wir das höchste gute Herz, Bodhichitta, entwickeln, das aufrichtig alle Lebewesen dauerhaft von Leiden befreien möchte, indem wir selbst das erleuchtete Wesen Heruka werden, sowie das Wissen und den Glauben, dass unser Körper, unser Selbst und alle anderen Phänomene, die wir normalerweise sehen oder wahrnehmen, überhaupt nicht existieren. Mit Erfahrung in diesen allgemeinen Pfaden stellen wir uns vor und denken: «Ich bin Heruka, mit einem blaufarbigen Körper, einem Gesicht und zwei Armen. Mein Körper ist die Natur von Licht, ohne behindernden Kontakt, wie das Blau des Himmels.» Wir meditieren kurz über diese Selbsterzeugung. Das ist die erste vorbereitende Übung.

Die zweite vorbereitende Übung ist die Meditation über den Zentralkanal. Wir denken über Folgendes nach:

Mein Zentralkanal liegt genau zwischen meiner linken und rechten Körperhälfte, allerdings dem Rücken etwas näher als vorne. Unmittelbar vor der Wirbelsäule ist der ziemlich dicke Lebenskanal und davor der Zentralkanal. Er verläuft in einer geraden Linie vom Scheitel meines Kopfes hinab zur Spitze meines Geschlechtsorgans, wie die Säule meines Körpers. Er ist außen hellblau und innen ölig-rot. Er ist klar und durchscheinend, sehr weich und biegsam.

Am Anfang können wir, wenn wir möchten, den Zentralkanal als ziemlich breit visualisieren und dann allmählich immer dünner, bis wir ihn schließlich so dünn wie einen Strohhalm visualisieren können. Wir denken wiederholt in dieser Weise nach, bis wir ein allgemeines Bild unseres Zentralkanals wahrnehmen. Dann konzentrieren wir uns einsgerichtet auf den Zentralkanal in Höhe unseres Herzens, während wir glauben, dass unser Geist innerhalb des Zentralkanals in unserem Herzen ist und meditieren darüber. Wir sollten uns fortwährend in dieser Weise schulen, bis wir darin eine tiefe Erfahrung machen.

Die dritte vorbereitende Übung ist die Meditation über den unzerstörbaren Tropfen. Nachdem wir etwas Erfahrung mit der Meditation über den Zentralkanal im Herzen gesammelt haben, meditieren wir über den unzerstörbaren Tropfen. Wir denken über Folgendes nach:

Innerhalb meines Zentralkanals in Höhe meines Herzens ist ein kleiner Hohlraum. Darin befindet sich mein unzerstörbarer Tropfen. Er ist so groß wie eine kleine Erbse, wobei die obere Hälfte weiß und die untere Hälfte rot ist. Dieser unzerstörbare Tropfen ist wie eine Erbse, die in zwei Hälften geteilt, leicht ausgehöhlt und dann wieder zusammengefügt wurde. Er ist die eigentliche Essenz aller Tropfen und sehr rein und subtil. Obwohl er in seiner Substanz die Essenz von Blut und Sperma ist, hat er eine sehr klare Natur wie eine winzige Kristallkugel, die fünffarbiges Licht ausstrahlt.

In dieser Weise denken wir wiederholt nach, bis wir ein klares allgemeines Bild unseres unzerstörbaren Tropfens in unserem Herzen innerhalb unseres Zentralkanals wahrnehmen. Mit dem Gefühl, dass unser Geist innerhalb des unzerstörbaren Tropfens in unserem Herzen ist, meditieren wir ohne Ablenkung einsgerichtet über diesen Tropfen.

DIE EIGENTLICHE MEDITATION ÜBER DIE STUFE DER SEGNUNG DES SELBST MIT SAMEN

MEDITATION ÜBER DEN UNZERSTÖRBAREN WIND UND GEIST

Wir denken über Folgendes nach:

Innerhalb meines unzerstörbaren Tropfens ist die Vereinigung meines unzerstörbaren Windes und Geistes im Aspekt eines winzigen Buchstabens HUM, der mein Guru Heruka ist. Er ist so groß wie ein Gerstenkorn, von rötlich-weißer Farbe und strahlt fünffarbiges Licht aus.

Wir denken, dass der unzerstörbare Tropfen wie eine Höhle ist und unser unzerstörbarer Wind und Geist im Aspekt eines Buchstabens HUM wie jemand, der diese Höhle bewohnt. Wir denken wiederholt darüber nach, bis wir den Buchstaben HUM innerhalb des unzerstörbaren Tropfens in der Mitte des Herzkanal-Rades wahrnehmen.

Dann konzentrieren wir uns hauptsächlich auf das Nada an der Spitze des HUM. Es ist oben rot und unten rötlich-weiß. Es strahlt rotes Licht aus und tropft Nektar. Wir stellen uns vor, dass die fünf Winde, die durch die fünf Sinnestore fließen, wie der sich bewegende Wind, und die fünf Geistesarten, wie das Augengewahrsein, sich in das Nada auflösen und wir spüren, dass unser Geist in das Nada eingetreten ist. Dann meditieren wir einsgerichtet über das Nada. Fällt uns das schwer, dann können wir uns das Nada als außergewöhnlich dicht und schwer vorstellen. Das hilft uns, unseren Geist in das Nada aufzulösen.

Üben wir wiederholt diese Meditation, werden unsere inneren Winde, wenn wir das zweite geistige Verweilen erlangen, in den Zentralkanal eintreten. Später, wenn wir das vierte geistige Verweilen erlangen, werden unsere Winde in den Zentralkanal eintreten, dort verweilen und sich auflösen und wir werden tatsächlich die acht Zeichen der Auflösung erfahren, von der luftspiegelungsähnlichen Erscheinung bis zum klaren Licht.

Wie im Buch *Das klare Licht der Glückseligkeit* erklärt wird, gibt es zehn Tore, durch die die Winde in den Zentralkanal eintreten können. Laut diesem System wählen wir das Herzkanal-Rad. Es ist wichtig, diese Meditation immer sanft zu üben, ohne Druck. Manche sagen, dass wir unsere Übung der Vollendungsstufenmeditation nicht im Herzen beginnen sollten, weil das zu Krankheiten wie Windkrankheiten führen kann, doch Je Tsongkhapa hat diese Praxis sehr gepriesen. Er sagte, dass wir keine Hindernisse zu erwarten haben, weil das Objekt der Meditation, das HUM, die Essenz Guru Herukas ist. Üben wir diese Meditation sanft und regelmäßig über einen langen Zeitraum, wird sie mit Sicherheit unsere Winde dazu bringen, sich in unseren Zentralkanal aufzulösen, und uns zu einer sehr klaren und lebhaften Erfahrung des klaren Lichts führen.

Ghantapa sagte:

> Wir sollten einsgerichtet
> Über den unzerstörbaren Tropfen, der stets in unserem
> Herzen weilt, meditieren.
> Diejenigen, die mit dieser Meditation vertraut sind,
> Werden mit Sicherheit erhabene Weisheit entwickeln.

Hier ist mit «erhabene Weisheit» die Weisheit des klaren Lichts der Glückseligkeit gemeint, die wir erleben, wenn sich die Knoten in unserem Herzkanal-Rad gelöst haben. Von allen Knoten im Zentralkanal sind diese am schwierigsten zu lösen. Doch konzentrieren wir uns von Beginn unserer

Vollendungsstufenpraxis an auf unser Herzkanal-Rad, dann hilft uns das, diese Knoten zu lösen. Deshalb ist diese Meditation eine kraftvolle Methode, um qualifizierte Vollendungsstufenverwirklichungen zu erlangen.

Warum wird diese Meditation «Segnung des Selbst mit Samen» genannt? Wie oben erwähnt bezieht sich «Selbst» hier auf den unzerstörbaren Wind und Geist, die unser eigentlicher Körper und Geist sind und somit die Grundlage, auf die wir unser eigentliches Selbst zuschreiben. Durch diese Meditation werden unser sehr subtiler Wind und Geist besondere Segnungen erhalten. Deshalb wird diese Meditation «Segnung des Selbst mit Samen» genannt. Hier bezieht sich «Samen» auf den Buchstaben HUM, Herukas Samenbuchstaben. Außerdem verwandelt sich als Folge davon, dass unser sehr subtiler Wind und Geist durch diese Meditation gesegnet werden, unser sehr subtiler Geist in das klare Licht der Glückseligkeit.

Bis wir Zeichen erhalten, dass unsere fünf Winde tatsächlich in den Zentralkanal eingetreten sind, dort verweilen und sich auflösen, stellen wir uns einfach vor, dass dies geschieht. Wir stellen uns vor, dass wir die acht Zeichen wahrnehmen, von der luftspiegelungsähnlichen Erscheinung bis zum klaren Licht, und dann richten wir unseren Geist einsgerichtet auf dieses vorgestellte klare Licht. Wir versuchen nur das klare Licht der Leerheit wahrzunehmen und entwickeln auf der Grundlage dieser Erfahrung den göttlichen Stolz, der Wahrheitskörper-Heruka zu sein. Dies wird «das Mischen mit dem Wahrheitskörper während des Wachseins» genannt.

Nach einer Weile stellen wir uns vor, dass wir uns aus der Leerheit des Wahrheitskörpers im Aspekt eines weißen Heruka erheben und wir entwickeln den göttlichen Stolz, der Freudenkörper-Heruka zu sein. Dies wird «das Mischen mit dem Freudenkörper während des Wachseins» genannt.

Vor Beginn der Vollendungsstufenmeditation erzeugten wir uns selbst als blauer Heruka mit einem Gesicht und zwei Armen. Obwohl wir aufhörten, uns auf diesen Heruka als Objekt der Meditation zu konzentrieren, lösten wir die Visualisierung nicht auf und so bestand sie während der ersten beiden Mischungen weiter, genauso wie unser grober Körper weiter existiert, während wir schlafen oder träumen, obwohl er kein Objekt des Schlaf- und Traumgeistes ist. Der weiße Heruka tritt nun durch den Scheitel des blauen Heruka ein. Dieser blaue Heruka ist das Verpflichtungswesen und der weiße Heruka, der in ihn eintritt, ist das Weisheitswesen. Der weiße Heruka verweilt im Herzen des blauen Heruka. Wir konzentrieren uns auf den Körper des blauen Heruka und entwickeln den göttlichen Stolz, der Emanationskörper-Heruka zu sein. Dies wird «das Mischen mit dem Emanationskörper während des Wachseins» genannt. Dann erheben wir uns aus der Meditation und widmen uns mit dem göttlichen Stolz, der Emanationskörper-Heruka zu sein, den Tätigkeiten der Meditationspause.

Wir können diese drei Mischungen in einer Sitzung einmal, dreimal oder siebenmal üben, abhängig von unserer Zeit und unserer Kapazität. Diese Praxis der drei Mischungen ist den drei Bringungen der Erzeugungsstufe sehr ähnlich. Die Vollendungsstufenpraxis, die drei Körper in den Pfad zu bringen, ist die gleiche wie die Praxis der drei Mischungen. Haben wir Erfahrungen mit den drei Mischungen während des Wachseins, können wir sie während des Schlafes üben und dann während des Todes. Wie wir das tun, wird im Buch *Das klare Licht der Glückseligkeit* erklärt.

Kurz gesagt führt das Meditieren über das Nada an der Spitze des HUM im Herzkanal-Rad und das Üben der drei Mischungen dazu, dass unsere inneren Winde in unseren Zentralkanal eintreten, dort verweilen und sich auflösen, und dies führt zu einer sehr scharfen und lebhaften Erfahrung des klaren Lichts. Bevor wir die eigentlichen Verwirklichungen erlangen, üben wir die drei Mischungen mithilfe unserer Vorstellungskraft. Sobald wir während des Wachseins und während des Schlafes Erfahrung in den Mischungen haben, werden wir in der Lage sein, die drei Mischungen während des Todes zu praktizieren. Dann werden wir mit einem friedvollen und glücklichen Geist sterben und unsere nächste Wiedergeburt wählen können. Schließlich werden wir die resultierenden Körper eines Buddha erlangen.

WIE WIR ÜBER DIE STUFE DER SEGNUNG DES SELBST OHNE SAMEN MEDITIEREN

Auf dieser Stufe üben wir Vajrarezitation, eine besondere Methode, um die inneren Winde zu kontrollieren. Im Höchsten Yoga Tantra bezieht sich «Vajra» auf große Glückseligkeit. Wir sollten wissen, dass große Glückseligkeit notwendigerweise eine Glückseligkeit ist, die aus dem Schmelzen der Tropfen innerhalb des Zentralkanals entsteht, wenn die inneren Winde in den Zentralkanal eintreten, dort verweilen und sich auflösen. Solch eine Glückseligkeit wird nur von Praktizierenden des Höchsten Yoga Tantra oder Buddhas erlebt.

Wie zuvor erwähnt ist das Hauptziel der Segnung des Selbst, die inneren Winde zu kontrollieren. Das Segnen des Selbst mit Samen legt die Grundlage für das Segnen des Selbst ohne Samen, oder Vajrarezitation. Wir beginnen, indem wir den Zentralkanal und den unzerstörbaren Tropfen wie zuvor visualisieren. Doch anstatt den Samenbuchstaben HUM innerhalb des Tropfens zu visualisieren, visualisieren wir jetzt nur ein Nada, das die Natur unseres sehr subtilen Windes ist. Deshalb heißt es von dieser Übung, sie sei «ohne Samen».

Dieses winzige Nada mit drei Kurven, von weißer Farbe und so hauchdünn wie eine Haarspitze, ist die Natur des sehr subtilen lebenserhaltenden Windes in unserem Herzen.

Wir konzentrieren uns auf das Nada und stellen uns dann vor, dass aus dem Nada unser lebenserhaltender Wind sanft in unserem Zentralkanal nach oben steigt, wie weißer Weihrauch. Während er aufsteigt, ruft er den Klang HUM hervor. Wir sollten das Gefühl haben, dass der Wind selbst diesen Klang erzeugt und dass unser Geist ihm einfach zuhört. Allmählich erreicht der lebenserhaltende Wind die Mitte des Halskanal-Rades. Dort halten wir ihn eine Weile, während er noch immer den Klang HUM hervorruft, und dann lassen wir ihn langsam hinabsinken. Während er absteigt, ruft er den Klang OM hervor. Schließlich erreicht er die Mitte des Herzkanal-Rades und löst sich in das Nada auf. Er verweilt dort kurz und ruft den Klang AH hervor. Dann steigt der lebenserhaltende Wind wieder zum Hals auf und ruft den Klang HUM hervor, sinkt hinab und ruft den Klang OM hervor und verweilt im Nada, während er den Klang AH hervorruft. Wir sollten diesen Zyklus einige Male wiederholen. Schließlich konzentrieren wir uns einsgerichtet nur auf den Wind, der im Nada im Herzen weilt, während er den Klang AH hervorruft.

Wenn wir etwas Vertrautheit mit dieser Meditation erlangt haben, verändern wir sie wie folgt: Wir beginnen wie zuvor. Doch wenn der Wind aufsteigt, dann erlauben wir ihm, statt im Hals zu verweilen, ohne Unterbrechung bis zum Scheitel aufzusteigen, während er die ganze Zeit den Klang HUM hervorruft. Er verweilt kurz am Scheitel und sinkt dann langsam wieder hinab, zurück zum Nada im Herzen, während er den Klang OM hervorruft. Dann verweilt er eine Zeitlang im Nada im Herzen und ruft den Klang AH hervor. Wir wiederholen diesen Zyklus einige Male. Schließlich konzentrieren wir uns nur auf den Wind, der im Nada im Herzen weilt und den Klang AH hervorruft.

Wenn wir etwas Vertrautheit mit dieser zweiten Meditation erlangt haben, stellen wir uns vor, dass der lebenserhaltende Wind aus dem unzerstörbaren Wind, der die Form des Nada hat, aufsteigt und den ganzen Weg bis zu den Nasenlöchern zurücklegt, ohne am Hals oder Scheitel anzuhalten, und dass er beim Aufsteigen den Klang HUM hervorruft. Er verweilt sehr kurz an den Nasenlöchern und kehrt dann langsam zum Herzen zurück, während er den Klang OM hervorruft und verweilt im Herzen mit dem Klang AH. Wir wiederholen diesen Zyklus einige Male und enden dann, indem wir uns einsgerichtet auf das Nada konzentrieren, das den Klang AH im Herzen hervorruft.

Durch diese Meditation wird unsere Erfahrung, dass die inneren Winde in unseren Zentralkanal eintreten, dort verweilen und sich auflösen, viel stärker sein als zuvor und wir werden die acht Zeichen von der luftspiegelungsähnlichen Erscheinung bis zum klaren Licht viel deutlicher wahrnehmen. Bis dies tatsächlich geschieht, sollten wir uns vorstellen, dass es geschieht. So oder so sollten wir einsgerichtet über das klare Licht der Glückseligkeit vermischt mit Leerheit meditieren und, indem wir uns auf diese Vereinigung konzentrieren, den göttlichen Stolz entwickeln, der Wahrheitskörper-Heruka zu sein. Dann entstehen wir wie zuvor in der Form eines weißen Heruka und entwickeln den göttlichen Stolz, der Freudenkörper-Heruka zu sein. Dieser weiße Heruka tritt durch den Scheitel des blauen Heruka, der zu Beginn der Sitzung erzeugt wurde, ein und verweilt in seinem Herzen. Wir entwickeln den göttlichen Stolz, der Emanationskörper-Heruka zu sein. Wir können an diesem Punkt entweder die Sitzung abschließen und uns den Tätigkeiten der Meditationspause widmen oder wir können den ganzen Kreislauf wiederholen.

Vajrarezitation hat zwei Hauptfunktionen: (1) unsere inneren Winde zu kontrollieren, indem wir sie mit Mantra vereinen, und (2) die Knoten des Zentralkanals im Herzen zu lösen. Wenn wir diese Meditation üben, so ist es im Hinblick auf die erste Funktion wichtig zu denken, dass unsere inneren Winde sich in Mantra umgewandelt haben und den

Klang HUM, OM und AH hervorrufen. Der sehr subtile Wind ist der Ursprung aller Rede, Mantra eingeschlossen. Unsere normale grobe Rede hängt von groben inneren Winden ab, die sich aus dem sehr subtilen inneren Wind entwickeln. Wenn wir uns als Gottheit erzeugen, betrachten wir unsere Rede als das Mantra der Gottheit. Durch Schulung in Vajrarezitation reinigen wir allmählich unsere inneren Winde. In dem Maße, wie unsere inneren Winde rein werden, wird unser Geist rein und in dieser Weise erhalten wir eine größere Kontrolle über unsere inneren Winde und somit über unsere Geistesarten. Wenn wir durch die Kraft der Meditation die Fähigkeit erlangen, unsere inneren Winde leicht und ungehindert in den Zentralkanal eintreten, dort verweilen und sich auflösen zu lassen, dann können wir sagen, dass wir unsere inneren Winde kontrollieren. Doch es gibt viele Ebenen der Kontrolle über die inneren Winde. Es wird gelehrt, dass Praktizierende, die die Vajrarezitation vollendet haben, ihre inneren Winde mit den äußeren Winden auf der ganzen Welt mischen, sie alle in ihrem Zentralkanal sammeln und sie in das Mantra OM AH HUM umwandeln können. Durch diese Art der Kontrolle über die Winde erlangen sie viele besondere Wunderkräfte.

Hinsichtlich der zweiten Funktion ist es so, dass wir durch die Vajrarezitation die Knoten des Zentralkanals im Herzen lösen können, allerdings nicht vollständig. Um diese Knoten vollständig zu lösen, müssen wir entweder bis zum Zeitpunkt unseres Todes warten oder uns auf eine Handlungsmudra verlassen. Lösen wir die Knoten des Herzkanals vollständig durch Vollendungsstufenpraxis, dann erlangen wir den isolierten Geist des endgültigen beispielklaren Lichts. Und wenn wir uns aus dem Gleichgewicht des endgültigen beispielklaren Lichts erheben, dann erlangen wir den illusorischen Körper, den unsterblichen Körper. Dieser ist ein eigentlicher göttlicher Körper, keiner, der durch Vorstellung erzeugt wurde. Kurz gesagt, um den eigentlichen göttlichen Körper zu erlangen, müssen wir das endgültige beispielklare Licht erlangen. Und um das zu tun, müssen wir die Knoten des Herzkanal-Rades durch Schulung in Vajrarezitation lösen.

Wenn wir eine stabile Konzentration über Vajrarezitation in Verbindung mit dem lebenserhaltenden Wind erlangen, können wir die Vajrarezitation in Verbindung mit den fünf Zweigwinden üben, die durch die Sinnestore fließen. Zum Beispiel entsteht der erste Zweigwind, der sich bewegende Wind, aus unserem sehr subtilen Wind und fließt hoch zu unserem Augenorgan, wo er unser Augengewahrsein dazu bringt, sich zu seinem Objekt, einer visuellen Form, zu bewegen und uns so das Sehen ermöglicht. Ohne diesen Wind hätten wir kein Augengewahrsein. Gegenwärtig ist dieser Wind unrein und deshalb ist unser Augengewahrsein unrein und wir sehen nur eine unreine Welt. Reinigen wir jedoch unseren sich bewegenden Wind, dann wird unser Augengewahrsein rein und wir werden die Reinen Länder der Buddhas sehen.

Um den sich bewegenden Wind zu reinigen, konzentrieren wir uns auf den sich bewegenden Wind, der aus dem Nada innerhalb des unzerstörbaren Tropfens aufsteigt, zu den beiden Augen fließt, wieder hinabsinkt und innerhalb des unzerstörbaren Tropfens verweilt, und dabei die Klänge HUM, OM und AH hervorruft. Wenn wir eine tiefe Erfahrung in dieser Meditation machen, erlangen wir Augenhellsicht. Ebenso erlangen wir Ohrenhellsicht, wenn wir eine tiefe Erfahrung in der Vajrarezitation mit dem zweiten Zweigwind machen, dem sich intensiv bewegenden Wind, der das Ohrengewahrsein unterstützt. Im Buch *Tantrische Ebenen und Pfade* wird ausführlicher erklärt, wie wir diese Meditationen üben und wie wir die äußeren Winde mit unseren inneren Winden mischen.

WIE WIR ÜBER DIE STUFE DES VAJRAS VERSCHIEDENER EIGENSCHAFTEN MEDITIEREN

In Teil Eins heißt es: «In der eigentlichen Mahamudra Praxis gibt es zwei Traditionen, die erklären, wie wir in den Vajrakörper eindringen, wenn wir über die Vollendungsstufe meditieren.» Folgen wir der ersten Tradition, müssen wir uns auf eine Handlungsmudra verlassen, um das vollqualifizierte klare Licht, das endgültige beispielklare Licht, vor unserem Tod zu erleben. Uns auf eine Handlungsmudra zu verlassen kann uns jedoch nur dann zu dieser Verwirklichung führen, wenn wir unsere Tropfen, oder unseren Bodhichitta, bereits kontrollieren können. Schmilzt der Bodhichitta in unseren Kanälen und erreicht die Spitze unseres Geschlechtsorgans und können wir ihn dort so lange halten, wie wir wollen, ohne ihn loszulassen, während wir Glückseligkeit erleben, dann haben wir Kontrolle über unsere Tropfen. Wir erlangen diese Fähigkeit durch Schulung in den zwei Stufen des Vajras verschiedener Eigenschaften.

Die zwei Stufen des Vajras verschiedener Eigenschaften sind:

1. Die Stufe des Vajras verschiedener Eigenschaften mit Samen
2. Die Stufe des Vajras verschiedener Eigenschaften ohne Samen

WIE WIR ÜBER DIE STUFE DES VAJRAS VERSCHIEDENER EIGENSCHAFTEN MIT SAMEN MEDITIEREN

Wir beginnen damit, unseren Zentralkanal klar zu visualisieren, und da wir uns als Heruka in Vereinigung mit Vajravarahi erzeugt haben, stellen wir uns vor, dass die unteren Spitzen unserer Zentralkanäle verbunden sind. Wir visualisieren den Zentralkanal des Vaters, der etwas

Einzackiger Vajra

aus seinem Vajra herausragt und sich mit dem Zentralkanal der Mutter innerhalb ihrer Bhaga verbindet. In dem Teil des Zentralkanals des Vaters, der aus seinem Vajra herausragt, visualisieren wir Herukas Geist der großen Glückseligkeit in Form eines winzigen einzackigen Vajras, der weiß mit einem rötlichen Schimmer und so groß wie ein Gerstenkorn ist. In der Mitte des Vajras visualisieren wir Heruka selbst in Form eines winzigen blauen Buchstabens HUM. Der weiße Teil des Vajras ist der weiße Bodhichitta und der rote Teil ist der rote Bodhichitta. Die Substanz des Vajras besteht also aus den Tropfen, doch seine wirkliche Natur ist die große Glückseligkeit Herukas. Wir visualisieren ihn, um uns an die Erfahrung großer Glückseligkeit zu erinnern.

Nun stellen wir uns vor, dass unser Geist zusammen mit dem unzerstörbaren Tropfen im Herzen durch den Zentralkanal hinabsinkt und sich in den Buchstaben HUM in der Mitte des winzigen Vajras auflöst. Es ist essenziell, das Gefühl zu haben, dass sich unser ganzer Geist in das HUM aufgelöst hat. Dann meditieren wir einsgerichtet über den Vajra, während wir so lange wie möglich große Glückseligkeit erleben. Schließlich stellen wir uns vor, dass sich Vajra und HUM in den Aspekt des unzerstörbaren Tropfens umwandeln, der nun langsam durch den Zentralkanal nach oben steigt. Wenn er den zentralen Punkt in der Mitte unseres Nabelkanal-Rades erreicht, halten wir ihn dort für kurze Zeit und ohne Ablenkung in einsgerichteter Konzentration. Dann steigt der Tropfen weiter durch den Zentralkanal nach oben, bis er genau die Mitte des Herzkanal-Rades erreicht, seinen eigenen Platz. Dort halten wir ihn mit starker Konzentration so lange, bis wir die acht Zeichen wahrnehmen. Schließlich meditieren wir über das klare Licht der Glückseligkeit und Leerheit mit dem göttlichen Stolz, der Wahrheitskörper-Heruka zu sein. Wir vervollständigen die drei Mischungen wie zuvor und beenden dann die Sitzung. Diese Meditation müssen wir viele Male wiederholen, um die Tropfen zu kontrollieren und große Glückseligkeit zu stabilisieren.

WIE WIR ÜBER DIE STUFE DES VAJRAS VERSCHIEDENER EIGENSCHAFTEN OHNE SAMEN MEDITIEREN

Für diese Meditation visualisieren wir den einzackigen Vajra, der nun so groß wie eine Erbse ist, genau innerhalb der oberen Spitze des Zentralkanals am Punkt zwischen den Augenbrauen. Wir visualisieren jedoch keinen Samenbuchstaben HUM in der Mitte des Vajras, weshalb diese Stufe «ohne Samen» genannt wird.

Unser Geist steigt zusammen mit dem unzerstörbaren Tropfen im Herzen durch den Zentralkanal bis zu unserem Scheitel, dann sinkt er nach unten zu dem Punkt zwischen den Augenbrauen und erreicht die Mitte des Vajras. Der weiße Teil des Tropfens wandelt sich in einen Mondsitz um und auf diesem verwandelt sich der rote Teil des Tropfens in einen Sonnensitz. Auf dem Sonnensitz visualisieren wir Buddha Akshobya in der Form eines winzigen blauen Tropfens, so groß wie ein Senfsamen. Vor ihm visualisieren wir Buddha Vairochana in der Form eines winzigen weißen Tropfens, zur Linken Buddha Amoghasiddhi in der Form eines grünen Tropfens, dahinter Buddha Amitabha in der Form eines roten Tropfens und zur Rechten Buddha Ratnasambhava in der Form eines gelben Tropfens. Dann stellen wir uns vor, dass sich unser ganzer Geist in diese Gruppe aus fünf Tropfen von der Größe einer kleinen Erbse auflöst, und halten ihn dort ohne Ablenkung.

Wenn wir im Begriff sind, die Meditation abzuschließen, stellen wir uns vor, dass der Vajra sich in den Mond auflöst, der sich in die Sonne auflöst. Sie löst sich in den weißen Tropfen auf, dieser in den grünen Tropfen, dieser in den roten Tropfen, dieser in den gelben Tropfen und dieser in den blauen Tropfen in der Mitte, die Natur von Akshobya-Heruka. Während er fünffarbiges Weisheitslicht ausstrahlt, um unsere Tropfen zu segnen, steigt der blaue Tropfen langsam durch unseren Zentralkanal genau bis in die Mitte unseres Scheitelkanal-Rades. Dort halten wir ihn und meditieren eine Weile einsgerichtet. Dies lässt den Bodhichitta in unserem Scheitel zunehmen. Nach einer Weile sinkt der Tropfen langsam genau bis zur Mitte unseres Halskanal-Rades hinab und dort halten wir ihn eine Weile. Dann steigt er genau bis in die Mitte unseres Herzkanal-Rades hinab und wir meditieren so lange über ihn, bis wir die acht Zeichen wahrnehmen. Schließlich vervollständigen wir die drei Mischungen wie zuvor und beenden die Sitzung. Diese Meditation müssen wir wiederholen, bis wir die Fähigkeit erlangen, die Tropfen zu kontrollieren und große Glückseligkeit zu stabilisieren.

Das Hauptmeditationsobjekt auf dieser Stufe ist der winzige Vajra mit einem winzigen HUM darin. Meditieren wir über diesen winzigen Vajra an den Stellen unserer Sinneskräfte, dann können wir verschiedene Arten höherer Hellsicht erlangen. Aus diesem Grund wird diese Stufe «Vajra verschiedener Eigenschaften» genannt.

Wie üben wir die Meditation, um verschiedene Arten höherer Hellsicht zu erlangen? Unsere Augensinneskraft ist zum Beispiel das Potenzial in unserem Augenorgan, das die vorherrschende Bedingung unseres Augengewahrseins ist. Auf unserer Augensinneskraft visualisieren wir den einzackigen Vajra so groß wie ein Gerstenkorn, der Herukas Geist der großen Glückseligkeit ist. In der Mitte, innerhalb dieses Vajras, visualisieren wir einen winzigen Buchstaben HUM, der Heruka selbst ist. Darüber denken wir immer wieder nach, bis wir diese ganze Anordnung deutlich wahrnehmen. Dann halten wir diese Anordnung fest und meditieren so lange wie möglich einsgerichtet darüber. In jeder Sitzung wiederholen wir die Kontemplation und Meditation. Während uns bewusst ist, dass der Vajra Herukas Geist der großen Glückseligkeit und der Buchstabe HUM Heruka selbst ist, stellen wir uns am Ende jeder Sitzung vor, dass beide, Vajra und HUM, zu Licht schmelzen und sich in unsere Augensinneskraft auflösen. Hierdurch ist unsere Augensinneskraft gereinigt und wird vollständig rein, frei von gewöhnlicher Erscheinung. Über diesen Glauben meditieren wir eine Weile.

In dieser Weise werden wir durch die fortwährenden Segnungen Herukas und die Kraft dieser Meditation die höhere Augenhellsicht erlangen, die die erleuchtete Gottheit Heruka, sein Reines Land Keajra, sein Gefolge aus Helden und Dakinis und andere heilige Wesen, die Versammlung der Gurus, Gottheiten, Buddhas und Bodhiattvas, direkt sehen kann. Genau wie Je Phabongkhapa werden wir diese Verwirklichung erlangen, indem wir mit starkem Vertrauen aufrichtig üben. Wenden wir diese Meditation auf unsere anderen Sinneskräfte wie zum Beispiel unsere Ohrensinneskraft an, werden wir viele unterschiedliche Arten höherer Hellsicht erlangen.

WIE WIR ÜBER DIE STUFE DES FÜLLENS MIT JUWELEN MEDITIEREN

Hier bezieht sich «Juwelen» auf die vier Freuden, die wirkliche wunscherfüllende innere Juwelen sind. Da es die Funktion dieser dritten Stufe ist, unseren Körper mit der Erfahrung der vier Freuden zu füllen, wird sie «Füllen mit Juwelen» genannt. Wir üben diese Praxis in Abhängigkeit von den vier Mudras: der Verpflichtungsmudra, der Handlungsmudra, der Phänomenenmudra und dem Mahamudra. Je Tsongkhapa sagte, dass die Praxis der ersten Mudra die vorbereitende Übung ist, die zweite ist die eigentliche Übung, die dritte ist die nachfolgende Übung und die vierte ist das Ergebnis.

Die erste Mudra, die Verpflichtungsmudra, ist die visualisierte Gefährtin, oder Weisheitsmudra. Während der Weisheitsmudra Ermächtigung gibt uns der spirituelle Meister des Vajrayana eine Gefährtin, die eine Emanation von Vajravarahi ist, und die Verpflichtung, in Abhängigkeit von der Weisheitsmudra große Glückseligkeit zu vollenden. Deshalb ist die visualisierte Gefährtin als «Verpflichtungsmudra» bekannt. Uns auf eine Weisheitsmudra zu verlassen ist die Vorbereitung dafür, uns auf eine Handlungsmudra zu verlassen. Wenn unsere Meditation, uns auf eine Weisheitsmudra zu verlassen, dazu führt, dass sich unsere inneren Winde im Zentralkanal sammeln und auflösen und wir große Glückseligkeit erleben, dann ist dies ein richtiges Zeichen dafür, dass wir nun die Zuversicht haben können, uns auf eine Handlungsmudra zu verlassen. Eine Handlungsmudra ist eine tatsächliche Gefährtin oder ein tatsächlicher Gefährte, die oder der die Ermächtigung unserer persönlichen Gottheit erhalten hat, die tantrischen Verpflichtungen einhält und über eine vollkommene Kenntnis der Anleitungen verfügt.

Sobald wir dadurch, dass wir uns auf eine Handlungsmudra verlassen, die Knoten des Zentralkanals in unserem Herzen vollständig gelöst haben, werden wir eine kraftvolle spontane große Glückseligkeit erzeugen, wenn wir im Anschluss daran über das innere Feuer meditieren. Das Phänomen der Meditation über das innere Feuer hat für uns eine ähnliche Funktion wie eine Gefährtin, oder ein Gefährte, und wird deshalb «Phänomenenmudra» genannt. Die Verwirklichung der Vereinigung von großer Glückseligkeit und Leerheit wird «Mahamudra» genannt oder «großes Siegel», was «große unzerstörbare Wahrheit» bedeutet. Wandelt sich unser ständig verweilender Geist in die spontane große Glückseligkeit um, die Leerheit durch ein allgemeines Bild verwirklicht, wird er «endgültiges beispielklares Licht» genannt. Der Ausdruck «endgültig» enthüllt, dass es ein vollqualifiziertes klares Licht ist, und «Beispiel» bedeutet, dass wir diese Verwirklichung als Beispiel nutzen können, um zu verstehen, wie wir das eigentliche sinnklare Licht vollenden können, die Vereinigung von großer Glückseligkeit und Leerheit. Meditieren wir fortwährend über das endgültige beispielklare Licht, wird es sich in das sinnklare Licht umwandeln. Endgültiges beispielklares Licht ist also ein Beispiel, das seinen Sinn veranschaulicht, nämlich sinnklares Licht. Sinnklares Licht ist ein ständig verweilender Geist, der die Natur spontaner großer Glückseligkeit ist, die Leerheit direkt verwirklicht.

Als Vorbereitung auf die Praxis der Stufe des Füllens mit Juwelen betonen wir sowohl die geheime Darbringung an uns selbst, als Heruka erzeugt, als auch die Praxis, uns auf die Weisheitsmudra zu verlassen, wie sie im Abschnitt über das Erhalten der Weisheitsmudra Ermächtigung erklärt wurde. Haben wir erst einmal Kontrolle über unsere Tropfen und erleben eine tiefe Erfahrung mit der Auflösung der inneren Winde in unseren Zentralkanal, dann können wir üben, uns auf die Handlungsmudra zu verlassen.

Es gibt zwei Arten, dies zu tun: Die erste ist, über unsere eigene Leerheit als auch über die unserer Gefährtin oder unseres Gefährten zu meditieren und uns dann aus dem Zustand der Leerheit als Heruka und unsere Gefährtin oder unseren Gefährten als Vajravarahi zu erzeugen, frei von gewöhnlichen Erscheinungen und Vorstellungen. Mit dem starken göttlichen Stolz, dass wir Heruka sind und unsere Gefährtin oder unser Gefährte Vajravarahi ist, üben wir uns in Vereinigung und erzeugen allmählich die vier Freuden. Schließlich meditieren wir so lange wie möglich einsgerichtet über spontane große Glückseligkeit untrennbar von Leerheit.

Um die zweite Art zu üben, glauben wir einfach mit starkem göttlichem Stolz und frei von gewöhnlichen Erscheinungen und Vorstellungen, dass wir Heruka sind und unsere Gefährtin oder unser Gefährte eine Manifestation von Vajravarahi ist. Wir üben uns in Vereinigung, erzeugen die vier

Freuden und meditieren schließlich über die Vereinigung von spontaner großer Glückseligkeit und Leerheit.

WIE WIR ÜBER DIE STUFE DES DZÖLADHARA MEDITIEREN

Der Sanskritbegriff «Dzöladhara» bedeutet «das Lodern halten». «Dzöla» bedeutet «lodern» und «dhara» bedeutet «halten». Diese Meditation über die Stufen des Dzöladhara wird so genannt, weil sie ihr Objekt, das Lodern des inneren Feuers, oder Tummo, einsgerichtet hält. Durch diese Meditation verbessern Praktizierende ihre Verwirklichung der spontanen großen Glückseligkeit der dritten Stufe, bis ihr ständig verweilender Geist zum Geist spontaner großer Glückseligkeit wird, der Leerheit verwirklicht. Anfangs ist diese Verwirklichung endgültiges beispielklares Licht und dann wandelt es sich allmählich in sinnklares Licht um. In einigen Schriften heißt es «Dzalendhara» statt «Dzöladhara», doch die Bedeutung ist die gleiche.

Die eigentliche Übung der Stufe des Dzöladhara hat acht Teile:

1. Den Zentralkanal visualisieren
2. Die Buchstaben visualisieren
3. Das innere Feuer entfachen
4. Das Feuer zum Lodern bringen
5. Das Tropfen des Bodhichitta hervorrufen
6. Das besondere Lodern des Feuers hervorrufen
7. Das besondere Tropfen des Bodhichitta hervorrufen
8. Über die Vereinigung von spontaner Glückseligkeit und Leerheit meditieren

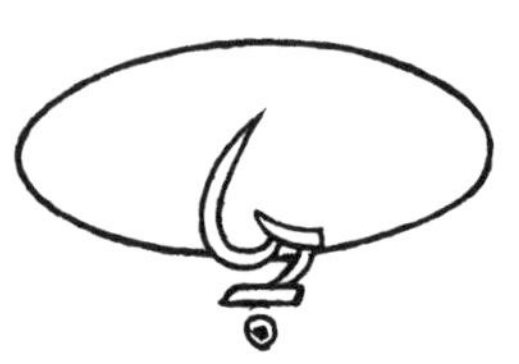

HAM, OM, HUM, Kurz-AH

DEN ZENTRALKANAL VISUALISIEREN

Wir visualisieren den Zentralkanal wie oben auf S. 146f. erklärt.

DIE BUCHSTABEN VISUALISIEREN

Genau in der Mitte des Kanal-Rades unserer geheimen Stelle, vier Finger breit unterhalb des Nabels, visualisieren wir eine winzige Phänomenenquelle. In der Phänomenenquelle erscheint auf einem Sonnensitz unser Ursprungsgeist, der untrennbar von Guru Herukas Geist ist, im Aspekt einer erbsengroßen Gruppe von fünf Tropfen. Vorne ist ein weißer Tropfen, die Natur von Buddha Vairochana. Links ist ein grüner Tropfen, die Natur von Buddha Amoghasiddhi. Hinten ist ein roter Tropfen, die Natur von Buddha Amitabha. Rechts ist ein gelber Tropfen, die Natur von Buddha Ratnasambhava, und in der Mitte ist ein blauer Tropfen, die Natur von Buddha Akshobya.

Innerhalb des mittleren, blauen Tropfens visualisieren wir unser inneres Feuer in der Form eines winzig kleinen roten Buchstabens Kurz-AH. Genau in der Mitte unseres Scheitelkanal-Rades visualisieren wir einen weißen, umgedrehten Buchstaben HAM, die Natur unseres weißen Bodhichitta. Genau in der Mitte unseres Herzkanal-Rades visualisieren wir einen umgedrehten Buchstaben HUM, weiß mit rötlichem Schimmer, die Natur unseres weißen und roten unzerstörbaren Tropfens. Wir denken kurz an den Buchstaben HAM in unserem Scheitel, den Buchstaben HUM in unserem Herzen und den Buchstaben Kurz-AH an unserer geheimen Stelle und meditieren schließlich über das Kurz-AH.

DAS INNERE FEUER ENTFACHEN, DAS FEUER ZUM LODERN BRINGEN UND SO WEITER, BIS HIN ZUR MEDITATION ÜBER DIE VEREINIGUNG VON SPONTANER GLÜCKSELIGKEIT UND LEERHEIT

Wenn Mann und Frau gewöhnlichen Geschlechtsverkehr haben, dann durchdringen sie gegenseitig ihren Zentralkanal, weil die Spitze des Penis des Mannes die Spitze der Vagina der Frau berührt, wodurch der abwärts entleerende Wind, der sich an ihren geheimen Stellen befindet, nach oben strömt. Das führt zum Lodern des inneren Feuers, das sich in ihrem Nabel befindet. Die weißen oder roten Tropfen schmelzen und fließen durch ihre Kanäle, aber nicht durch den Zentralkanal. Dadurch erleben sie für sehr kurze Zeit eine verunreinigte Glückseligkeit. Verlassen sich qualifizierte Praktizierende der dritten Stufe, Füllen mit Juwelen, auf eine Handlungsmudra, ähnelt ihre Handlung im Allgemeinen gewöhnlichem Geschlechtsverkehr. Doch ihre innere Hitze lodert im Zentralkanal statt in den Seitenkanälen und deshalb schmelzen und fließen ihre Tropfen im Zentralkanal, anstatt schnell freigelassen zu werden. Dadurch erleben sie lange Zeit eine spontane große Glückseligkeit. Hier, auf der vierten Stufe der Vollendungsstufe, Dzöladhara, erzeugen und verstärken Praktizierende ihre Erfahrung der spontanen großen Glückseligkeit durch die Tummo Meditation. Auf dieser Stufe werden sowohl das Entfachen wie auch das Lodern des inneren Feuers durch die Meditation der Vasenatmung an der geheimen Stelle erreicht.

Wir üben die Meditation der Vasenatmung wie folgt: Wir atmen sanft durch beide Nasenlöcher ein und stellen uns vor, dass wir alle Winde, die sich im oberen Teil unseres Körpers befinden, bis zur geheimen Stelle gerade oberhalb der fünf Tropfen im Zentralkanal hinabziehen. Dann ziehen wir die zwei unteren Tore, den Anus und das Geschlechtsorgan, sanft ein wenig zusammen und ziehen alle Winde des unteren Teils unseres Körpers zur Stelle direkt unterhalb der fünf Tropfen. Unser Geist in den fünf Tropfen ist jetzt zwischen den oberen und unteren Winden eingeschlossen wie ein kostbares Objekt in einem Schmuckkästchen. Dann hören wir auf zu atmen und halten unsere Konzentration einsgerichtet auf dem Kurz-AH innerhalb des blauen Tropfens in der Mitte, während wir die oberen und unteren Winde an der geheimen Stelle halten. Ein Teil unseres Geistes denkt, dass das Kurz-AH bald zu lodern anfängt. Dies wird «das innere Feuer entfachen» genannt. Kurz bevor es unbehaglich wird, atmen wir sehr sanft durch beide Nasenlöcher aus, während unser Geist noch immer auf dem Kurz-AH verweilt.

Dann wiederholen wir die Vasenatmung und denken, während wir uns auf das Kurz-AH konzentrieren, dass eine intensiv heiße und dünne, nadelartige Flamme daraus lodert. Dies nennt man «das Feuer zum Lodern bringen». Das wiederum lässt den umgedrehten Buchstaben HUM in unserem Herzen schmelzen und auf das Feuer tropfen. Dies wird «das Tropfen des Bodhichitta» genannt. Das Feuer lodert intensiver und wird noch heißer, als ob Öl ins Feuer gegossen würde. Dies wird «das besondere Lodern des Feuers» genannt. Diese Zunahme an innerer Hitze führt zum Schmelzen des umgedrehten Buchstabens HAM in unserem Scheitel, aus dem dann der weiße Bodhichitta durch unseren Zentralkanal tropft. Dies wird «das besondere Tropfen des Bodhichitta» genannt.

Sowie der weiße Bodhichitta schmilzt und langsam tropft, erleben wir spontane große Glückseligkeit. Wenn der Bodhichitta dann auf das Tummo Feuer an unserer geheimen Stelle tropft, wird das Feuer kurz etwas matter, doch unsere Erfahrung der spontanen großen Glückseligkeit wird noch intensiver. Danach lodert das Feuer sogar noch stärker, als würde geschmolzene Butter ins Feuer tropfen. Dadurch lodert das Tummo Feuer an der geheimen Stelle, mischt sich mit den Lichtstrahlen der fünf Tropfen – den fünf Buddha

Familien – und strömt durch alle Kanäle in unserem Körper. Es verzehrt alle verunreinigten Tropfen und sammelt alle reinen Tropfen in den Bodhichitta in unserem Scheitel. Von hier tropft der Bodhichitta unentwegt durch den Zentralkanal und wir erleben für eine lange Zeit spontane große Glückseligkeit. Wir meditieren über diese untrennbare Glückseligkeit und Leerheit. Dies ist der achte Teil, «Über die Vereinigung von spontaner Glückseligkeit und Leerheit meditieren».

WIE WIR ÜBER DIE STUFE DER UNVORSTELLBARKEIT MEDITIEREN

Auf der Stufe des Dzöladhara erlangen wir das vollständige und vollqualifizierte klare Licht, das endgültige beispielklare Licht, das die Natur spontaner großer Glückseligkeit ist, die Leerheit verwirklicht. Wenn wir uns aus diesem meditativen Gleichgewicht erheben, erlangen wir den illusorischen Körper, den eigentlichen göttlichen Körper. Dieser Körper wird nicht durch Vorstellung erschaffen, sondern ist ein tatsächlicher Körper. Seine substanzielle Ursache ist der unzerstörbare Wind, der Träger des Geistes des endgültigen beispielklaren Lichts ist. Sein Aspekt ist ein weißfarbiger Heruka mit Gefährtin, zusammen mit dem gesamten Mandala. Der illusorische Körper, den der Praktizierende auf dieser Stufe erlangt, ist der unreine illusorische Körper, da der Praktizierende die Verblendungen noch nicht aufgegeben hat, er oder sie noch kein höheres Wesen ist und sein oder ihr Geist des klaren Lichts der Glückseligkeit Leerheit noch nicht direkt verwirklicht.

Um Leerheit mit dem sehr subtilen Geist der spontanen großen Glückseligkeit direkt zu verwirklichen, schreitet der Praktizierende zu den Meditationen der fünften Stufe, Unvorstellbarkeit, fort. Hier bezieht sich «Unvorstellbarkeit» auf Erlangungen, die nicht von jenen erfahren werden können, die keine höheren Wesen sind. Beispiele für

Unvorstellbarkeit sind das sinnklare Licht, die Vereinigung von sinnklarem Licht und illusorischem Körper des Pfades und die Vereinigung von Formkörper und Wahrheitskörper eines Buddha. Das erste ist die Vereinigung von großer Glückseligkeit und Leerheit, der zweite ist die Vereinigung des Noch-Lernens und der dritte ist die Vereinigung des Nicht-mehr-Lernens. Durch die Praxis der Meditationen der fünften Stufe erlangen Praktizierende diese drei Arten der Vereinigung.

Die eigentliche Praxis hat zwei Teile:

1. Uns auf eine Gefährtin oder einen Gefährten verlassen
2. Die zwei Konzentrationen ausführen

UNS AUF EINE GEFÄHRTIN ODER EINEN GEFÄHRTEN VERLASSEN

Es gibt drei Arten, uns auf eine Gefährtin oder einen Gefährten zu verlassen. Die erste ist, uns auf eine Handlungsmudra zu verlassen, indem wir Vergnügen mit Ausschmückungen genießen. Dies ist die Art und Weise, wie sich König Indrabodhi auf die Gefährtin verließ. Die zweite ist, uns auf eine Handlungsmudra zu verlassen, indem wir Vergnügen ohne Ausschmückungen genießen. Dies ist die Art und Weise, wie Ghantapa sich auf die Gefährtin verließ. Die dritte ist, uns nur auf die Weisheitsmudra zu verlassen. Dies ist die Art und Weise, wie Gyalwa Ensäpa sich auf die Gefährtin verließ. Durch jede dieser drei Übungen vollenden Praktizierende der fünften Stufe zuerst die Vereinigung von großer Glückseligkeit und Leerheit, dann die Vereinigung des Noch-Lernens und schließlich die Vereinigung des Nicht-mehr-Lernens, Erleuchtung.

In einigen Texten und wie oben erwähnt heißt es, dass wir uns letztendlich auf eine Handlungsmudra verlassen oder bis zum Zeitpunkt unseres Todes warten müssen, um das endgültige beispielklare Licht zu erlangen. Das ist im Allgemeinen so. Im Besonderen ist es jedoch so, dass Praktizierende wie Gyalwa Ensäpa und viele seiner Schüler das endgültige beispielklare Licht und das sinnklare Licht erlangten und Buddhas wurden, indem sie die Vereinigung des Nicht-mehr-Lernens durch die Kraft der Segnungen der Anleitungen der mündlichen Ganden Überlieferungslinie erlangten, ohne sich auf eine Handlungsmudra zu verlassen.

DIE ZWEI KONZENTRATIONEN AUSFÜHREN

In der ersten dieser beiden konzentrieren wir uns zuerst auf die Auflösung aller Welten und dann all ihrer Bewohner in das klare Licht der Leerheit und dann meditieren wir über die Vereinigung des klaren Lichts der Glückseligkeit und Leerheit. In der zweiten konzentrieren wir uns auf das gleichzeitige Auflösen aller Welten und ihrer Bewohner in das klare Licht der Leerheit und meditieren dann über die Vereinigung des klaren Lichts der Glückseligkeit und Leerheit.

Indem er sich mit einer dieser Konzentrationen befasst, erlangt der Praktizierende der fünften Stufe sinnklares Licht. Wenn sich der Praktizierende aus dem sinnklaren Licht erhebt, erlangt er oder sie den reinen illusorischen Körper, den Vajrakörper, und führt die Übungen der nachfolgenden Erlangung aus. In der nächsten Sitzung, wenn sich sinnklares Licht durch eine der beiden Konzentrationen manifestiert, erlangt der Praktizierende die Vereinigung von sinnklarem Licht und reinem illusorischen Körper, die Vereinigung des Noch-Lernens, und meditiert so lange, wie er oder sie dies möchte, über sinnklares Licht. Durch fortwährende Meditation über sinnklares Licht, sowohl während des Schlafens als auch während des Wachseins wird dieses sinnklare Licht schließlich zum direkten Gegenmittel gegen die sehr subtilen dualistischen Erscheinungen – die sehr subtilen Wahrnehmungen von Erscheinung und Leerheit als unterschiedlich. Es wird dann «vajragleiche Konzentration des Pfades der Meditation» genannt, die der letzte Moment des Geistes eines fühlenden Wesens ist. Im nächsten Moment wird der Praktizierende ein Buddha, indem er die Vereinigung des Nicht-mehr-Lernens erlangt.

WIDMUNG

Möge es durch die Tugenden, die ich durch das
Verfassen dieses Buches angesammelt habe,
Frieden in der Welt geben.
Möge jedes Lebewesen ein sinnvolles Leben
genießen
Und möge heiliger Buddhadharma für immer
erblühen.

Dieses Buch, *Die mündlichen Anleitungen des Mahamudra*, enthält die Unterweisungen des Ehrwürdigen Geshe Kelsang Gyatso Rinpoche. Diese Unterweisungen wurden aufgenommen und ins Schriftliche übertragen, und dann hauptsächlich von ihm und einigen seiner langjährigen Schüler herausgegeben.

Anhang I
Richtlinien zur Praxis der vier großen hinführenden Vorbereitungen des Mahamudra

Der Sinn dieser Richtlinien

Wie in Teil Eins erwähnt gleicht die Praxis des Mahamudra einem Auto mit vier Rädern. Verlassen wir uns auf diese Praxis, können wir leicht und schnell zur Ebene endgültigen Glücks reisen, dem Zustand der Erleuchtung. Die vier großen hinführenden Vorbereitungen sind wie die vier Räder des Autos. Fehlt eins dieser Räder, kann das Auto nicht fahren. Ebenso werden wir durch die Mahamudra Praxis nicht zur Buddha Ebene reisen können, wenn eine der vier großen vorbereitenden Übungen fehlt.

Möchten wir daher wirklich dauerhafte Befreiung von allen Leiden dieses Lebens und unserer zahllosen zukünftigen Leben erlangen und die endgültige Glückseligkeit der Erleuchtung erleben, indem wir uns auf die Praxis des Mahamudra verlassen, dann ist es sehr wichtig, dass wir uns mit starkem Bemühen der Praxis der vier großen hinführenden Vorbereitungen widmen. Damit diese Praxis effektiv ist, habe ich diese Richtlinien vorbereitet. Bitte setze sie aufrichtig ohne Ablenkungen um, denn mit Ablenkungen können wir nichts erreichen.

Geshe Kelsang Gyatso
4. Juni 2015
Tag des Drehens des Dharma Rades durch Buddha

Richtlinien zur Praxis der vier großen hinführenden Vorbereitungen des Mahamudra

Die vier großen hinführenden Vorbereitungen sind:

1. Die große hinführende Vorbereitung, Schulung in aufrichtiger Zufluchtnahme, dem Tor zum Eintritt in den Buddhismus, und Schulung im mitfühlenden Geist des Bodhichitta, dem Tor zum Eintritt in das Mahayana, den Hauptpfad zum Zustand der Erleuchtung
2. Die große hinführende Vorbereitung, Schulung in der Praxis der Reinigung, dem Tor zur Reinigung von nichttugendhaften Handlungen und Behinderungen
3. Die große hinführende Vorbereitung, Schulung in der Praxis der Mandala Darbringung, dem Tor zur Anhäufung der Ansammlung von Verdiensten und zur Erlangung eines erleuchteten Reinen Landes
4. Die große hinführende Vorbereitung, Schulung in Guru Yoga, dem Tor zum Empfangen von Segnungen

Diese vier großen hinführenden Vorbereitungen sind die besonderen vorbereitenden Übungen des Mahamudra und sehr kraftvolle Methoden, um unser Ziel zu erreichen.

Wie in Teil Eins erwähnt bedeutet die Vollendung der vier großen hinführenden Vorbereitungen im Allgemeinen, dass wir in der Praxis der Zuflucht hunderttausend Zufluchtsgebete ansammeln, in der Praxis der Meditation und Rezitation des Vajrasattva hunderttausend Vajrasattva Mantras ansammeln, in der Praxis der Mandala Darbringung hunderttausend Mandala Darbringungen ansammeln und in der Praxis des Guru Yoga hunderttausend *Migtsema* Bittgebete ansammeln.

WIE WIR DIE GROSSE HINFÜHRENDE VORBEREITUNG DER SCHULUNG IN AUFRICHTIGER ZUFLUCHTNAHME ÜBEN

In dieser Praxis müssen wir ein starkes Gefühl der Furcht vor einer Wiedergeburt in Samsara entwickeln und bewahren sowie tiefes Vertrauen in Buddha, Dharma und Sangha, wie in Teil Eins erklärt. Wir bewahren diese beiden Ursachen der Zuflucht und widmen uns der Zufluchtspraxis, wobei wir der Sadhana *Die Hunderte von Gottheiten des Freudvollen Landes gemäß Höchstem Yoga Tantra* folgen.

In dieser großen hinführenden Vorbereitung müssen wir hunderttausend Zufluchtsgebete ansammeln. Wir sollten dies in Verbindung mit der oben erwähnten Sadhana tun. Wir beginnen mit der *Visualisierung* der Zufluchtsobjekte und *Die Mahayana Zufluchtsgelübde ablegen*. Dann sammeln, oder zählen, wir das kurze Zufluchtsgebet, indem wir es geistig von Herzen rezitieren, während wir uns auf die Bedeutung konzentrieren. Dieses kurze Zufluchtsgebet wurde von Atisha verfasst. Ins Deutsche übersetzt lautet es:

> Bis wir Erleuchtung erlangen, nehmen ich und alle fühlenden Wesen
> Zuflucht zu Buddha, Dharma und Sangha.

Die Bedeutung dieses Gebets ist folgende: Das Wort «*Ich*» erinnert uns an unsere Entsagung, die uns selbst dauerhaft von Leiden befreien möchte, und «*alle fühlenden Wesen*» erinnert uns an unser Mitgefühl, das alle fühlenden Wesen dauerhaft von Leiden befreien möchte. Rezitieren wir «*Bis wir Erleuchtung erlangen, nehmen wir Zuflucht zu Buddha, Dharma und Sangha*», fassen wir den Entschluss und versprechen, während dieses Lebens und Leben für Leben, bis wir Erleuchtung erlangen, aufrichtig Zuflucht in Buddha, Dharma und Sangha zu suchen. Dieses Versprechen, das das Mahayana Zufluchtsgelübde ist und durch Entsagung und Mitgefühl motiviert ist, hindert uns daran, eine niedere Wiedergeburt als Tier, hungriger Geist oder Höllenwesen anzunehmen. Und es lässt uns eine kostbare Wiedergeburt als Mensch erlangen, die uns die Möglichkeit gibt, den reinen Buddhadharma des Höchsten Yoga Tantra Leben für Leben zu üben, bis wir Erleuchtung erlangen. Es gibt nichts, was sinnvoller ist.

Nachdem wir kurze Zufluchtsgebete angesammelt haben, beenden wir die verbleibenden Übungen in *Die Hunderte von Gottheiten des Freudvollen Landes gemäß Höchstem Yoga Tantra* und rezitieren von *Die Bodhisattva Gelübde gemäß Höchstem Yoga Tantra ablegen* bis zum Ende der letzten *Widmung*.

Wie in Teil Zwei erwähnt ist es für viele schwierig, Gebete laut zu rezitieren und sich auf die Bedeutung zu konzentrieren, da der Klang ihre Konzentration stört. Deshalb müssen wir damit vertraut werden, Gebete geistig von Herzen, ohne Klang, zu rezitieren. Das heißt, wir müssen unsere täglichen Gebete auswendig lernen.

WIE WIR DIE GROSSE HINFÜHRENDE VORBEREITUNG DER SCHULUNG IN DER PRAXIS DER REINIGUNG ÜBEN

Als Folge der nichttugendhaften Handlungen in früheren Leben, den Wert von Buddha, Dharma und Sangha abzulehnen, haben Tiere nun keine Gelegenheit, Dharma zu hören oder zu üben.

Obwohl wir Menschen eine solche Möglichkeit haben, ist die große Mehrzahl von uns nicht an Dharma interessiert. Denjenigen, die etwas Interesse an Dharma haben, fällt es beim Hören von Dharma schwer zu glauben, was der Dharma sagt. Sie entwickeln keine Freude, wenn sie kontemplieren, und wenn sie meditieren, entwickeln sie keine Verwirklichungen. Sie erleben so viele äußere und innere Hindernisse, dass sie nicht in der Lage sind, Dharma in reiner Weise zu üben. Auch dies sind Folgen der nichttugendhaften Handlung, in ihren früheren Leben den Wert von Buddha, Dharma und Sangha abzulehnen.

Wir sollten wissen, dass es nur am Reifen der Potenziale nichttugendhafter Handlungen, oder Karma, liegt, dass wir vielfältige Arten von Leiden und Problemen erleben. Insbesondere sind nichttugendhafte oder unangemessene Handlungen die Haupthindernisse für die Erlangung von Dharma Verwirklichungen, dem eigentlichen Schutz vor Leiden, und sie sind die Hauptursachen all unseres Leidens in diesem Leben und in zahllosen zukünftigen Leben. Indem wir dies verstehen und darüber nachdenken, werden wir starkes Bedauern entwickeln, die vielfältigen Arten nichttugendhafter Handlungen in unseren zahllosen früheren Leben angesammelt zu haben, und den starken Entschluss fassen, all diese genau jetzt zu reinigen. Wir meditieren kurz über diesen Entschluss und sollten ihn in die Praxis umsetzen.

Dann denken wir: Buddha lehrte viele unterschiedliche Methoden, um nichttugendhafte Handlungen, Übertretungen und gebrochene Verpflichtungen zu reinigen, doch die höchste Methode ist die Praxis der Meditation und Rezitation des Vajrasattva. Diese Übung ist eine wissenschaftliche Methode, unseren Geist zu reinigen und ihn von einem unreinen Geist in einen reinen Geist umzuwandeln, indem wir die Technik des Tantra anwenden.

Um den Geist der Lebewesen zu reinigen, erscheinen alle Buddhas eigens in der Form des Vajrasattva. Aus diesem Grund ist die Praxis der Meditation und Rezitation des Vajrasattva den anderen Übungen der Reinigung überlegen. Indem wir so denken, entwickeln und bewahren wir tiefes Vertrauen und tiefe Überzeugung in diese Praxis.

WIE WIR DIE MEDITATION UND REZITATION DES VAJRASATTVA ÜBEN

Als große hinführende Vorbereitung des Mahamudra sollten wir der Sadhana *Die Hunderte von Gottheiten des Freudvollen Landes gemäß Höchstem Yoga Tantra* folgen. Wir beginnen mit der *Visualisierung* der Zufluchtsobjekte bis hin zur *Reinigung*, dem dritten der sieben Glieder. Dann üben wir die kurze Sadhana des Vajrasattva wie folgt:

DIE KURZE SADHANA DES VAJRASATTVA

Visualisierung

Auf einem Mondkissen inmitten eines achtblättrigen Lotos
auf meinem Scheitel sitzt Guru Vajrasattva mit seiner
Gefährtin. Er ist untrennbar eins mit allen Buddhas der
zehn Richtungen. Er hat einen weißfarbigen Körper aus
Licht und schaut mich mit mitfühlenden Augen an.

Wir meditieren kurz über diese Visualisierung.

Bitten

O Guru Vajrasattva, ich habe keine andere Zuflucht
als Dich.
Bitte reinige dauerhaft meine Nichttugenden,
Übertretungen und gewöhnlichen Erscheinungen und
Vorstellungen. (3x)

Indem wir uns auf die Bedeutung dieser Bitte konzentrieren, rezitieren wir das folgende Vajrasattva Mantra geistig von Herzen und sammeln Rezitationen dieses Mantra:

OM VAJRASATTVA SARWA SIDDHI HUM

Aufgrund dieser Bitte schmelzen Vajrasattva Vater und Mutter zu weißem Licht, treten durch meinen Scheitel ein und lösen sich in die innere Dunkelheit meiner Nichttugenden, Übertretungen und gewöhnlichen Erscheinungen und Vorstellungen in meinem Herzen auf. Meine Nichttugenden, Übertretungen und gewöhnlichen Erscheinungen und Vorstellungen sind dauerhaft gereinigt.

Wir meditieren kurz über diesen Glauben.

Dann beenden wir die verbleibenden Übungen in Die Hunderte von Gottheiten des Freudvollen Landes gemäß Höchstem Yoga Tantra *und rezitieren von* Sicherfreuen *bis zum Ende der letzten* Widmung.

WIE WIR DIE GROSSE HINFÜHRENDE VORBEREITUNG DER SCHULUNG IN DER PRAXIS DER MANDALA DARBRINGUNG ÜBEN

Dies üben wir wie folgt: Indem wir darüber nachdenken, dass alle Phänomene, die wir normalerweise wahrnehmen, nicht existieren, wie in Teil Eins erklärt wurde, sollten wir die Wahrnehmung aller Phänomene, die wir normalerweise sehen oder wahrnehmen, das heißt gewöhnliche Erscheinung, vollständig stoppen. Dann wandeln wir durch die Kraft unseres richtigen Glaubens das ganze Universum in Buddhas Reines Land um und bringen dieses vollkommen reine Universum, Buddhas Reines Land, Guru Sumati Buddha Heruka dar, der von allen Buddhas der zehn Richtungen umgeben ist.

In dieser großen hinführenden Vorbereitung sammeln wir hunderttausend Mandala Darbringungen an. Wir tun dies in Verbindung mit der Sadhana *Die Hunderte von Gottheiten des Freudvollen Landes gemäß Höchstem Yoga Tantra*. Wir beginnen mit der *Visualisierung* der Zufluchtsobjekte bis zur *Mandala Darbringung*. Dann sollten wir mit dem kurzen Gebet der Mandala Darbringung die Mandala Darbringungen ansammeln, indem wir es geistig von Herzen rezitieren, während wir uns auf seine Bedeutung konzentrieren. Dieses kurze Gebet der Mandala Darbringung lautet:

Ich bringe Dir, Guru Sumati Buddha Heruka,
umgeben von allen Buddhas der zehn Richtungen,
Hundert Millionen der vier Kontinente, das ganze Universum, dar,
Umgewandelt in Buddhas Reines Land durch die Kraft meines richtigen Glaubens.
Möge ich schnell Erleuchtung erlangen, damit ich mühelos allen Lebewesen helfen werde.

IDAM GURU RATNA MANDALAKAM NIRYATAYAMI

Nachdem wir die Mandala Darbringungen angesammelt haben, beenden wir die verbleibende Sadhana und rezitieren von *Das* Migtsema *Bittgebet gemäß Höchstem Yoga Tantra* bis zum Ende der letzten *Widmung*.

WIE WIR DIE GROSSE HINFÜHRENDE VORBEREITUNG DER SCHULUNG IN DER GURU YOGA PRAXIS ÜBEN

In dieser Praxis sammeln wir hunderttausend *Migtsema* Bittgebete gemäß Höchstem Yoga Tantra an. Wir tun dies in Verbindung mit *Die Hunderte von Gottheiten des Freudvollen Landes gemäß Höchstem Yoga Tantra*. Wir beginnen mit der *Visualisierung* der Zufluchtsobjekte bis zu *Das* Migtsema *Bittgebet gemäß Höchstem Yoga Tantra rezitieren*. Dann sammeln wir Rezitationen dieses *Migtsema* Bittgebets an, indem wir es geistig von Herzen rezitieren, während wir uns auf die Bedeutung konzentrieren. Das *Migtsema* Bittgebet gemäß Höchstem Yoga Tantra lautet:

> O Guru Sumati Buddha Heruka, Vereinigung aller drei Linien in einer,
> Ich ersuche Dich, bitte vertreibe alle meine äußeren und inneren Hindernisse,
> Lass mein Geisteskontinuum reifen, befreie mich von dualistischer Erscheinung
> Und segne mich, damit ich mühelos allen Lebewesen helfen werde.

Durch die Praxis, dieses Bittgebet zu rezitieren, können wir unsere vier Ziele vollenden. Mit der ersten Zeile rufen wir das erleuchtete Wesen Guru Sumati Buddha Heruka herbei, der untrennbar eins mit unserem Wurzelguru, Je Tsongkhapa, Buddha Shakyamuni und Heruka ist, und bitten ihn unseren Körper, Rede und Geist zu segnen. Mit der zweiten Zeile bitten wir ihn unsere äußeren Hindernisse, die durch äußere Umstände hervorgerufen wurden, und unsere inneren Hindernisse, unsere Verblendungen, zu befrieden oder zu vertreiben. Mit der dritten Zeile bitten wir ihn unsere Buddha Natur, oder Buddha Samen, reifen zu lassen und uns von dualistischer Erscheinung zu befreien. Und mit der vierten Zeile bitten wir ihn uns die Fähigkeit zu gewähren, mühelos allen Lebewesen zu helfen. Wir können alle diese Ziele vollenden, indem wir aufgrund unserer aufrichtigen Bitten an ihn kraftvolle Segnungen von Guru Sumati Buddha Heruka empfangen.

Nachdem wir dieses *Migtsema* Bittgebet angesammelt haben, beenden wir die verbleibenden Übungen in *Die Hunderte von Gottheiten des Freudvollen Landes gemäß Höchstem Yoga Tantra* und rezitieren von *Bitte an den Herrn aller Überlieferungslinien* bis zum Ende der letzten *Widmung*.

Das *Migtsema* Bittgebet zu praktizieren hat die gleiche Funktion, wie die ganze Praxis *Die Hunderte von Gottheiten des Freudvollen Landes gemäß Höchstem Yoga Tantra* zu praktizieren. Es ist die Anleitung der mündlichen Überlieferungslinie, die aus der *Ganden Emanationssschrift* stammt, und ist ein sehr gesegnetes Gebet. Wir sollten dieses Gebet als unsere tägliche Praxis in unserem Herzen bewahren.

Wenn wir eine dieser vier großen hinführenden Vorbereitungen üben und mehr als eine Sitzung am Tag machen, sollten wir in den nachfolgenden Sitzungen genauso praktizieren wie in der ersten Sitzung.

Anhang II
Befreiendes Gebet

LOBPREIS AN BUDDHA SHAKYAMUNI

O Gesegneter, Shakyamuni Buddha,
Kostbarer Schatz des Mitgefühls,
Gewährer höchsten inneren Friedens,

Du, der ohne Ausnahme alle Wesen liebt,
Bist die Quelle von Glück und Güte
Und Du führst uns auf den befreienden Pfad.

Dein Körper ist ein wunscherfüllendes Juwel,
Deine Rede ist höchster, reinigender Nektar
Und Dein Geist ist Zuflucht für alle Lebewesen.

Mit gefalteten Händen wende ich mich an Dich,
Höchster, beständiger Freund.
Aus der Tiefe meines Herzens bitte ich Dich:

Bitte gib mir das Licht Deiner Weisheit,
Um die Dunkelheit meines Geistes zu vertreiben
Und mein Geisteskontinuum zu heilen.

Bitte nähre mich mit Deiner Güte,
Damit auch ich alle Wesen
Mit einem unaufhörlichen Festmahl der Freude
nähren kann.

Möge durch Deine mitfühlende Absicht,
Deine Segnungen und tugendhaften Taten
Und meinen starken Wunsch, mich auf Dich zu
verlassen,

Alles Leiden schnell beendet sein
Und alles Glück und alle Freude erfüllt werden;
Und möge heiliger Dharma für immer erblühen.

Kolophon: Dieses vom Ehrwürdigen Geshe Kelsang Gyatso Rinpoche verfasste Gebet wird immer am Anfang von Unterweisungen, Meditationen und Gebeten in den Zentren des Kadampa Buddhismus überall auf der Welt rezitiert.

Anhang III
Der schnelle Pfad zur großen Glückseligkeit

DIE AUSFÜHRLICHE
SELBSTERZEUGUNGSSADHANA
VON VAJRAYOGINI

von
Je Phabongkhapa

Einleitung

Die Anleitungen zur Höchsten Yoga Tantra Praxis der Ehrwürdigen Vajrayogini wurden von Buddha Vajradhara im siebenundvierzigsten und achtundvierzigsten Kapitel des *Zusammengefassten Wurzeltantra von Heruka* gelehrt. Die besondere Überlieferungslinie dieser Anleitungen, die Narokhachö Überlieferungslinie, wurde direkt von Vajrayogini an Naropa und von ihm in einer ungebrochenen Linie verwirklichter Praktizierender an die heutigen Lehrer überliefert.

Nachdem Buddha Vajradhara die Praxis gelehrt hatte, ließ er die Mandalas von Heruka und Vajrayogini an vierundzwanzig glückverheißenden Stätten in dieser Welt unversehrt. Deshalb gibt es auch heute noch zahllose Manifestationen von Vajrayogini in dieser Welt. Sie helfen aufrichtig Praktizierenden Verwirklichungen zu erlangen, indem sie ihr Geisteskontinuum segnen.

Die Praxis von Vajrayogini ist in vielerlei Hinsicht ideal für die heutige Zeit geeignet. Verlassen wir uns aufrichtig, mit einem guten Herzen und einem Geist von Vertrauen auf diese Praxis, dann ist es definitiv möglich, volle Erleuchtung zu erlangen. Um jedoch diese Ergebnisse zu erzielen, müssen wir die ausführliche Sadhana regelmäßig üben.

Die vorliegende Sadhana, *Der schnelle Pfad zur großen Glückseligkeit*, wurde vom großen Je Phabongkhapa verfasst. Im Vergleich zu anderen Sadhanas ist sie nicht sehr lang, doch sie enthält alle wesentlichen Übungen des Geheimen Mantra. Um die Sadhana erfolgreich zu üben, sollten wir zuerst die Ermächtigung von Vajrayogini erhalten und dann authentische Anleitungen zur Praxis studieren wie diejenigen im Kommentar *Führer ins Dakiniland*. Diese Sadhana ist sowohl für unsere regelmäßige tägliche Praxis als auch für ein Retreat geeignet. Wir können sie allein oder in einer Gruppe üben.

Geshe Kelsang Gyatso
1985

Guru Vajradharma

Der schnelle Pfad zur großen Glückseligkeit

DER YOGA DER UNERMESSLICHEN

Zuflucht nehmen

Im Raume vor mir erscheinen Guru Chakrasambara Vater und Mutter, umgeben von der Versammlung der Wurzel- und Liniengurus, Yidams, Drei Juwelen, Gefolge und Beschützer.

Stelle dir vor, dass du zusammen mit allen fühlenden Wesen Zuflucht nimmst, und rezitiere dreimal:

Von jetzt an bis wir die Essenz der Erleuchtung erlangen,
nehmen ich und alle fühlenden Wesen, die Wandernden so weit wie der Raum,
Zuflucht zu den glorreichen, heiligen Gurus,
Zuflucht zu den vollkommenen Buddhas, den Gesegneten,
Zuflucht zu den heiligen Dharmas,
Zuflucht zu den höheren Sanghas. (3x)

Bodhichitta erzeugen

Erzeuge Bodhichitta und die vier Unermesslichen, während du dreimal rezitierst:

Wenn ich den Zustand eines vollkommenen Buddha erlangt habe, werde ich alle fühlenden Wesen aus dem Ozean der Leiden Samsaras befreien und zur Glückseligkeit der vollen Erleuchtung führen. Deshalb werde ich die Stufen von Vajrayoginis Pfad praktizieren. (3x)

Segnungen empfangen

Nun rezitiere mit zusammengelegten Händen:

Ich verbeuge mich und nehme Zuflucht zu den Gurus und Drei kostbaren Juwelen. Bitte segnet mein Geisteskontinuum.

Aufgrund dieser Rezitation:

Die Zufluchtsobjekte vor mir schmelzen in die Form weißer, roter und dunkelblauer Lichtstrahlen. Diese lösen sich in mich auf und ich empfange ihre Segnungen von Körper, Rede und Geist.

Augenblickliche Selbsterzeugung

Augenblicklich werde ich die Ehrwürdige Vajrayogini.

Die innere Darbringung segnen

Reinige die innere Darbringung entweder mit dem Mantra, das aus den vier Mündern ausstrahlt, oder wie folgt:

OM KHANDAROHI HUM HUM PHAT
OM SÖBHAWA SHUDDHA SARWA DHARMA SÖBHAWA SHUDDHO HAM
Alles wird Leerheit.

Aus dem Zustand der Leerheit entsteht aus YAM Wind, aus RAM entsteht Feuer, aus AH ein Dreifuß aus drei Menschenköpfen. Darauf erscheint aus AH eine weite und ausgedehnte Schädelschale. In ihr entstehen aus OM, KHAM, AM, TRAM, HUM die fünf Nektare, aus LAM, MAM, PAM, TAM, BAM entstehen die fünf Fleischarten, jede mit diesen Buchstaben gekennzeichnet. Der Wind bläst, das Feuer lodert und die Substanzen innerhalb der Schädelschale schmelzen. Darüber entsteht aus HUM ein weißer, umgekehrter Khatanga, der in die Schädelschale

hineinfällt und schmilzt, wodurch die Substanzen die Farbe von Quecksilber annehmen. Über ihnen verwandeln sich drei Reihen von Vokalen und Konsonanten, die übereinander stehen, in OM AH HUM. Aus diesen ziehen Lichtstrahlen den Nektar der erhabenen Weisheit aus den Herzen aller Tathagatas, Helden und Yoginis der zehn Richtungen. Wenn dies hinzugefügt wird, vermehrt sich der Inhalt und wird unermesslich.
OM AH HUM (3x)

Die äußeren Darbringungen segnen

Nun segne die zwei Wasser, Blumen, Weihrauch, Lichter, Duft, Speisen und Musik.

OM KHANDAROHI HUM HUM PHAT
OM SÖBHAWA SHUDDHA SARWA DHARMA SÖBHAWA SHUDDHO HAM
Alles wird Leerheit.

Aus dem Zustand der Leerheit entstehen aus KAM Schädelschalengefäße, in denen aus HUM Darbringungssubstanzen entstehen. In ihrer Natur Leerheit, haben sie den Aspekt der einzelnen Darbringungssubstanzen und dienen den sechs Sinnen als Objekte des Vergnügens, um eine besondere, nichtverunreinigte Glückseligkeit zu gewähren.

OM AHRGHAM AH HUM
OM PADÄM AH HUM
OM VAJRA PUPE AH HUM
OM VAJRA DHUPE AH HUM
OM VAJRA DIWE AH HUM
OM VAJRA GÄNDHE AH HUM
OM VAJRA NEWIDE AH HUM
OM VAJRA SHAPTA AH HUM

Meditation und Rezitation des Vajrasattva

Auf meinem Scheitel, auf einem Lotos und Mondsitz, sitzen Vajrasattva Vater und Mutter in Umarmung. Sie haben weißfarbige Körper, ein Gesicht und zwei Hände, halten Vajra und Glocke und gekrümmtes Messer und Schädelschale. Der Vater ist mit sechs Mudras geschmückt, die Mutter mit fünf. Sie sitzen in der Vajra- und Lotoshaltung. Auf einem Mond in seinem Herzen ist ein HUM, umgeben vom Mantrakranz. Davon strömt weißer Nektar herab, der alle Krankheiten, Geister, Negativität und Hindernisse reinigt.

OM VAJRA HERUKA SAMAYA, MANU PALAYA, HERUKA TENO PATITA, DRIDHO ME BHAWA, SUTO KAYO ME BHAWA, SUPO KAYO ME BHAWA, ANURAKTO ME BHAWA, SARWA SIDDHI ME PRAYATZA, SARWA KARMA SUTZA ME, TZITAM SHRIYAM KURU HUM, HA HA HA HA HO BHAGAWÄN, VAJRA HERUKA MA ME MUNTSA, HERUKA BHAWA, MAHA SAMAYA SATTVA AH HUM PHAT

Rezitiere das Mantra einundzwanzigmal und stelle dir dann vor:

Vajrasattva Vater und Mutter lösen sich in mich auf und meine drei Tore werden untrennbar von Körper, Rede und Geist Vajrasattvas.

DER YOGA DES GURUS

Visualisierung

Im Raume vor mir entsteht aus der Erscheinung der erhabenen Weisheit nichtdualer Reinheit und Klarheit ein himmlischer Palast, quadratisch mit vier Toren, Ornamenten und Torbögen, vollendet mit allen wesentlichen Merkmalen. In der Mitte, auf einem juwelengeschmückten Thron, von acht großen Löwen getragen, auf einem Sitz aus einem mehrfarbigen Lotos, einer Sonne und einem Mond sitzt mein gütiger Wurzelguru im Aspekt Buddha Vajradharmas. Er hat einen rotfarbigen Körper, ein Gesicht und zwei Hände, die an seinem Herzen gekreuzt sind und einen Vajra und eine Glocke halten. Sein Haar ist auf dem Scheitel zu einem Knoten gebunden und er sitzt mit gekreuzten Beinen in der Vajrahaltung. Er nimmt die Form eines Sechzehnjährigen in der Blüte seiner Jugend an, geschmückt mit Seidengewändern und allen Schmuckstücken aus Knochen und Juwelen.

Vor ihm beginnend und im Gegenuhrzeigersinn um ihn herum, sind alle Überlieferungsliniengurus von Buddha Vajradhara bis zu meinem Wurzelguru. Sie sind im Aspekt des Helden Vajradharma mit rotfarbigen Körpern, einem Gesicht und zwei Händen. Ihre rechten Hände spielen Damarus, die vom Klang der Glückseligkeit und Leerheit widerhallen. Ihre linken Hände halten an ihren Herzen mit Nektar gefüllte Schädelschalen und ihre linken Ellbogen halten Khatangas. Sie sitzen mit gekreuzten Beinen in der Vajrahaltung. In der Blüte ihrer Jugend sind sie mit sechs Knochenornamenten geschmückt.

Das Oberhaupt und sein ganzes Gefolge haben an ihrer Stirn ein OM, in ihrem Hals ein AH und in ihrem Herzen ein HUM. Aus dem HUM in seinem Herzen strömen Lichtstrahlen und laden die Gurus, Yidams, Scharen von Mandala Gottheiten und die Versammlung der Buddhas, Bodhisattvas, Helden, Dakinis, Dharmapalas und Beschützer aus ihren natürlichen Bereichen ein.

OM VAJRA SAMADZA DZA HUM BAM HO
Jeder wird in seiner Natur die Synthese aller Zufluchtsobjekte.

Verbeugung

Rezitiere mit zusammengelegten Handflächen:

Vajrahalter, mein juwelengleicher Guru,
Durch dessen Güte ich in einem Augenblick
Den Zustand großer Glückseligkeit erlangen kann,
Zu Deinen Lotosfüßen verbeuge ich mich in Demut.

Darbringungsgöttinnen strahlen aus meinem Herzen aus und bringen Gaben dar.

Äußere Darbringungen

OM AHRGHAM PARTITZA SÖHA
OM PADÄM PARTITZA SÖHA
OM VAJRA PUPE AH HUM SÖHA
OM VAJRA DHUPE AH HUM SÖHA
OM VAJRA DIWE AH HUM SÖHA
OM VAJRA GÄNDHE AH HUM SÖHA
OM VAJRA NEWIDE AH HUM SÖHA
OM VAJRA SHAPTA AH HUM SÖHA

OM AH VAJRA ADARSHE HUM
OM AH VAJRA WINI HUM
OM AH VAJRA GÄNDHE HUM
OM AH VAJRA RASE HUM
OM AH VAJRA PARSHE HUM
OM AH VAJRA DHARME HUM

Innere Darbringung

OM GURU VAJRA DHARMA SAPARIWARA OM AH HUM

Geheime Darbringung

Stelle dir vor, dass zahllose Wissensgöttinnen wie Pemachän aus deinem Herzen ausstrahlen und die Form Vajrayoginis annehmen. Guru Vater und Mutter umarmen sich und erleben nichtverunreinigte Glückseligkeit.

Und ich bringe äußerst anziehende illusorische Mudras dar,
Eine Schar von Boten, in den Stätten, aus Mantras und auf spontane Weise geboren,
Mit anmutigen Körpern, gewandt in den vierundsechzig Künsten der Liebe
Und in der Pracht jugendlicher Schönheit.

Dasheitsdarbringung

Erinnere dich daran, dass die drei Kreise der Darbringung untrennbare Glückseligkeit und Leerheit sind.

Ich bringe Euch den höchsten, endgültigen Bodhichitta dar,
Eine große, erhabene Weisheit spontaner Glückseligkeit, frei von Behinderungen,
Untrennbar von der Natur aller Phänomene, der Sphäre der Freiheit von Ausschmückung,
Mühelos und jenseits von Worten, Gedanken und Ausdruck.

Unsere spirituelle Praxis darbringen

Ich nehme Zuflucht zu den Drei Juwelen
Und bekenne einzeln jede negative Handlung.
Ich erfreue mich an den Tugenden aller Wesen
Und verspreche, die Erleuchtung eines Buddha zu vollenden.

Bis ich erleuchtet bin, nehme ich Zuflucht
Zu Buddha, Dharma und der erhabenen Versammlung,
Und um meine Ziele und die Ziele anderer zu erfüllen,
Werde ich den Erleuchtungsgeist erzeugen.

Wenn ich den Geist der erhabenen Erleuchtung erzeugt habe,
Werde ich alle fühlenden Wesen einladen meine Gäste zu sein,
Und die freudebringenden, höchsten Übungen der Erleuchtung ausführen.
Möge ich Buddhaschaft erlangen, um den Wandernden zu helfen.

Kusali Tsogdarbringung

Mein eigener Geist, die mächtige Dame des Dakinilandes, nur so groß wie ein Daumen, verlässt durch meinen Scheitel den Körper und tritt meinem Wurzelguru gegenüber. Noch einmal kehre ich zurück und trenne den Schädel von meinem alten Körper und setze ihn auf einen spontan erschienenen Dreifuß aus drei Menschenköpfen. Ich zerhacke den Rest meines Fleisches, Blutes und meiner Knochen und fülle ihn hinein. Mit weit geöffneten Augen starrend reinige, verwandle und vermehre ich ihn in einen Ozean von Nektar.
OM AH HUM HA HO HRIH (3x)

Unzählige Darbringungsgöttinnen, die Schädelschalen halten, strahlen aus meinem Herzen aus. Mit den Schädelschalen schöpfen sie Nektar und bringen ihn den Gästen dar. Sie nehmen ihn an, indem sie ihn durch ihre Zungen, Halme aus Vajralicht, ziehen.

Ich bringe diesen Nektar der Verpflichtungssubstanz
Meinem Wurzelguru, der Natur der vier [Buddha-] Körper, dar.
Mögest Du Dich erfreuen.
OM AH HUM (7x)

Ich bringe diesen Nektar der Verpflichtungssubstanz
Den Gurus der Überlieferungslinie, Quelle der Erlangungen, dar.
Möget Ihr Euch erfreuen.
OM AH HUM

Ich bringe diesen Nektar der Verpflichtungssubstanz
Der Versammlung der Gurus, Yidams, Drei Juwelen und Beschützer dar.
Möget Ihr Euch erfreuen.
OM AH HUM

Ich bringe diesen Nektar der Verpflichtungssubstanz
Den Wächtern, die in den hiesigen Orten und den Regionen wohnen, dar.
Möget ihr mir beistehen.
OM AH HUM

Ich bringe diesen Nektar der Verpflichtungssubstanz
Allen fühlenden Wesen in den sechs Bereichen und im Zwischenzustand dar.
Möget ihr befreit sein.
OM AH HUM

Durch diese Darbringung sind alle Gäste von nichtverunreinigter Glückseligkeit gesättigt
Und alle fühlenden Wesen erlangen den Wahrheitskörper, frei von Behinderungen.
Die drei Kreise der Darbringung haben die Natur nichtdualer Glückseligkeit und Leerheit,
Jenseits von Worten, Gedanken und Ausdruck.

Das Mandala darbringen

OM VAJRA BHUMI AH HUM
Großer und mächtiger, goldener Grund,
OM VAJRA REKHE AH HUM
Am Rande um den äußeren Ring steht der eiserne Zaun.
In der Mitte der Berg Meru, König aller Berge,
Rund um diesen liegen vier Kontinente:
Im Osten Purvavideha, im Süden Jambudipa,
Im Westen Aparagodaniya, im Norden Uttarakuru.
Jeder hat zwei Subkontinente:
Deha und Videha, Tsamara und Abatsamara,
Satha und Uttaramantrina, Kurava und Kaurava.
Der Berg aus Juwelen, der wunscherfüllende Baum,
Die wunscherfüllende Kuh und die ungesäte Ernte.
Das kostbare Rad, das kostbare Juwel,
Die kostbare Königin, der kostbare Minister,

Held Vajradharma

Der kostbare Elefant, das kostbare, erhabene Pferd,
Der kostbare General und die große Schatzvase.
Die Göttin der Schönheit, die Göttin der Girlanden,
Die Göttin des Gesangs, die Göttin des Tanzes,
Die Göttin der Blumen, die Göttin des Weihrauches,
Die Göttin des Lichts, die Göttin des Duftes.
Die Sonne, der Mond, der kostbare Schirm,
Das Siegesbanner in allen Richtungen.
In der Mitte alle Schätze der Götter und Menschen,
Eine erlesene Ansammlung, in der nichts fehlt.
All dies bringe ich Dir, meinem gütigen Wurzelguru, und den Gurus der Überlieferungslinie dar,
All Euch heiligen und glorreichen Gurus.
Bitte nehmt es aus Mitgefühl für die Wandernden an,
Und nachdem Ihr es angenommen habt, gewährt uns bitte Eure Segnungen.

O Schatz des Mitgefühls, meine Zuflucht, mein Beschützer,
Dir bringe ich den Berg, Kontinente, Kostbarkeiten, Schatzvase, Sonne und Mond dar,
Entstanden aus meinen Anhäufungen, Quellen und Elementen
Als Aspekte der erhabenen Weisheit spontaner Glückseligkeit und Leerheit.

Ohne Gefühl von Verlust bringe ich die Objekte dar,
Die in mir Anhaftung, Hass und Verwirrung erzeugen,
Meine Freunde, Feinde und Fremde, unsere Körper und Vergnügen.
Bitte nehmt dies an und segnet mich, damit ich sofort von den drei Giften befreit werde.

IDAM GURU RATNA MANDALAKAM NIRYATAYAMI

Bitten an die Gurus der Überlieferungslinie

Vajradharma, Herr der Familie des Ozeans der Eroberer,
Vajrayogini, erhabene Mutter der Eroberer,
Naropa, mächtiger Sohn der Eroberer,
Ich ersuche Euch, bitte gewährt die spontan geborene erhabene Weisheit.

Pamtingpa, Halter der Erklärungen der großen Geheimnisse für Schüler,
Sherab Tseg, Du bist ein Schatz aller kostbaren Geheimnisse,
Malgyur Lotsawa, Herr des Ozeans des Geheimen Mantra,
Ich ersuche Euch, bitte gewährt die spontan geborene erhabene Weisheit.

Großer Sakya Lama, Du bist der mächtige Vajradhara,
Ehrwürdiger Sönam Tsemo, erhabener Vajrasohn,
Dragpa Gyaltsen, Kronjuwel der Vajrahalter,
Ich ersuche Euch, bitte gewährt die spontan geborene erhabene Weisheit.

Großer Sakya Pandita, Meister der Gelehrten vom Lande des Schnees,
Drogön Chögyel Pagpa, Kronjuwel aller Wesen der drei Ebenen,
Shangtön Chöje, Halter der Sakya Lehre,
Ich ersuche Euch, bitte gewährt die spontan geborene erhabene Weisheit.

Nasa Dragpugpa, mächtiger Vollendeter,
Sönam Gyaltsen, Steuermann der Gelehrten und höchst Vollendeten,
Yarlungpa, Herr der geflüsterten Überlieferungslinie der Familie der Vollendeten,
Ich ersuche Euch, bitte gewährt die spontan geborene erhabene Weisheit.

Gyalwa Chog, Zuflucht und Beschützer aller Wandernden,
sowohl für mich als auch andere,
Jamyang Namka, Du bist ein großes Wesen,
Lodrö Gyaltsen, großes Wesen und Herr des Dharma,
Ich ersuche Euch, bitte gewährt die spontan geborene
erhabene Weisheit.

Jetsun Doringpa, Deine Güte ist unvergleichlich,
Tenzin Losel, Du hast im Einklang mit den Worten [des
Gurus] praktiziert,
Kyentse, Erklärer der großen, geheimen Überlieferungslinie
der Worte,
Ich ersuche Euch, bitte gewährt die spontan geborene
erhabene Weisheit.

Labsum Gyaltsen, Halter der Mantra Familien,
Glorreicher Wangchug Rabtän, alles durchdringender Herr
der hundert Familien,
Jetsun Kangyurpa, Oberhaupt der Familien,
Ich ersuche Euch, bitte gewährt die spontan geborene
erhabene Weisheit.

Shaluwa, alles durchdringender Herr des Ozeans der
Mandalas,
Kyenrabje, Oberhaupt aller Mandalas,
Morchenpa, Herr des Kreises der Mandalas,
Ich ersuche Euch, bitte gewährt die spontan geborene
erhabene Weisheit.

Näsarpa, Steuermann im Ozean der geflüsterten
Überlieferungslinien,
Losäl Phüntsog, Herr der geflüsterten Überlieferungslinien,
Tenzin Trinlay, Gelehrter, der die geflüsterten Überliefe-
rungslinien gefördert hat,
Ich ersuche Euch, bitte gewährt die spontan geborene
erhabene Weisheit.

Kangyurpa, alles durchdringender Herr, der die Ganden Lehre wahrt,
Ganden Dargyay, Freund der Wandernden in degenerierten Zeiten,
Dharmabhadra, Halter der Ganden Tradition,
Ich ersuche Euch, bitte gewährt die spontan geborene erhabene Weisheit.

Losang Chöpel, Herr der Sutras und Tantras,
Du hast die Essenz der Pfade aller Sutras und Tantras vollendet,
Jigme Wangpo, Gelehrter, der die Sutras und Tantras förderte,
Ich ersuche Euch, bitte gewährt die spontan geborene erhabene Weisheit.

Dechen Nyingpo, Du hast die Segnungen Naropas,
Um im Einklang mit Naropa
Die Essenz der ausgezeichneten, reifenden und befreienden Pfade der Naro Dakini vollkommen zu erklären,
Ich ersuche Dich, bitte gewähre die spontan geborene erhabene Weisheit.

Losang Yeshe, Vajradhara,
Du bist eine Schatzkammer der Unterweisungen über die reifenden und befreienden [Pfade] der Vajrakönigin,
Den höchsten, schnellen Pfad, um den Vajrazustand zu erlangen,
Ich ersuche Dich, bitte gewähre die spontan geborene erhabene Weisheit.

Kelsang Gyatso, Du hast all die tiefgründigen, essenziellen und erhabenen Zustände vollendet,
Du bist die mitfühlende Zuflucht und der Beschützer aller fühlenden Mutterwesen,
Du enthüllst den fehlerlosen Pfad.
Ich ersuche Dich, bitte gewähre die spontan geborene erhabene Weisheit. (3x)

Mein gütiger Wurzelguru, Vajradharma,
Du bist die Verkörperung aller Eroberer,
Der die Segnungen der Rede aller Buddhas gewährt,
Ich ersuche Dich, bitte gewähre die spontan geborene erhabene Weisheit.

Bitte segnet mich, damit ich durch die Kraft der Meditation
Über den Dakini Yoga der tiefgründigen Erzeugungsstufe
Und den Yoga des Zentralkanals der Vollendungsstufe
Die erhabene Weisheit der spontanen großen Glückseligkeit erzeugen möge und den erleuchteten Dakini Zustand erlange.

Die Segnungen der vier Ermächtigungen empfangen

Ich bitte Dich, o Guru, Vereinigung aller Zufluchtsobjekte,
Bitte gewähre mir Deine Segnungen,
Bitte gewähre mir die vier Ermächtigungen vollständig
Und gewähre mir bitte den Zustand der vier Körper. (3x)

Stelle dir aufgrund deiner Bitten vor:

Weiße Lichtstrahlen und Nektare strömen aus dem OM an der Stirn meines Gurus.
Sie lösen sich in meine Stirn auf und reinigen die Negativität und die Behinderungen meines Körpers.
Ich erhalte die Vasenermächtigung und die Segnungen des Körpers meines Gurus treten in meinen Körper ein.

Rote Lichtstrahlen und Nektare strömen aus dem AH im Hals meines Gurus.
Sie lösen sich in meinen Hals auf und reinigen die Negativität und die Behinderungen meiner Rede.
Ich erhalte die geheime Ermächtigung und die Segnungen der Rede meines Gurus treten in meine Rede ein.

Ehrwürdige Vajrayogini

Blaue Lichtstrahlen und Nektare strömen aus dem HUM im Herzen meines Gurus.
Sie lösen sich in mein Herz auf und reinigen die Negativität und die Behinderungen meines Geistes.
Ich erhalte die Ermächtigung der Weisheitsmudra und die Segnungen des Geistes meines Gurus treten in meinen Geist ein.

Weiße, rote und blaue Lichtstrahlen und Nektare strömen aus den Buchstaben an den drei Stellen meines Gurus.
Sie lösen sich in meine drei Stellen auf und reinigen die Negativität und die Behinderungen meines Körpers, meiner Rede und meines Geistes.
Ich erhalte die vierte Ermächtigung, die kostbare Wortermächtigung, und die Segnungen von Körper, Rede und Geist meines Gurus treten in meinen Körper, meine Rede und meinen Geist ein.

Kurze Bitte

Mein kostbarer Guru, die Essenz aller Buddhas der drei Zeiten,
ich ersuche Dich, bitte segne mein Geisteskontinuum. (3x)

Die Gurus in uns aufnehmen

Auf diese Bitte hin lösen sich die Überlieferungsliniengurus in meinen Wurzelguru in der Mitte auf. Auch mein Wurzelguru schmilzt aus Zuneigung zu mir in die Form roten Lichts und tritt durch meinen Scheitel ein. Er mischt sich untrennbar mit meinem Geist im Aspekt eines roten Buchstabens BAM in meinem Herzen.

DER YOGA DER SELBSTERZEUGUNG

Den Tod in den Pfad zum Wahrheitskörper bringen

Dieser Buchstabe BAM wird größer und dehnt sich bis ans Ende des Raumes aus. Dadurch werden alle Welten

und deren Wesen zur Natur von Glückseligkeit und Leerheit. Dann zieht er sich langsam von den Rändern her wieder zusammen und wird zu einem winzig kleinen Buchstaben BAM, der sich von unten stufenweise in das Nada auflöst. Dann verschwindet sogar das Nada und wird der Wahrheitskörper untrennbarer Glückseligkeit und Leerheit.
OM SHUNYATA GYANA VAJRA SÖBHAWA ÄMAKO HAM

Den Zwischenzustand in den Pfad zum Freudenkörper bringen

Aus dem Zustand der Leerheit, in dem sich alle Erscheinung versammelt hat, erscheint ein roter Buchstabe BAM, senkrecht im Raum stehend, in seiner Essenz ein Aspekt meines eigenen Geistes, die erhabene Weisheit nichtdualer Glückseligkeit und Leerheit.

Die Wiedergeburt in den Pfad zum Emanationskörper bringen

Aus dem Zustand der Leerheit entsteht aus EH EH eine rote Phänomenenquelle, ein Doppeltetraeder. Darin entsteht aus AH ein weißes Mondmandala mit einem rötlichen Schimmer. Darauf steht im Gegenuhrzeigersinn das Mantra OM OM OM SARWA BUDDHA DAKINIYE VAJRA WARNANIYE VAJRA BEROTZANIYE HUM HUM HUM PHAT PHAT PHAT SÖHA. Ich, der Buchstabe BAM im Raum, sehe den Mond und mit der Motivation, in seiner Mitte wiedergeboren zu werden, trete ich in die Mitte des Mondes ein.

Lichtstrahlen strömen aus dem Mond, dem Buchstaben BAM und dem Mantrakranz und verwandeln alle Welten und Wesen Samsaras und Nirvanas in die Natur der Ehrwürdigen Vajrayogini. Sie sammeln sich wieder und lösen sich in den Buchstaben BAM und den Mantrakranz auf, die sich völlig in das getragene und tragende Mandala von Vajrayogini verwandeln, vollständig und auf einmal.

Prüfende Meditation über das Mandala und seine Wesen

Des Weiteren gibt es den Vajragrund, Zaun, Zelt und Baldachin, umgeben von einem Meer lodernder, fünffarbiger Feuer, die im Gegenuhrzeigersinn wirbeln. Darin ist der Kreis der acht großen Friedhöfe, Der Grimmige und so weiter. In deren Mitte ist eine rote Phänomenenquelle, ein Doppeltetraeder. Die Grundfläche ist nach oben und die Spitze nach unten gerichtet. Außer der vorderen und hinteren sind alle anderen vier Ecken mit einem rosaroten Glückseligkeitswirbel geschmückt, der sich im Gegenuhrzeigersinn dreht.

Innerhalb der Phänomenenquelle in der Mitte eines achtblättrigen, vielfarbigen Lotos ist ein Sonnenmandala. Darauf entstehe ich in der Form der Ehrwürdigen Vajrayogini. Mein ausgestrecktes rechtes Bein tritt auf die Brust der roten Kalarati. Mein angewinkeltes linkes Bein tritt auf den Kopf des schwarzen Bhairawa, der nach hinten gebeugt ist. Ich habe einen rotfarbigen Körper, der wie der Glanz des Äonenfeuers leuchtet. Ich habe ein Gesicht, zwei Hände und drei Augen, die in die Richtung des Reinen Landes der Dakinis schauen. Meine rechte Hand, ausgestreckt und nach unten zeigend, hält ein gekrümmtes Messer, das mit einem Vajra geschmückt ist. Meine linke hält eine Schädelschale empor, mit Blut gefüllt, aus der ich mit nach oben gerichtetem Mund trinke. Auf meiner linken Schulter ruht ein Khatanga, geschmückt mit einem Vajra. Daran hängen Damaru, Glocke und dreifaches Banner. Mein schwarzes, glatt herabfallendes Haar bedeckt meinen Rücken bis zur Taille. Ich bin in der Blüte meiner Jugend, meine begehrenden Brüste sind voll und ich zeige die Art, wie Glückseligkeit erzeugt wird. Mein Haupt ist mit fünf Menschenschädeln geschmückt und ich trage eine Halskette aus fünfzig

Menschenschädeln. Nackt, mit fünf Mudras geschmückt, stehe ich in der Mitte eines lodernden Feuers erhabener Weisheit.

DER YOGA DER REINIGUNG DER WANDERNDEN

In meinem Herzen ist innerhalb einer roten Phänomenenquelle, einem Doppeltetraeder, ein Mondmandala. In seiner Mitte ist ein Buchstabe BAM, umgeben von einem Mantrakranz. Aus diesen strömen Lichtstrahlen, die durch die Poren meiner Haut austreten. Sie berühren alle fühlenden Wesen der sechs Bereiche und reinigen ihre Negativität und ihre Behinderungen sowie deren Prägungen, und verwandeln sie alle in die Form Vajrayoginis.

DER YOGA DER SEGNUNG DURCH DIE HELDEN UND HELDINNEN

Meditation über das Körpermandala

In meinem Herzen ist in der Mitte einer Phänomenenquelle und eines Mondsitzes ein Buchstabe BAM, der die Natur der vier Elemente ist. Er teilt sich auf und verwandelt sich in die vier Buchstaben YA, RA, LA, WA, die die Samen der vier Elemente sind. Sie sind die Natur der Blütenblätter der vier Richtungen des Herzkanals, wie Der Begehrende. Von links beginnend verwandeln sie sich in Lama, Khandarohi, Rupini und Dakini. In der Mitte verwandeln sich Mondsichel, Tropfen und Nada des Buchstabens BAM, dessen Natur die Vereinigung meines sehr subtilen roten und weißen Tropfens ist, in die Ehrwürdige Vajrayogini.

Außerhalb von diesen befinden sich der Reihe nach die Kanäle, wie Der Unveränderliche, der vierundzwanzig Stellen des Körpers, wie Haaransatz und Scheitel, und die vierundzwanzig Elemente, aus denen die Nägel, Zähne und so weiter stammen. Diese Kanäle und Elemente, die von Natur aus untrennbar sind, werden zur Natur der vierundzwanzig Buchstaben des Mantra OM OM OM und so weiter, die von Osten her im Gegenuhrzeigersinn angeordnet sind. Diese verwandeln sich in die acht Heldinnen der Herzfamilie: Partzandi, Tzändriakiya, Parbhawatiya, Mahanasa, Biramatiya, Karwariya, Lamkeshöriya und Drumatzaya; die acht Heldinnen der Sprachfamilie: Airawatiya, Mahabhairawi, Bayubega, Surabhakiya, Shamadewi, Suwatre, Hayakarne und Khaganane; und die acht Heldinnen der Körperfamilie: Tzatrabega, Khandarohi, Shaundini, Tzatrawarmini, Subira, Mahabala, Tzatrawartini und Mahabire. Das sind die eigentlichen Yoginis, die untrennbar von den Helden der vierundzwanzig äußeren Stätten wie Puliramalaya sind. Die Kanäle und Elemente der acht Tore wie dem Mund, von Natur aus untrennbar von den acht Buchstaben HUM HUM und so weiter, verwandeln sich in Kakase, Ulukase, Shönase, Shukarase, Yamadhathi, Yamaduti, Yamadangtrini und Yamamatani. Sie alle haben die Körperform der Ehrwürdigen Dame, vollständig mit allen Schmuckstücken und Einzelheiten versehen.

Die Weisheitswesen in uns aufnehmen und die drei Boten mischen

Führe die lodernde Mudra aus und rezitiere:

PHÄM
Lichtstrahlen strömen aus dem Buchstaben BAM in meinem Herzen durch den Punkt zwischen meinen Augenbrauen in die zehn Richtungen. Sie laden alle Tathagatas, Helden und Yoginis der zehn Richtungen im Aspekt Vajrayoginis ein.
DZA HUM BAM HO

Die Weisheitswesen werden herbeigerufen, lösen sich auf, verweilen und sind entzückt. Rezitiere jetzt mit der Mudra des Lotosdrehens, gefolgt von der Mudra des Umarmens:

OM YOGA SHUDDHA SARWA DHARMA YOGA SHUDDHO HAM
Ich bin die Natur des Yoga der vollkommenen Reinheit aller Phänomene.

Denke über göttlichen Stolz nach.

Die Rüstung anlegen

An Stellen in meinem Körper entstehen Mondmandalas. Darauf ist an meinem Nabel rot OM BAM, Vajravarahi, an meinem Herzen blau HAM YOM, Yamani, an meinem Hals weiß HRIM MOM, Mohani, an meiner Stirn gelb HRIM HRIM, Sachalani, auf meinem Scheitel grün HUM HUM, Samtrasani, an allen meinen Gliedern rauchfarbig PHAT PHAT, Essenz der Chandika.

Die Ermächtigung gewähren und den Scheitel schmücken

PHÄM
Lichtstrahlen strömen aus dem Buchstaben BAM in meinem Herzen und laden die Ermächtigungsgottheiten ein, das getragene und tragende Mandala des Glorreichen Chakrasambara.

O all Ihr Tathagatas, bitte gewährt die Ermächtigung.

Auf diese Bitte hin vertreiben die acht Göttinnen der Tore Hindernisse, die Helden rezitieren glückverheißende Verse, die Heldinnen singen Vajralieder und die Rupavajras und so weiter bringen Gaben dar. Das Oberhaupt beschließt die Ermächtigung zu gewähren und die vier Mütter, zusammen mit Varahi, halten juwelenbesetzte Vasen, mit den fünf Nektaren gefüllt, und verleihen die Ermächtigung durch meinen Scheitel.

«So wie alle Tathagatas
Im Augenblick der Geburt [Buddhas] die Waschung gewährten,

Ebenso gewähren wir nun die Waschung
Mit dem reinen Wasser der Götter.

OM SARWA TATHAGATA ABHIKEKATA SAMAYA SHRIYE HUM»

Während sie dies sagen, gewähren sie die Ermächtigung. Mein ganzer Körper ist erfüllt, alle Makel sind gereinigt und das überschüssige Wasser auf meinem Scheitel verwandelt sich in Vairochana-Heruka zusammen mit der Mutter, die meinen Scheitel schmücken.

Darbringungen an die Selbsterzeugung

Bei der Selbsterzeugung in Verbindung mit der Selbsteinweihung müssen an dieser Stelle die äußeren Darbringungen gesegnet werden.

Darbringungsgöttinnen strahlen aus meinem Herzen aus und bringen Gaben dar.

Äußere Darbringungen

OM AHRGHAM PARTITZA SÖHA
OM PADÄM PARTITZA SÖHA
OM VAJRA PUPE AH HUM SÖHA
OM VAJRA DHUPE AH HUM SÖHA
OM VAJRA DIWE AH HUM SÖHA
OM VAJRA GÄNDHE AH HUM SÖHA
OM VAJRA NEWIDE AH HUM SÖHA
OM VAJRA SHAPTA AH HUM SÖHA

OM AH VAJRA ADARSHE HUM
OM AH VAJRA WINI HUM
OM AH VAJRA GÄNDHE HUM
OM AH VAJRA RASE HUM
OM AH VAJRA PARSHE HUM
OM AH VAJRA DHARME HUM

Innere Darbringung

OM OM OM SARWA BUDDHA DAKINIYE VAJRA WARNANIYE VAJRA BEROTZANIYE HUM HUM HUM PHAT PHAT PHAT SÖHA OM AH HUM

Geheime und Dasheitsdarbringung

Um die geheime und die Dasheitsdarbringung zu machen, stelle dir entweder vor:

Ich, Vajrayogini, stehe in Vereinigung mit Chakrasambara, der sich aus meinem Khatanga verwandelt hat, und erzeuge spontane Glückseligkeit und Leerheit.

Oder stelle dir vor, dass du dich als Vajrayogini in Heruka umwandelst und mit göttlichem Stolz die geheime und Dasheitsdarbringung machst:

Mit der Klarheit Vajrayoginis gebe ich meine Brüste auf und entwickle einen Penis. An der vollkommenen Stelle in der Mitte meiner Vagina verwandeln sich die zwei Wände in zwei glockenähnliche Hoden und das Staubgefäß in den Penis selbst. So nehme ich die Form des Große Freude-Heruka an, zusammen mit der Geheime Mutter-Vajrayogini, deren Natur die Synthese aller Dakinis ist.

Aus der Sphäre der Nichtbeobachtbarkeit der geheimen Stelle des Vaters entsteht aus einem weißen HUM ein weißer, fünfzackiger Vajra. Aus einem roten BÄ entsteht ein rotes Juwel, dessen Spitze mit einem gelben BÄ gekennzeichnet ist.

Aus der Sphäre der Nichtbeobachtbarkeit der geheimen Stelle der Mutter entsteht aus AH ein roter Lotos mit drei Blütenblättern, und aus einem weißen DÄ entsteht ein weißes Staubgefäß, das den weißen Bodhichitta symbolisiert und dessen Spitze mit einem gelben DÄ gekennzeichnet ist.

OM SHRI MAHA SUKHA VAJRA HE HE RU RU KAM AH HUM HUM PHAT SÖHA

Durch die Versenkung von Vater und Mutter in Vereinigung schmilzt der Bodhichitta. Wenn er von meinem Scheitel aus meinen Hals erreicht, [erlebe ich] Freude. Wenn er von meinem Hals aus mein Herz erreicht, [erlebe ich] erhabene Freude. Wenn er von meinem Herzen aus meinen Nabel erreicht, [erlebe ich] außerordentliche Freude. Wenn er von meinem Nabel aus die Spitze meines Juwels erreicht, erzeuge ich eine spontane erhabene Weisheit und verweile dadurch in der Versenkung der Konzentration untrennbarer Glückseligkeit und Leerheit. Durch diese Glückseligkeit, die untrennbar mit Leerheit verbunden ist, verweile ich in einsgerichteter Versenkung auf der Dasheit, die das Fehlen der inhärenten Existenz der drei Kreise der Darbringung ist, und genieße die geheime und Dasheitsdarbringung.

Stelle dir dann vor:

Abermals werde ich die Ehrwürdige Vajrayogini.

Die acht Zeilen des Lobpreises an die Mutter

OM NAMO BHAGAWATI VAJRA VARAHI BAM HUM HUM PHAT
OM NAMO ARYA APARADZITE TRE LOKYA MATI BIYE SHÖRI HUM HUM PHAT
OM NAMA SARWA BUTA BHAYA WAHI MAHA VAJRE HUM HUM PHAT
OM NAMO VAJRA SANI ADZITE APARADZITE WASHAM KARANITRA HUM HUM PHAT
OM NAMO BHRAMANI SHOKANI ROKANI KROTE KARALENI HUM HUM PHAT
OM NAMA DRASANI MARANI PRABHE DANI PARADZAYE HUM HUM PHAT

OM NAMO BIDZAYE DZAMBHANI TAMBHANI MOHANI HUM HUM PHAT
OM NAMO VAJRA VARAHI MAHA YOGINI KAME SHÖRI KHAGE HUM HUM PHAT

DER YOGA DER MÜNDLICHEN UND GEISTIGEN REZITATION

Mündliche Rezitation

In meinem Herzen innerhalb einer roten Phänomenenquelle, einem Doppeltetraeder, ist in der Mitte eines Mondmandalas ein Buchstabe BAM, umgeben von einem rotfarbigen Mantrakranz, dessen Buchstaben im Gegenuhrzeigersinn angeordnet sind. Aus diesen strömen unzählige rote Lichtstrahlen. Sie reinigen die Negativität und Behinderungen aller fühlenden Wesen und bringen allen Buddhas Gaben dar. Die ganze Kraft und Stärke ihrer Segnungen wird in Form roter Lichtstrahlen herbeigerufen, die sich in den Buchstaben BAM und den Mantrakranz auflösen und mein Geisteskontinuum segnen.

OM OM OM SARWA BUDDHA DAKINIYE VAJRA WARNANIYE VAJRA BEROTZANIYE HUM HUM HUM PHAT PHAT PHAT SÖHA

Rezitiere das Mantra mindestens so oft, wie du es versprochen hast.

Geistige Rezitation

(1) Sitze in der siebenfachen Haltung und bringe, wenn du Glückseligkeit erzeugen möchtest, die Phänomenenquelle, den Mond und die Mantrabuchstaben vom Herzen hinab zur geheimen Stelle oder, wenn du einen nichtbegrifflichen Geist erzeugen möchtest, zum Nabel und umschließe sie mit den Winden. Zähle einfach drei, fünf oder sieben

Rezitationen, indem du im Geiste den Mantrakranz liest, der kreisförmig im Gegenuhrzeigersinn angeordnet ist. Halte nun den Atem an und richte deinen Geist auf die rosaroten Freudenwirbel, die sich in den vier seitlichen Ecken der Phänomenenquelle im Gegenuhrzeigersinn drehen, und besonders auf das Nada des BAM *in der Mitte, das kurz vor dem Aufflammen ist.*

(2) Der rote Freudenwirbel an der oberen Spitze und der weiße Freudenwirbel an der unteren Spitze des Zentralkanals, beide nur so groß wie ein Gerstenkorn, bewegen sich zum Herzen, während sie sich rasend schnell im Gegenuhrzeigersinn drehen. Im Herzen vermischen sie sich und lösen sich allmählich in Leerheit auf. Lass deinen Geist in Versenkung auf Glückseligkeit und Leerheit verweilen.

DER YOGA DER UNVORSTELLBARKEIT

Aus dem Buchstaben BAM und dem Mantrakranz in meinem Herzen strömen Lichtstrahlen und durchdringen alle drei Bereiche. Der formlose Bereich löst sich im Aspekt blauer Lichtstrahlen in den oberen Teil meines Körpers auf. Der Formbereich löst sich im Aspekt roter Lichtstrahlen in den mittleren Teil meines Körpers auf. Der Begierdebereich löst sich im Aspekt weißer Lichtstrahlen in den unteren Teil meines Körpers auf. Dann werde ich selbst allmählich von unten und oben zu Licht und löse mich in die Phänomenenquelle auf. Diese löst sich in den Mond auf. Der löst sich in die zweiunddreißig Yoginis auf. Sie lösen sich in die vier Yoginis auf und diese lösen sich in die Hauptdame des Körpermandalas auf. Daraufhin wird die Hauptdame selbst allmählich von unten und oben zu Licht und löst sich in die Phänomenenquelle auf. Die löst sich in den Mond auf. Der löst sich in den Mantrakranz auf. Der löst sich in den Buchstaben BAM auf. Der löst sich in den Kopf des BAM auf. Der löst sich in die Mondsichel auf. Die löst sich in den Tropfen auf. Der löst sich in das Nada auf. Und dies, immer kleiner werdend, löst sich in klares Licht Leerheit auf.

DER YOGA DER TÄGLICHEN HANDLUNGEN

Aus dem Zustand der Leerheit werde ich augenblicklich die Ehrwürdige Vajrayogini. An Stellen in meinem Körper entstehen Mondmandalas. Darauf ist an meinem Nabel rot OM BAM, Vajravarahi, an meinem Herzen blau HAM YOM, Yamani, an meinem Hals weiß HRIM MOM, Mohani, an meiner Stirn gelb HRIM HRIM, Sachalani, auf meinem Scheitel grün HUM HUM, Samtrasani, an allen meinen Gliedern rauchfarbig PHAT PHAT, Essenz der Chandika.

Um die Haupt- und Nebenrichtungen zu schützen, rezitiere zweimal:

OM SUMBHANI SUMBHA HUM HUM PHAT
OM GRIHANA GRIHANA HUM HUM PHAT
OM GRIHANA PAYA GRIHANA PAYA HUM HUM PHAT
OM ANAYA HO BHAGAWÄN VAJRA HUM HUM PHAT

Der Yoga der Tormas

Stelle die Darbringungen und Tormas in der traditionellen Weise auf und reinige sie dann wie folgt:

OM KHANDAROHI HUM HUM PHAT
OM SÖBHAWA SHUDDHA SARWA DHARMA SÖBHAWA SHUDDHO HAM
Alles wird Leerheit.

Aus dem Zustand der Leerheit entstehen aus KAM Schädelschalengefäße, in denen aus HUM Darbringungssubstanzen entstehen. In ihrer Natur Leerheit, erscheinen sie im Aspekt der einzelnen Darbringungssubstanzen und dienen den sechs Sinnen als Objekte des Vergnügens, um eine besondere, nichtverunreinigte Glückseligkeit zu gewähren.

OM AHRGHAM AH HUM
OM PADÄM AH HUM
OM VAJRA PUPE AH HUM
OM VAJRA DHUPE AH HUM
OM VAJRA DIWE AH HUM
OM VAJRA GÄNDHE AH HUM
OM VAJRA NEWIDE AH HUM
OM VAJRA SHAPTA AH HUM

Die Tormas segnen

OM KHANDAROHI HUM HUM PHAT
OM SÖBHAWA SHUDDHA SARWA DHARMA SÖBHAWA SHUDDHO HAM
Alles wird Leerheit.

Aus dem Zustand der Leerheit entsteht aus YAM Wind, aus RAM entsteht Feuer, aus AH ein Dreifuß aus drei Menschenköpfen. Darauf erscheint aus AH eine weite und ausgedehnte Schädelschale. In ihr entstehen aus OM, KHAM, AM, TRAM, HUM die fünf Nektare. Aus LAM, MAM, PAM, TAM, BAM entstehen die fünf Fleischarten, jede mit diesen Buchstaben gekennzeichnet. Der Wind bläst, das Feuer lodert und die Substanzen innerhalb der Schädelschale schmelzen. Darüber entsteht aus HUM ein weißer, umgekehrter Khatanga, der in die Schädelschale hineinfällt und schmilzt, wodurch die Substanzen die Farbe von Quecksilber annehmen. Über ihnen verwandeln

Kinkara

sich drei Reihen von Vokalen und Konsonanten, die übereinander stehen, in OM AH HUM. Aus diesen ziehen Lichtstrahlen den Nektar der erhabenen Weisheit aus den Herzen aller Tathagatas, Helden und Yoginis der zehn Richtungen. Wenn dies zugefügt wird, vermehrt sich der Inhalt und wird unermesslich.
OM AH HUM (3x)

Die Gäste des Tormas einladen

PHÄM
Lichtstrahlen strömen aus dem Buchstaben BAM in meinem Herzen und laden die Ehrwürdige Vajrayogini ein, umgeben von der Versammlung der Gurus, Yidams, Buddhas, Bodhisattvas, Helden, Dakinis, Dharma- und weltlichen Beschützer, aus Akanishta in den Raum vor mir zu kommen. Aus einem weißen HUM in der Zunge eines jeden Gastes entsteht ein weißer, dreizackiger Vajra, durch den sie die Essenz des Tormas zu sich nehmen, indem sie sie durch Halme aus Licht ziehen, die nur so dick wie Gerstenkörner sind.

Den Haupttorma darbringen

Bringe den Torma dar, während du drei- oder siebenmal rezitierst:

OM VAJRA AH RA LI HO: DZA HUM BAM HO: VAJRA DAKINI SAMAYA TÖN TRISHAYA HO

Den weltlichen Dakinis den Torma darbringen

Bringe den Torma dar, während du zweimal rezitierst:

OM KHA KHA, KHAHI KHAHI, SARWA YAKYA RAKYASA, BHUTA, TRETA, PISHATSA, UNATA, APAMARA, VAJRA DAKA, DAKI NÄDAYA, IMAM BALING GRIHANTU, SAMAYA RAKYANTU, MAMA SARWA SIDDHI METRA YATZANTU, YATIPAM, YATETAM, BHUDZATA, PIWATA, DZITRATA, MATI TRAMATA, MAMA SARWA KATAYA, SÄDSUKHAM BISHUDHAYE, SAHAYEKA BHAWÄNTU, HUM HUM PHAT PHAT SÖHA

Äußere Darbringungen

OM VAJRA YOGINI SAPARIWARA AHRGHAM, PADÄM, PUPE, DHUPE, ALOKE, GÄNDHE, NEWIDE, SHAPTA AH HUM

Innere Darbringung

OM VAJRA YOGINI SAPARIWARA OM AH HUM

Lobpreis

O Glorreiche Vajrayogini,
Chakravatin Dakini Königin,
Die Du fünf Weisheiten und drei Körper hast,
Vor Dir, Retterin aller, verbeuge ich mich.

Vor den vielen Vajradakinis,
Die als Damen weltlicher Handlungen
Unsere Fesseln vorgefasster Meinungen durchschneiden,
Vor all Euch Damen verbeuge ich mich.

Gebet, um das schöne Antlitz von Vajrayogini zu betrachten

Glückseligkeit und Leerheit der unendlichen Eroberer, die wie in einem Schauspiel
Als so viele verschiedene Visionen in Samsara und Nirvana erscheinen,
Unter all diesen bist Du jetzt die wunderschöne, mächtige Dame des Dakinilandes.
Ich denke von Herzen an Dich. Bitte sorge für mich mit Deiner spielerischen Umarmung.

Du bist die spontan geborene Mutter der Eroberer im Lande Akanishta,
Du bist die feldgeborenen Dakinis der vierundzwanzig Stätten,
Du bist die Handlungsmudras, die die ganze Erde bedecken,
O Ehrwürdige Dame, Du bist meine, des Yogis, höchste Zuflucht.

Du, die Du die Manifestation der Leerheit des Geistes selbst bist,
Bist das eigentliche BAM, die Sphäre des EH, in der Stadt des Vajras.
Im Land der Illusion zeigst Du Dich als eine furchterregende Kannibalin
Und als ein lächelndes, lebhaftes, schönes junges Mädchen.

Aber wie sehr ich auch gesucht habe, o edle Dame,
Ich konnte keine Gewissheit finden, ob Du wahrhaft existierst.
Dann kam die Jugend meines Geistes, erschöpft durch seine Ausschmückungen,
In der Waldhütte zur Ruhe, die jenseits jeden Ausdrucks liegt.

Wie wunderbar, bitte entstehe aus der Sphäre des
Dharmakaya
Und sorge für mich durch die Wahrheit dessen, was
geschrieben steht
Im Glorreichen Heruka, dem König der Tantras,
Dass Erlangungen durch die Rezitation des erhabenen
nahen Essenz Mantra der Vajrakönigin entstehen.

Im einsamen Wald von Odivisha
Sorgtest Du für Vajra Ghantapa, den mächtigen Siddha,
Mit der Glückseligkeit Deines Kusses und Deiner
Umarmung und so konnte er die erhabene
Umarmung genießen.
O bitte sorge für mich auf die gleiche Weise.

So wie der ehrwürdige Kusali
Von einer Insel im Ganges direkt zur Sphäre des Raumes
geführt wurde
Und so wie Du für den glorreichen Naropa sorgtest,
Bitte führe auch mich zur Stadt der freudvollen Dakini.

Möge ich durch die Kraft des Mitgefühls meiner
erhabenen Wurzel- und Überlieferungsliniengurus,
Den besonders tiefgründigen und schnellen Pfad des
endgültigen, geheimen großen Tantra
Und meine, des Yogis, reine höhere Absicht,
Dein lächelndes Antlitz, o freudvolle Dakini Dame, bald
erblicken.

Um die Erfüllung von Wünschen bitten

O Ehrwürdige Vajrayogini, bitte führe mich und alle fühlenden Wesen ins Reine Land der Dakinis. Bitte gewähre uns jede einzelne weltliche und überweltliche Erlangung. (3x)

Möchtest du eine Tsogdarbringung durchführen, dann füge sie an dieser Stelle ein. Die Tsogdarbringung ist auf S. 238-246.

Den allgemeinen Dharma Beschützern den Torma darbringen

OM AH HUM HA HO HRIH (3x)

HUM
Aus Deinem reinen Palast der großen Glückseligkeit in Akanishta,
Großer Machtvoller, ausgestrahlt aus Vairochanas Herzen,
Dorje Gur, Herr aller Beschützer der Lehre,
O Glorreicher Mahakala, bitte komme hierher und nimm diese Darbringung und diesen Torma an.

Aus Yongdui Tsel und dem Palast Yamas
Sowie von der höchsten Stätte der Devikoti in Jambudipa,
Namdrü Remati, Herrin des Begierdebereiches,
O Palden Lhamo, bitte komme hierher und nimm diese Darbringung und diesen Torma an.

Aus dem Mandala der Bhaga Sphäre von Erscheinung und Existenz,
Mutter Yingchugma, Herrin über ganz Samsara und Nirvana,
Oberhaupt der Dakinis und Dämonen, wilde, weibliche Beschützerin der Mantras,
O große Mutter Ralchigma, bitte komme hierher und nimm diese Darbringung und diesen Torma an.

Aus Silwa Tsel und Haha Göpa,
Aus Singaling und vom Ti Se Schneeberg
Und aus Darlungnay und Kaui Dragdzong,
O Zhingkyong Wangpo, bitte komme hierher und nimm diese Darbringung und diesen Torma an.

Dorje Shugden

Von den acht Friedhöfen und Risul im Süden,
Aus Bodhgaya und dem glorreichen Samye
Sowie aus Nalatse und dem glorreichen Sakya,
O Lägön Pomo, bitte komme hierher und nimm diese Darbringung und diesen Torma an.

Von den Friedhöfen von Marutse im Nordosten,
Aus den roten, steinigen Hügeln von Bangso in Indien
Und aus den erhabenen Stätten von Darlung Dagram und so weiter,
O Yakya Chamdrel, bitte komme hierher und nimm diese Darbringung und diesen Torma an.

Besonders aus Odiyana, dem Land der Dakinis,
Und aus Eurem natürlichen Bereich,
Vollständig umringt von weltlichen und überweltlichen Dakinis,
O Vater-Mutter Herr der Friedhöfe, bitte komme hierher und nimm diese Darbringung und diesen Torma an.

Aus den erhabenen Orten wie Tushita, Keajra und so weiter,
Großer Beschützer der Lehre des zweiten Eroberers,
Dorje Shugden, fünf Linien, zusammen mit Euren Gefolgen,
Bitte kommt hierher und nehmt diese Darbringung und diesen Torma an.

Ich bitte Euch, ich bringe Euch Gaben dar, o Schar von Beschützern der Lehre des Eroberers,
Ich besänftige Euch und verlasse mich auf Euch, o große Beschützer der Worte des Gurus,
Ich rufe nach Euch und flehe Euch an, o Schar von Vernichtern der Störenfriede der Yogis,
Bitte kommt schnell hierher und nehmt diese Darbringung und diesen Torma an.

Ich bringe einen Torma dar, verziert mit rotem Fleisch und Blut.
Ich bringe Getränke aus Alkohol, Medizinnektare und Blut dar.
Ich bringe den Klang von großen Trommeln, Schenkelknochentrompeten und Zimbeln dar.
Ich bringe große, schwarzseidene Banner dar, die sich wie Wolken auftürmen.

Ich bringe atemberaubende Attraktionen dar, so weit wie der Raum.
Ich bringe laute Gesänge dar, die kraftvoll und melodisch sind.
Ich bringe einen Ozean äußerer, innerer und geheimer Verpflichtungssubstanzen dar.
Ich bringe das Spiel der erhabenen Weisheit untrennbarer Glückseligkeit und Leerheit dar.

Möget Ihr die kostbare Lehre Buddhas beschützen.
Möget Ihr den Ruhm der Drei Juwelen vergrößern.
Möget Ihr die Taten der glorreichen Gurus fördern
Und möget Ihr alle Bitten erfüllen, die ich an Euch richte.

Um Nachsicht bitten

Rezitiere jetzt das Hundertbuchstaben Mantra Herukas:

OM VAJRA HERUKA SAMAYA, MANU PALAYA, HERUKA TENO PATITA, DRIDHO ME BHAWA, SUTO KAYO ME BHAWA, SUPO KAYO ME BHAWA, ANURAKTO ME BHAWA, SARWA SIDDHI ME PRAYATZA, SARWA KARMA SUTZA ME, TZITAM SHRIYAM KURU HUM, HA HA HA HA HO BHAGAWÄN, VAJRA HERUKA MA ME MUNTSA, HERUKA BHAWA, MAHA SAMAYA SATTVA AH HUM PHAT

Bitte mit folgenden Worten um Nachsicht:

Welche Fehler ich auch immer begangen habe
Durch Nichtfinden, Nichtverstehen
Oder mangelndes Können,
Bitte, o Beschützer, sei geduldig mit allen.

OM VAJRA MU Die Weisheitswesen, Gäste des Tormas, lösen sich in mich auf und die weltlichen Wesen kehren zu ihren eigenen Stätten zurück.

Widmungsgebete

Möge ich durch diese Tugend
Schnell die wirkliche Dakini vollenden
Und dann jedes Lebewesen
Ohne Ausnahme auf diese Ebene führen.

Mögen die Beschützer, Helden, Heldinnen und deren mehr,
Die Blumen, Sonnenschirme und Siegesbanner tragen
Und die liebliche Musik der Zimbeln und so weiter darbringen,
Mich zur Todeszeit ins Land der Dakinis führen.

Durch die Wahrheit der gültigen Göttinnen,
Ihre gültigen Verpflichtungen
Und die höchst gültigen Worte, die sie gesprochen haben,
Mögen [meine Tugenden] die Ursache sein, dass die Göttinnen für mich sorgen.

Ausführliche Widmung

Wenn du Zeit hast und möchtest, kannst du abschließend diese Gebete rezitieren, die von Tsarpa Dorjechang verfasst wurden:

Im großen Schiff der Freiheit und Ausstattung,
Unter dem weißen Segel der Achtsamkeit für Vergänglichkeit

Und durch den günstigen Wind des Annehmens
und Aufgebens von Handlungen und Wirkungen
vorangetrieben,
Möge ich aus dem furchtbaren Ozean Samsaras befreit
werden.

Indem ich mich auf das Kronjuwel der untrüglichen
Zufluchtsobjekte verlasse,
Mir das große Ziel der Wandernden, meiner Mütter, zu
Herzen nehme
Und meine Makel und Fehler mit dem Nektar Vajrasattvas
reinige,
Mögen sich die mitfühlenden, ehrwürdigen Gurus um
mich kümmern.

Die schöne Mutter der Eroberer ist die äußere Yogini,
Der Buchstabe BAM ist die höchste innere Vajrakönigin,
Die Klarheit und Leerheit des Geistes selbst ist die geheime
Dakini Mutter,
Möge ich mich am Spiel erfreuen, die Eigennatur aller zu
sehen.

Die weltliche Umgebung ist der himmlische Palast des
Buchstabens EH,
Und seine Bewohner, die fühlenden Wesen, sind die
Yoginis des Buchstabens BAM,
Durch die Konzentration der großen Glückseligkeit ihrer
Vereinigung,
Möge jede Erscheinung, die entsteht, reine Erscheinung sein.

Möge ich somit durch die Yogas, [so viele wie] die
Richtungen und der Mond,
Von der korallenfarbigen Dame der Freude,
Mit offenem, zinnoberrotem Haar und orangefarbigen,
blitzenden Augen,
Schließlich direkt zur Stadt der Wissenshalter geführt
werden.

Wenn ich an einem Ort der Leichen mit Sindhura und
Langalistamm praktiziert habe
Und durch das Land gewandert bin,
Möge mich die schöne Dame, zu der sich der Wirbel von
meiner Stirn überträgt,
Ins Land der Dakinis führen.

Wenn die innere Varahi die Ranken von Erfasser und
Erfasstem zerstört hat
Und die tanzende Dame, die in meinem erhabenen
Zentralkanal weilt,
Durch das Tor Brahmas in die Sphäre des Wolkenpfades
hinausgetreten ist,
Möge sie den Helden, den Trinker von Blut, umarmen und
sich mit ihm vergnügen.

Möge mein Geisteskontinuum durch den Yoga der
Vereinigung [der zwei Winde]
In einsgerichteter Meditation über den winzigen Samen der
fünf Winde im Lotos meines Nabels
Von höchster Glückseligkeit durch die köstlichen Tropfen
gesättigt sein,
Die die Kanäle meines Körper-Geistes durchdringen.

Wenn durch das lachende und lächelnde Spiel der schönen
Dame
Des lodernden, leichten Tummo innerhalb meines
Zentralkanals
Der jugendliche Buchstabe HAM vollkommen weich
geworden ist,
Möge ich die Ebene der großen Glückseligkeit der
Vereinigung erlangen.

Wenn das rotschwarze RAM, das in der Mitte der drei
Kanäle in meinem Nabel weilt,
Durch meine oberen und unteren Winde zum Aufflammen
gebracht worden ist

Und sein reinigendes Feuer die zweiundsiebzigtausend
unreinen Elemente weggebrannt hat,
Möge mein Zentralkanal vollständig mit reinen Tropfen
gefüllt sein.

Wenn der fünffarbige Tropfen zwischen meinen
Augenbrauen zu meinem Scheitel gewandert ist
Und der von ihm stammende Strom der Mondflüssigkeit
Das Staubgefäß meines geheimen Lotos erreicht hat,
Möge ich von den vier Freuden des Absteigens und
Aufsteigens gesättigt sein.

Wenn alle festen und sich bewegenden Phänomene, mein
Körper und so weiter,
Von den aus dem Tropfen strömenden fünffarbigen
Lichtstrahlen getroffen wurden
Und sich dadurch in eine Vielzahl strahlender, klarer
Regenbogen verwandelt haben,
Möge ich abermals in den natürlichen Bereich, die Sphäre
von Glückseligkeit und Leerheit, eintreten.

Wenn die Yogini meines eigenen Geistes, die Vereinigung
jenseits des Intellekts,
Der ursprüngliche Zustand unbeschreiblicher Leerheit und
Klarheit,
Die ursprüngliche Natur, frei von Entstehen, Enden und
Verweilen,
Ihr eigenes Wesen erkennt, möge ich für immer genährt sein.

Wenn sich meine Kanäle, Winde und Tropfen in die Sphäre
des EVAM aufgelöst haben
Und der Geist selbst die Herrlichkeit des Wahrheitskörpers
großer Glückseligkeit erlangt hat,
Möge ich für diese Wandernden, so unermesslich wie der
Raum, sorgen,
Mit unermesslichen Manifestationen zahlloser Formkörper.

Mögen durch die Segnungen der Eroberer und ihrer
wunderbaren Söhne,
Die Wahrheit der untrüglichen, abhängigen Beziehung
Und die Kraft und Stärke meiner reinen, höheren Absicht
Alle Anliegen meiner aufrichtigen Gebete erfüllt sein.

Glückverheißende Gebete

Möge es die Glücksverheißung geben, schnell die
Segnungen
Der Scharen glorreicher, heiliger Gurus zu erlangen,
Vajradharas, Pandit Naropas und so weiter,
Der glorreichen Herren aller Tugend und Vortrefflichkeit.

Möge es die Glücksverheißung des Dakini-Wahrheits-
körpers geben,
Die Vollkommenheit der Weisheit, die erhabene Mutter
der Eroberer,
Das natürliche klare Licht, von Anfang an frei von
Ausschmückung,
Die Dame, die alle Dinge, feste und sich bewegende,
ausstrahlt und sammelt.

Möge es die Glücksverheißung des spontan geborenen,
vollständigen Freudenkörpers geben,
Eines Körpers, strahlend und schön, im Glanz der
Herrlichkeit der Haupt- und Nebenmerkmale,
Einer Rede, die das erhabene Fahrzeug mit sechzig
Melodien verkündet,
Und eines Geistes nichtbegrifflicher Glückseligkeit und
Klarheit, der die fünf erhabenen Weisheiten besitzt.

Möge es die Glücksverheißung des an den Stätten
geborenen Emanationskörpers geben,
Damen, die mit verschiedenen Formkörpern, an
verschiedenen Orten,

Mit verschiedenen Mitteln die Ziele verschiedener zu
Zähmender erfüllen,
In Einklang mit ihren verschiedenen Wünschen.

Möge es die Glücksverheißung der mantrageborenen
höchsten Dakini geben,
Eine Ehrwürdige Dame von der Farbe einem Rubin gleich,
Mit einem lächelnden, zornvollen Wesen, einem Gesicht
und zwei Händen, die ein gekrümmtes Messer und eine
Schädelschale halten,
Und mit zwei Beinen in angewinkelter und ausgestreckter
Haltung.

Möge es die Glücksverheißung Deiner zahllosen Millionen
von Emanationen
Und der Scharen der zweiundsiebzigtausend [Dakinis]
geben,
Die alle Behinderungen der Praktizierenden ausmerzen
Und alle ersehnten Erlangungen gewähren.

Gebete für die Tugendhafte Tradition

Damit die Tradition Je Tsongkhapas,
Des Königs des Dharma, erblühe,
Mögen alle Hindernisse überwunden sein
Und mögen alle vorteilhaften Bedingungen im Überfluss
vorhanden sein.

Durch die zwei Ansammlungen von mir und anderen,
Die während der drei Zeiten zusammengetragen werden,
Möge die Lehre des Eroberers Losang Dragpa
Für immer erblühen.

Das neunzeilige *Migtsema* Gebet

Tsongkhapa, Kronjuwel der Gelehrten vom Lande des Schnees,
Du bist Buddha Shakyamuni und Vajradhara, Quelle aller Erlangungen,
Avalokiteshvara, Schatz des nichtbeobachtbaren Mitgefühls,
Manjushri, erhabene, makellose Weisheit,
Und Vajrapani, Zerstörer der Scharen von Maras.
O ehrwürdiger Guru Buddha, Vereinigung aller Drei Juwelen,
Mit Körper, Rede und Geist ersuche ich Dich mit Respekt:
Bitte gewähre Deine Segnungen, damit ich und andere zur Reife und Befreiung gelangen,
Und gewähre die allgemeinen und höchsten Erlangungen.

(3x)

DIE TSOGDARBRINGUNG

Die Tsogdarbringung segnen

OM KHANDAROHI HUM HUM PHAT
OM SÖBHAWA SHUDDHA SARWA DHARMA SÖBHAWA SHUDDHO HAM
Alles wird Leerheit.

Aus dem Zustand der Leerheit entsteht aus AH eine weite und ausgedehnte Schädelschale. In ihr schmelzen die fünf Fleischarten, die fünf Nektare und die fünf erhabenen Weisheiten und es entsteht ein weiter Ozean des Nektars erhabener Weisheit.
OM AH HUM HA HO HRIH (3x)

Denke darüber nach, dass sie ein unerschöpflicher Ozean aus Weisheitsnektar wird.

Medizinnektare darbringen

Ich bringe diesen erhabenen Nektar dar,
Der gewöhnliche Objekte weit transzendiert,
Die höchste Verpflichtung aller Eroberer
Und die Grundlage aller Erlangungen.

Möget Ihr Euch an der großen Glückseligkeit
Des unübertroffenen Bodhichitta erfreuen,
Gereinigt von jedem Makel der Behinderungen
Und vollkommen frei von allen Vorstellungen.

Die Tsogdarbringung machen

HO Diesen Ozean von Tsog Darbringungen aus nichtverunreinigtem Nektar,
Durch Konzentration, Mantra und Mudra gesegnet,
Bringe ich dar, um die Versammlung der Wurzel- und Überlieferungsliniengurus zu erfreuen.
OM AH HUM

Entzückt durch den Genuss dieser prachtvollen Objekte
des Begehrens,
EH MA HO
Bitte gewährt einen großen Regen an Segnungen.

HO Diesen Ozean von Tsog Darbringungen aus
nichtverunreinigtem Nektar,
Durch Konzentration, Mantra und Mudra gesegnet,
Bringe ich dar, um die göttliche Versammlung der
mächtigen Dakinis zu erfreuen.
OM AH HUM
Entzückt durch den Genuss dieser prachtvollen Objekte
des Begehrens,
EH MA HO
Bitte gewährt die Dakini Erlangung.

HO Diesen Ozean von Tsog Darbringungen aus
nichtverunreinigtem Nektar,
Durch Konzentration, Mantra und Mudra gesegnet,
Bringe ich dar, um die göttliche Versammlung der Yidams
und ihrer Gefolge zu erfreuen.
OM AH HUM
Entzückt durch den Genuss dieser prachtvollen Objekte
des Begehrens,
EH MA HO
Bitte gewährt einen großen Regen an Erlangungen.

HO Diesen Ozean von Tsog Darbringungen aus
nichtverunreinigtem Nektar,
Durch Konzentration, Mantra und Mudra gesegnet,
Bringe ich dar, um die Versammlung der Drei kostbaren
Juwelen zu erfreuen.
OM AH HUM
Entzückt durch den Genuss dieser prachtvollen Objekte
des Begehrens,
EH MA HO
Bitte gewährt einen großen Regen heiliger Dharmas.

HO Diesen Ozean von Tsog Darbringungen aus nichtverunreinigtem Nektar,
Durch Konzentration, Mantra und Mudra gesegnet,
Bringe ich dar, um die Versammlung der Dakinis und Dharma Beschützer zu erfreuen.
OM AH HUM
Entzückt durch den Genuss dieser prachtvollen Objekte des Begehrens,
EH MA HO
Bitte gewährt einen großen Regen tugendhafter Taten.

HO Diesen Ozean von Tsog Darbringungen aus nichtverunreinigtem Nektar,
Durch Konzentration, Mantra und Mudra gesegnet,
Bringe ich dar, um die Versammlung der fühlenden Mutterwesen zu erfreuen.
OM AH HUM
Entzückt durch den Genuss dieser prachtvollen Objekte des Begehrens,
EH MA HO
Mögen Leiden und fehlerhafte Erscheinung befriedet sein.

Äußere Darbringungen

OM VAJRA YOGINI SAPARIWARA AHRGHAM, PADÄM, PUPE, DHUPE, ALOKE, GÄNDHE, NEWIDE, SHAPTA AH HUM

Innere Darbringung

OM VAJRA YOGINI SAPARIWARA OM AH HUM

Die acht Zeilen des Lobpreises an die Mutter

OM Ich verbeuge mich vor Vajravarahi, der Gesegneten Mutter HUM HUM PHAT
OM vor der höheren und mächtigen Dame des Wissens, unbesiegt durch die drei Bereiche HUM HUM PHAT
OM vor Dir, die Du alle Ängste vor bösen Geistern mit Deinem großen Vajra zerstörst HUM HUM PHAT
OM vor Dir mit zähmenden Augen, die als der Vajrasitz unbesiegt durch andere bleibt HUM HUM PHAT
OM vor Dir, deren zornvolle, wilde Form Brahma austrocknet HUM HUM PHAT
OM vor Dir, die Dämonen in Schrecken versetzt und ausdörrt, und jene in anderen Richtungen erobert HUM HUM PHAT
OM vor Dir, die all jene erobert, die uns dumpf, starr und wirr machen HUM HUM PHAT
OM ich verbeuge mich vor Vajravarahi, der Großen Mutter, der Dakini Gefährtin, die jedes Verlangen erfüllt HUM HUM PHAT

Die Tsogdarbringung an den spirituellen Meister des Vajrayana durchführen

Vajrahalter, bitte höre mir zu,
Diese, meine besondere Tsogdarbringung
Bringe ich Dir mit einem Geist des Vertrauens dar,
Bitte nimm sie an, wie es Dir gefällt.

EH MA großer Frieden.
Diese große, lodernde Tsogdarbringung verbrennt Verblendungen
Und bringt in dieser Weise große Glückseligkeit.
AH HO Alles ist große Glückseligkeit.
AH HO MAHA SUKHA HO

In dieser Weise werden alle Phänomene als rein gesehen,
Daran sollte die Versammlung keine Zweifel haben.
Da Brahmanen, Ausgestoßene, Schweine und Hunde
Von einer Natur sind, bitte genießt.

Der Dharma der Sugatas ist von unschätzbarem Wert,
Frei von den Makeln der Anhaftung und so weiter,
Das Aufgeben von Erfasser und Erfasstem,
Respektvoll verbeuge ich mich vor der Dasheit.
AH HO MAHA SUKHA HO

Lied der Frühlingskönigin

HUM All Ihr Tathagatas,
Helden, Yoginis,
Dakas und Dakinis,
Euch allen trage ich meine Bitte vor:
O Heruka, der sich an großer Glückseligkeit erfreut,
Du führst die Vereinigung spontaner Glückseligkeit aus,
Indem Du Dich der Dame widmest, die von Glückseligkeit berauscht ist,
Und Dich im Einklang mit den Ritualen vergnügst.
AH LA LA, LA LA HO, AH I AH, AH RA LI HO
Möge die Versammlung der makellosen Dakinis
Mit liebevoller Zuneigung blicken und alle Taten vollbringen.

HUM All Ihr Tathagatas,
Helden, Yoginis,
Dakas und Dakinis,
Euch allen trage ich meine Bitte vor:
Mit einem Geist, der völlig von großer Glückseligkeit erregt ist,
Und einem Körper in einem Tanz beständiger Bewegung,
Bringe ich den Scharen von Dakinis die große Glückseligkeit dar,
Die durch das Genießen des Lotos der Mudra entsteht.

AH LA LA, LA LA HO, AH I AH, AH RA LI HO
Möge die Versammlung der makellosen Dakinis
Mit liebevoller Zuneigung blicken und alle Taten vollbringen.

HUM All Ihr Tathagatas,
Helden, Yoginis,
Dakas und Dakinis,
Euch allen trage ich meine Bitte vor:
Ihr, die auf eine wunderschöne und friedvolle Weise tanzt,
O glückseliger Beschützer und ihr Scharen von Dakinis,
Bitte erscheint vor mir und gewährt mir Eure Segnungen
Und die spontane große Glückseligkeit.
AH LA LA, LA LA HO, AH I AH, AH RA LI HO
Möge die Versammlung der makellosen Dakinis
Mit liebevoller Zuneigung blicken und alle Taten vollbringen.

HUM All Ihr Tathagatas,
Helden, Yoginis,
Dakas und Dakinis,
Euch allen trage ich meine Bitte vor:
Ihr, die Ihr das Merkmal der Befreiung großer
  Glückseligkeit besitzt,
Sagt nicht, dass Erlösung in einer Lebensspanne
Durch verschiedene asketische Übungen nach Aufgabe
  der großen Glückseligkeit erlangt werden kann,
Sondern, dass große Glückseligkeit ihren Sitz in der Mitte
  des erhabenen Lotos hat.
AH LA LA, LA LA HO, AH I AH, AH RA LI HO
Möge die Versammlung der makellosen Dakinis
Mit liebevoller Zuneigung blicken und alle Taten vollbringen.

HUM All Ihr Tathagatas,
Helden, Yoginis,
Dakas und Dakinis,
Euch allen trage ich meine Bitte vor:
Wie ein Lotos, der aus der Mitte eines Sumpfes geboren wurde,

Ist diese Methode, obwohl aus Anhaftung geboren,
unbefleckt von den Fehlern der Anhaftung.
O erhabene Dakini, bitte bringe durch die Glückseligkeit
Deines Lotos
Schnell Befreiung aus den Fesseln Samsaras.
AH LA LA, LA LA HO, AH I AH, AH RA LI HO
Möge die Versammlung der makellosen Dakinis
Mit liebevoller Zuneigung blicken und alle Taten vollbringen.

HUM All Ihr Tathagatas,
Helden, Yoginis,
Dakas und Dakinis,
Euch allen trage ich meine Bitte vor:
Genau wie die Essenz des Honigs in der Honigquelle
Von Bienenschwärmen aus allen Richtungen getrunken wird,
So bringe bitte durch Deinen weiten Lotos mit sechs
Merkmalen
Befriedigung mit dem Geschmack von großer
Glückseligkeit.
AH LA LA, LA LA HO, AH I AH, AH RA LI HO
Möge die Versammlung der makellosen Dakinis
Mit liebevoller Zuneigung blicken und alle Taten vollbringen.

Die Darbringungen an die Geister segnen

OM KHANDAROHI HUM HUM PHAT
OM SÖBHAWA SHUDDHA SARWA DHARMA SÖBHAWA
SHUDDHO HAM
Alles wird Leerheit.

Aus dem Zustand der Leerheit entsteht aus AH eine weite und ausgedehnte Schädelschale. In ihr schmelzen die fünf Fleischarten, die fünf Nektare und die fünf erhabenen Weisheiten und es entsteht ein weiter Ozean des Nektars erhabener Weisheit.
OM AH HUM HA HO HRIH (3x)

Die eigentliche Darbringung an die Geister

PHÄM
UTSIKTRA BALINGTA BHAKYÄSI SÖHA

HO Diesen Ozean verbliebener Tsogdarbringung aus nichtverunreinigtem Nektar,
Durch Konzentration, Mantra und Mudra gesegnet,
Bringe ich dar, um die Versammlung der schwurgebundenen Wächter zu erfreuen.
OM AH HUM
Entzückt durch den Genuss dieser prachtvollen Objekte des Begehrens,
EH MA HO
Bitte führt vollkommene Handlungen aus, um Praktizierenden zu helfen.

Von Musik begleitet, bringe die verbliebene Tsogdarbringung hinaus.

Mögen ich und andere Praktizierende
Gute Gesundheit, langes Leben, Kraft,
Ehre, Ruhm, Glück
Und ausgiebige Vergnügen haben.
Bitte gewährt mir die Erlangungen
Der befriedenden, vermehrenden, kontrollierenden und zornvollen Handlungen.
Ihr, die Ihr durch Schwur gebunden seid, bitte beschützt mich
Und helft mir, alle Erlangungen zu vollenden.
Vernichtet vorzeitigen Tod und Krankheit,
Schaden durch Geister und Hindernisse.
Beseitigt schlechte Träume,
Böse Vorzeichen und schlechte Handlungen.

Möge es Glück in der Welt geben, mögen die Jahre gut sein,
Mögen sich die Ernte verbessern und möge der Dharma erblühen.
Möge alles Gute und Glück geschehen.
Und mögen alle Wünsche erfüllt sein.

Möge ich durch die Kraft dieses reichlichen Gebens
Ein Buddha werden zum Wohle der Lebewesen,
Und möge ich durch meine Freigebigkeit
Alle befreien, die durch frühere Buddhas nicht befreit wurden.

Kolophon: Diese Sadhana, ein rituelles Gebet für spirituelle Erlangungen, wurde unter der mitfühlenden Leitung des Ehrwürdigen Geshe Kelsang Gyatso Rinpoche übersetzt. Der Vers an den Ehrwürdigen Geshe Kelsang Gyatso Rinpoche in *Bitten an die Gurus der Überlieferungslinie* wurde vom glorreichen Dharma Beschützer Duldzin Dorje Shugden verfasst und auf Bitte der vertrauensvollen Schüler des Ehrwürdigen Geshe Kelsang in die Sadhana eingefügt. Der Vers an Dorje Shugden in *Den allgemeinen Dharma Beschützern den Torma darbringen* wurde vom Ehrwürdigen Geshe Kelsang Gyatso Rinpoche verfasst und auf Bitte seiner vertrauensvollen Schüler in die Sadhana aufgenommen.

Anhang IV
Ein essenzieller Kommentar zu den elf Yogas von Vajrayogini

DIE YOGAS DES SCHLAFENS, AUFWACHENS UND ERFAHRENS VON NEKTAR

Vajrayogini ist eine weibliche erleuchtete Gottheit des Höchsten Yoga Tantra. Sie ist die Manifestation der Weisheit aller Buddhas. Ihre Funktion ist es, alle Lebewesen in das Reine Land Keajra, oder das Reine Dakiniland, zu führen. Die Anleitungen zu Vajrayogini wurden von Buddha im *Wurzeltantra von Heruka* gelehrt. Der große Yogi Naropa erhielt diese Anleitungen direkt von Vajrayogini und übergab sie Pamtingpa, einem seiner Herzensschüler. Pamtingpa gab diese Anleitungen an den tibetischen Übersetzer Sherab Tseg weiter und von Sherab Tseg wurden diese Anleitungen in ungebrochener Linie an Je Phabongkhapa und dann an den höchst ehrwürdigen Vajradhara Trijang Rinpoche, den Halter der Überlieferungslinie, überliefert. Von diesem großen Meister erhielt ich, der Autor dieses Buches, diese kostbaren Anleitungen.

Das Höchste Yoga Tantra kann in Vatertantra und Muttertantra eingeteilt werden. Die Muttertantras enthüllen hauptsächlich die Schulung in klarem Licht, das die Hauptursache ist, um Buddhas heiligen Geist zu erlangen. Die

Vatertantras wie das Guhyasamaja Tantra enthüllen hauptsächlich die Schulung in illusorischem Körper, der die Hauptursache ist, um Buddhas heiligen Körper zu erlangen. Weil Vajrayogini Tantra ein Muttertantra ist, ist der Hauptkörper der Vajrayogini Praxis die Schulung in klarem Licht. Dieser Hauptkörper hat elf Glieder, die die «elf Yogas» genannt werden. In diesem Zusammenhang bedeutet «Yoga» die Schulung in spirituellen Pfaden. Zum Beispiel wird die Schulung in einem spirituellen Pfad in Verbindung mit dem Schlaf der «Yoga des Schlafens» genannt.

Wenn die elf Yogas in den Schriften aufgelistet werden, ist der Yoga des Schlafens der erste. Dies zeigt, dass wir die Vajrayogini Praxis mit dem Yoga des Schlafens beginnen sollten. Wie bereits erwähnt ist der Hauptkörper der Vajrayogini Praxis die Schulung in klarem Licht. Das klare Licht manifestiert sich ganz natürlich während des Schlafes. Deshalb haben wir die Möglichkeit, uns darin zu schulen, es während des Schlafes zu erkennen. Wenn wir das klare Licht direkt erkennen und verwirklichen, haben wir das sinnklare Licht erlangt, die Verwirklichung der vierten der fünf Stufen der Vollendungsstufe.

Was ist das klare Licht? Es ist der sehr subtile Geist, der sich manifestiert, wenn die inneren Winde in den Zentralkanal eintreten, in ihm verweilen und sich auflösen. Das klare Licht ist das achte Zeichen der Auflösung der inneren Winde im Zentralkanal und es nimmt Leerheit wahr. Es gibt drei verschiedene Arten des klaren Lichts: (1) das klare Licht des Schlafes, (2) das klare Licht des Todes und (3) die Verwirklichung des klaren Lichts.

Während des Schlafes manifestiert sich unser sehr subtiler Geist, weil unsere inneren Winde ganz natürlich in den Zentralkanal eintreten und sich dort auflösen. Dieser sehr subtile Geist ist das klare Licht des Schlafes. Er nimmt Leerheit wahr, jedoch können wir das klare Licht selbst oder die Leerheit nicht erkennen, weil unser Gedächtnis während des

Schlafes nicht funktioniert. Während unseres Todes manifestiert sich unser sehr subtiler Geist auf ähnliche Weise, weil unsere inneren Winde in den Zentralkanal eintreten und sich dort auflösen. Dieser sehr subtile Geist ist das klare Licht des Todes. Er nimmt Leerheit wahr, aber wir können das klare Licht selbst oder die Leerheit nicht erkennen, weil unser Gedächtnis während des Todes nicht funktioniert.

Gelingt es uns, im Wachsein unsere inneren Winde durch die Kraft der Meditation in den Zentralkanal eintreten, verweilen und sich auflösen zu lassen, dann erleben wir eine tiefe Auflösung unserer inneren Winde in den Zentralkanal. Dadurch wird sich unser sehr subtiler Geist manifestieren. Dieser sehr subtile Geist ist die Verwirklichung des klaren Lichts. Seine Natur ist eine Glückseligkeit, die aus dem Schmelzen der Tropfen innerhalb des Zentralkanals entstanden ist, und seine Funktion ist es, fehlerhafte Erscheinung zu verhindern. Er ist auch die Verwirklichung des klaren Lichts der Glückseligkeit, das die eigentliche Essenz des Höchsten Yoga Tantra und der eigentliche schnelle Pfad zur Erleuchtung ist.

Kurz gesagt ist der Hauptkörper der Vajrayogini Praxis die Schulung im klaren Licht der Glückseligkeit. Diese kann in zwei Schulungen unterteilt werden: (1) Die Schulung in Glückseligkeit und (2) die Schulung in klarem Licht. Bevor wir uns in Glückseligkeit schulen, sollten wir wissen, was sie ist. Diese Glückseligkeit ist keine sexuelle Glückseligkeit. Wir müssen uns nicht in sexueller Glückseligkeit schulen, denn jeder, selbst ein Tier, kann diese ohne Schulung erleben. Die Glückseligkeit, in der wir uns schulen, ist die Glückseligkeit, die Buddha im Höchsten Yoga Tantra erklärt. Sie wird «große Glückseligkeit» genannt und hat zwei besondere Merkmale: (1) ihre Natur ist eine Glückseligkeit, die aus dem Schmelzen der Tropfen innerhalb des Zentralkanals entsteht und (2) ihre Funktion ist es, subtile fehlerhafte Erscheinung zu verhindern. Gewöhnliche Wesen können diese Glückseligkeit nicht erleben. Die sexuelle Glückseligkeit gewöhnlicher Wesen entsteht, weil die Tropfen innerhalb des linken Kanals statt innerhalb des Zentralkanals schmelzen.

In *Zusammengefasstes Wurzeltantra von Heruka* sagt Buddha:

Das erhabene Geheimnis großer Glückseligkeit
Entsteht aus dem Schmelzen der Tropfen innerhalb
des Zentralkanals.
Deshalb ist es schwer, in dieser Welt
Jemanden zu finden, der solche Glückseligkeit erlebt.

Solch eine große Glückseligkeit wird nur von jemandem erlebt, der die inneren Winde durch die Kraft der Meditation in den Zentralkanal eintreten, dort verweilen und sich auflösen lassen kann. Weil diese große Glückseligkeit subtile fehlerhafte Erscheinung verhindert, werden unsere Unwissenheit des Festhaltens am Selbst und alle ablenkenden begrifflichen Gedanken aufhören, wenn wir diese Glückseligkeit erleben, und wir erfahren einen tiefen inneren Frieden, der dem erhabenen inneren Frieden des Nirvana, der in Buddhas Sutra Lehren erklärt wird, überlegen ist.

WIE WIR DEN YOGA DES SCHLAFENS ÜBEN

Wir sollten jede Nacht kurz vor dem Einschlafen denken:

Zum Wohle aller Lebewesen
Werde ich der erleuchtete Buddha Vajrayogini werden.
Aus diesem Grund werde ich die Verwirklichung des klaren
Lichts der Glückseligkeit vollenden.

Dann erinnern wir uns daran, dass unser Körper, unser Selbst und alle anderen Phänomene, die wir normalerweise wahrnehmen, nicht existieren. Wir versuchen die bloße Abwesenheit aller Phänomene, die wir normalerweise sehen, die Leerheit aller Phänomene, wahrzunehmen und meditieren über diese Leerheit. Dann denken wir und stellen uns vor:

Im weiten Raum der Leerheit aller Phänomene, dem Reinen Land Keajra, erscheine ich als Vajrayogini, umgeben von den erleuchteten Heldinnen und Helden. Obwohl ich diese Erscheinung habe, ist sie nichts anderes als die Leerheit aller Phänomene.

Wir meditieren über diese Selbsterzeugung.

Wir sollten uns in dieser tiefgründigen Meditation der Selbsterzeugung schulen, während wir schlafen, aber nicht im Tiefschlaf. Indem wir uns fortwährend jede Nacht bemühen uns in dieser Praxis zu schulen, wird unser Gedächtnis nach und nach in der Lage sein, während des Schlafes zu funktionieren. Aufgrund dessen können wir unseren sehr subtilen Geist erkennen oder verwirklichen, wenn er sich während des Schlafes manifestiert. Durch weitere Schulung werden wir unseren sehr subtilen Geist direkt verwirklichen. Geschieht dies, dann vermischt sich unser Geist mit der Leerheit aller Phänomene wie Wasser sich mit Wasser mischt. Dadurch hört unsere subtile fehlerhafte Erscheinung schnell und für immer auf und wir werden ein erleuchtetes Wesen, ein Buddha. Wie Buddha sagte: «Verwirklichst du deinen eigenen Geist, wirst du ein Buddha. Du solltest Buddhaschaft nicht anderswo suchen.» Im Hinblick auf diese Erlangung hat unser Schlaf so viel Sinn.

WIE WIR DEN YOGA DES AUFWACHENS ÜBEN

Wir sollten versuchen den Yoga des Schlafens während der Nacht und den Yoga des Aufwachens während des Tages zu üben. Wir sollten täglich frühmorgens zuerst über die bloße Abwesenheit aller Phänomene, die wir normalerweise sehen oder wahrnehmen, die Leerheit aller Phänomene, meditieren. Dann denken wir und stellen uns vor:

Im weiten Raum der Leerheit aller Phänomene, dem Reinen Land Keajra, erscheine ich als Vajrayogini, umgeben von den erleuchteten Heldinnen und Helden. Obwohl ich diese Erscheinung habe, ist sie nichts anderes als die Leerheit aller Phänomene.

Wir meditieren über diese Selbsterzeugung.

Wir sollten diese Meditation den ganzen Tag lang ständig wiederholen. Dies ist der Yoga des Aufwachens. Nachts üben wir dann den Yoga des Schlafens. Indem wir den Zyklus der Yogas des Schlafens und des Aufwachens fortwährend üben, werden unsere gewöhnlichen Erscheinungen und Vorstellungen, die die Wurzel unseres Leidens sind, aufhören.

WIE WIR DEN YOGA DES ERFAHRENS VON NEKTAR ÜBEN

Wann immer wir essen oder trinken, sollten wir zuerst verstehen und denken:

Für erleuchtete Wesen sind alle Speisen und Getränke ein erhabener Nektar mit drei besonderen Eigenschaften: (1) er ist Medizinnektar, der Krankheit heilt, (2) er ist Lebensnektar, der den Tod verhindert und (3) er ist Weisheitsnektar, der Verblendungen befriedet.

Mit dieser Erkenntnis sollten wir, wann immer wir essen oder trinken, unser Vergnügen an diesen Objekten des Begehrens uns selbst, der selbsterzeugten Vajrayogini, darbringen. Indem wir in dieser Weise üben, können wir unsere tägliche Erfahrung des Essens und Trinkens in einen spirituellen Pfad umwandeln, der zu einer großen Ansammlung von Verdiensten, oder Glück, führt. In gleicher Weise sollten wir, wann immer wir den Anblick anziehender Formen oder schöner Gegenstände genießen, das Hören schöner Klänge wie Musik oder Lieder genießen, die Düfte schöner Gerüche genießen oder die Berührung fühlbarer Dinge genießen, unser Vergnügen an diesen Objekten des Begehrens uns selbst als der selbsterzeugten Vajrayogini darbringen. So können wir alle unsere täglichen Erfahrungen mit Objekten des Begehrens in einen spirituellen Pfad umwandeln, der uns zum erleuchteten Zustand von Vajrayogini führt.

Kurz gesagt sollten wir erkennen, dass wir uns als Vajrayogini in dem weiten Raum der Leerheit aller Phänomene – dem Reinen Land Keajra – befinden, umgeben von den erleuchteten Heldinnen und Helden. Wir sollten diese Erkenntnis Tag und Nacht bewahren, außer wenn wir uns auf allgemeine Pfade konzentrieren, wie Zuflucht nehmen, uns in Entsagung und Bodhichitta schulen oder Reinigungsübungen durchführen.

Die Yogas des Schlafens, Aufwachens und Erfahrens von Nektar in dieser Weise zu üben ist einfach, aber sehr tiefgründig. Es gibt auch andere Arten, diese Yogas zu üben, sie werden im Buch *Führer ins Dakiniland* näher erläutert.

DIE VERBLEIBENDEN ACHT YOGAS

Die verbleibenden acht Yogas, vom Yoga der Unermesslichen bis zum Yoga der täglichen Handlungen, sollten in Verbindung mit der Sadhana *Der schnelle Pfad zur großen Glückseligkeit*, die von Je Phabongkhapa verfasst wurde (siehe Anhang III), geübt werden. Diese Sadhana ist sehr gesegnet und kostbar. Eine ausführliche Erklärung, wie jeder Yoga zu üben ist, findet sich im Buch *Führer ins Dakiniland.* Das Folgende ist jedoch eine kurze Erläuterung ihrer Essenz.

DER YOGA DER UNERMESSLICHEN

Zuflucht nehmen, Bodhichitta erzeugen und die Meditation und Rezitation des Vajrasattva werden der «Yoga der Unermesslichen» genannt, denn sie sind Schulungen in spirituellen Pfaden, die uns unermesslichen Nutzen in diesem Leben und zahllosen zukünftigen Leben bringen werden.

Die Meditation und Rezitation des Vajrasattva bietet uns die großartige Gelegenheit, unseren Geist schnell zu reinigen, damit wir schneller Erleuchtung erlangen können. Wie bereits erwähnt ist es sehr einfach, Erleuchtung zu erlangen. Alles, was wir tun müssen, ist, uns zu bemühen unseren Geist zu reinigen.

DER YOGA DES GURUS

Um die Segnungen der Rede aller Buddhas zu empfangen, visualisieren wir in dieser Praxis des Guru Yoga unseren Wurzelguru im Aspekt von Buddha Vajradharma. Vajradharma, Vajradhara, Vajrasattva und Heruka sind unterschiedliche Aspekte des gleichen erleuchteten Wesens. Vajradharma hat die Funktion, die Segnungen der Rede aller Buddhas zu gewähren. Durch das Empfangen dieser Segnungen wird unsere Rede immer sehr kraftvoll, wenn wir Dharma Anleitungen erklären. In dieser Weise können wir die Wünsche zahlloser Lebewesen erfüllen und ihr Geisteskontinuum mit dem Nektar unserer Rede reinigen oder heilen.

Dieser Guru Yoga enthält eine Praxis, die «Kusali Tsogdarbringung», die die gleiche Funktion hat wie die Praxis des «Chöd» oder des «Durchschneidens». Er beinhaltet auch die Praxis, die Segnungen der vier Ermächtigungen zu erhalten, die uns große Zuversicht hinsichtlich der Erlangung von Erzeugungs- und Vollendungsstufenverwirklichungen verleihen wird.

DER YOGA DER SELBSTERZEUGUNG

Dieser Yoga umfasst die Übungen, den Tod, den Zwischenzustand (Bardo) und die Wiedergeburt in die Pfade zum Wahrheitskörper, Freudenkörper und Emanationskörper zu bringen.

In dieser Praxis visualisieren wir das tragende Mandala im Aspekt eines Doppeltetraeders, das die Leerheit aller Phänomene symbolisiert. Die getragenen Gottheiten sind wir selbst, die vorgestellte Vajrayogini, und unser Gefolge von Heldinnen.

DER YOGA DER REINIGUNG DER WANDERNDEN

In dieser Praxis stellen wir uns vor, nachdem wir uns als erleuchteter Buddha Vajrayogini erzeugt haben, dass wir selbst Segnungen gewähren, die alle Lebewesen von Leiden und Negativität befreien und sie in den Zustand Vajrayoginis verwandeln, den Zustand endgültigen Glücks. Dies ist eine besondere Praxis des Gebens und Nehmens im Höchsten Yoga Tantra. Sie lässt unser Potenzial heranreifen, jedem einzelnen Lebewesen direkt helfen zu können. Außerdem erfüllt sie die Verpflichtung, die wir während der Ermächtigung des Höchsten Yoga Tantra eingegangen sind, als wir versprachen allen Lebewesen zu helfen.

DER YOGA DER SEGNUNG DURCH DIE HELDEN UND HELDINNEN

In dieser Praxis, in der wir über das Körpermandala von Vajrayogini meditieren, erhalten unsere Kanäle und Tropfen direkt die kraftvollen Segnungen der siebenunddreißig Heldinnen, der weiblichen erleuchteten Gottheiten des Vajrayogini Körpermandalas, und indirekt die kraftvollen Segnungen ihrer Gefährten, der Helden. Außerdem erhalten wir die Segnungen aller Helden und Heldinnen, weil wir alle Heldinnen und Helden (weibliche und männliche erleuchtete Wesen) aus den zehn Richtungen im Aspekt von Vajrayogini einladen und in uns auflösen.

Die Meditation über Vajrayoginis Körpermandala ist sehr tiefgründig. Obwohl sie eine Praxis der Erzeugungsstufe ist, führt sie dazu, dass unsere inneren Winde in den Zentralkanal eintreten, in ihm verweilen und sich auflösen. Je Phabongkhapa lobte die Praxis des Vajrayogini Körpermandalas sehr.

DER YOGA DER MÜNDLICHEN UND GEISTIGEN REZITATION

Indem wir uns auf die mündliche Rezitation des Vajrayogini Mantras (das «Drei-OM-Mantra») konzentrieren, können wir die befriedenden, vermehrenden, kontrollierenden, zornvollen und höchsten Erlangungen vollenden, die im Abschnitt *Schulung in Mantrarezitation* des Kapitels *Die Praxis des Heruka Körpermandalas* im Buch *Moderner Buddhismus* erwähnt werden. In der Praxis der geistigen Rezitation werden zwei Meditationen der Vollendungsstufe vorgestellt, die die wirkliche Essenz der Vajrayogini Praxis sind. Diese beiden Meditationen werden im Buch *Führer ins Dakiniland* erläutert.

DER YOGA DER UNVORSTELLBARKEIT

Nachdem wir vom formlosen Bereich bis zum Nada alles in Leerheit aufgelöst haben, wie es in der Sadhana *Der schnelle Pfad zur großen Glückseligkeit* (siehe Anhang III) beschrieben wird, stellen wir uns vor, dass wir das klare Licht der Glückseligkeit erleben, und meditieren mit dieser Erfahrung über die Leerheit aller Phänomene, die bloße Abwesenheit aller Phänomene, die wir normalerweise wahrnehmen.

Diese Meditation ist die Schulung im klaren Licht der Glückseligkeit, der Hauptkörper der Vajrayogini Praxis. Wenn wir diese Meditation fortwährend üben, werden wir allmählich das sinnklare Licht erleben, die Vereinigung von großer Glückseligkeit und Leerheit, die die eigentliche Unvorstellbarkeit ist. Hier bedeutet «Unvorstellbarkeit», dass dies nicht von denjenigen erfahren werden kann, die das sinnklare Licht nicht erlangt haben.

DER YOGA DER TÄGLICHEN HANDLUNGEN

Der Yoga der täglichen Handlungen ist eine Methode, um alle unsere täglichen Handlungen wie Essen, Schlafen, Arbeiten und Reden in tiefgründige spirituelle Pfade umzuwandeln und dadurch jeden Augenblick unseres Lebens bedeutsam zu machen.

Anhang V
Der glückselige Pfad

DIE ZUSAMMENGEFASSTE SELBSTERZEUGUNGSSADHANA VON VAJRAYOGINI

Zusammengestellt vom Ehrwürdigen Geshe Kelsang Gyatso Rinpoche

Diejenigen, die sich als tägliche Praxis in der Selbsterzeugung von Vajrayoini schulen möchten, aber nicht genügend Zeit haben oder nicht in der Lage sind, entweder die ausführliche oder mittlere Sadhana zu üben, können dies tun, indem sie diese kurze Sadhana mit starkem Vertrauen üben. Wir sollten jedoch immer, wenn wir uns in der Rezitation, Kontemplation und Meditation dieser Sadhana Der glückselige Pfad *üben, vollkommen frei von Ablenkungen sein. Mit Ablenkungen können wir gar nichts erreichen.*

DIE EIGENTLICHE SADHANA

DIE VIER VORBEREITENDEN ÜBUNGEN

Visualisierung der Zufluchtsobjekte – das Tor, durch das wir unseren buddhistischen Glauben entwickeln und verstärken

Buddhistisches Vertrauen im Allgemeinen ist Vertrauen in Buddha, Dharma und Sangha. Und Vertrauen in Guru Vajradharma Heruka Vater und Mutter ist in dieser Praxis von Vajrayogini buddhistisches Vertrauen im Besonderen. Guru Vajradharma Heruka Vater und Mutter sind keine unterschiedlichen Personen, sie sind eine Person mit unterschiedlichen Aspekten. Wir üben, indem wir der Kontemplation in der Sadhana folgen:

Im Raume vor mir erscheint mein Wurzelguru im Aspekt von Buddha Vajradharma, die Manifestation der Rede aller Buddhas, mit Heruka Vater und Mutter in seinem Herzen. Er ist umgeben von der Versammlung der Liniengurus; der Yidams – den erleuchteten Gottheiten; den Drei kostbaren Juwelen – Buddha, Dharma und Sangha, den reinen spirituell Praktizierenden; und den Dharma Beschützern.

Wir meditieren mit starkem Vertrauen über diese große Versammlung von erleuchteten heiligen Wesen. Visualisieren wir unseren Wurzelguru in dieser Weise, erhalten wir die besonderen Segnungen der Rede aller Buddhas. Dadurch können wir schnell die Verwirklichungen der Rede erlangen – die Verwirklichungen der Dharma Anleitungen von Sutra und Tantra. Nur durch Dharma Verwirklichungen können wir unsere samsarischen Probleme im Allgemeinen und unsere menschlichen Probleme im Besonderen beenden.

Schulung in Zufluchtnahme – das Tor, durch das wir in den Buddhismus eintreten

In dieser Übung versprechen wir aus tiefstem Herzen, unser ganzes Leben lang zu der Versammlung der Gurus, Buddhas, Dharma und Sangha, den reinen spirituell Praktizierenden, Zuflucht zu nehmen, um uns selbst und alle Lebewesen dauerhaft von Leiden zu befreien. Dieses Versprechen ist das Zufluchtsgelübde. Es öffnet das Tor zur Befreiung, zum höchsten dauerhaften Frieden des Geistes, der Nirvana genannt wird. Wir üben, indem wir der Kontemplation in der Sadhana folgen:

Von jetzt an bis wir die Essenz der Erleuchtung erlangen, nehmen ich und alle fühlenden Wesen, so weit wie der Raum,
Zuflucht zu den Gurus, den erhabenen spirituellen Meistern,
Zuflucht zu den Buddhas, den vollerleuchteten Wesen,
Zuflucht zum Dharma, den kostbaren Lehren Buddhas,
Zuflucht zur Sangha, den reinen spirituell Praktizierenden.
(3x)

Als Verpflichtungen unseres Zufluchtsgelübdes sollten wir uns bemühen Buddhas Segnungen zu empfangen, Dharma in die Praxis umzusetzen und Hilfe von Sangha zu erhalten, den reinen spirituell Praktizierenden. Reine spirituell Praktizierende führen uns auf den spirituellen Pfad, indem sie uns ein gutes Vorbild sind, dem wir folgen können. Deshalb sind sie Objekte der Zuflucht.

Das erhabene gute Herz, Bodhichitta, erzeugen – das Tor, durch das wir den Pfad zur großen Erleuchtung betreten

In dieser Übung versprechen wir aus tiefstem Herzen, die Stufen von Vajrayoginis Pfad zu üben, um Erleuchtung zu erlangen, um jedem einzelnen Lebewesen Tag für Tag zu helfen. Damit meinen wir die Stufen der Pfade der Erzeugungsstufe und Vollendungsstufe von Vajrayogini. Dieses Versprechen ist unser Bodhisattva Gelübde. Es öffnet das Tor zum schnellen Pfad zur großen Erleuchtung. Wir üben, indem wir der Kontemplation in der Sadhana folgen:

Wenn ich den Zustand der vollkommenen Erleuchtung, Buddhaschaft, erlangt habe, werde ich alle fühlenden Wesen aus dem Ozean der Leiden Samsaras befreien und zur Glückseligkeit der vollen Erleuchtung führen. Deshalb werde ich die Stufen von Vajrayoginis Pfad praktizieren. (3x)

Als Verpflichtungen unseres Bodhisattva Gelübdes sollten wir uns bemühen die sechs Vollkommenheiten zu üben: Geben, moralische Disziplin, Geduld, Bemühen, Konzentration und Weisheit. Näheres dazu finden wir im Buch Moderner Buddhismus.

Segnungen empfangen – das Tor, durch das wir den erleuchteten Körper, Rede und Geist erlangen können, indem wir unsere gewöhnliche Erscheinung von Körper, Rede und Geist reinigen

In dieser Übung sollten wir zuerst ein kurzes Mandala darbringen:

Den Boden mit Duftwasser besprengt und mit Blumen geschmückt,
Den großen Berg, vier Länder, Sonne und Mond,
Als Buddhaland betrachtet bringe ich sie dar,
Mögen sich alle Wesen an solch Reinen Ländern erfreuen.

IDAM GURU RATNA MANDALAKAM NIRYATAYAMI

Dann erbitten wir das Folgende dreimal:

Ich verbeuge mich und nehme Zuflucht zu den Gurus und Drei kostbaren Juwelen. Bitte segnet mein Geisteskontinuum. (3x)

Wir schulen uns nun in der eigentlichen Praxis, indem wir der Kontemplation in der Sadhana folgen:

Aufgrund dieser Bitte schmilzt die große Versammlung der erleuchteten heiligen Wesen vor mir in die Form weißer, roter und dunkelblauer Lichtstrahlen. Die weißen Lichtstrahlen sind in ihrer Natur die Körper aller Buddhas. Die roten Lichtstrahlen sind in ihrer Natur die Rede aller Buddhas. Und die dunkelblauen Lichtstrahlen sind in ihrer Natur der Geist aller Buddhas. Sie alle lösen sich in mich auf und ich erhalte die besonderen Segnungen aller Buddhas. Meine gewöhnliche Erscheinung von Körper, Rede und Geist ist gereinigt und mein ständig verweilender Körper, Rede und Geist verwandeln sich in den erleuchteten Körper, Rede und Geist.

Wir meditieren einsgerichtet über diesen Glauben. Die Wahrnehmung unseres Körpers, unserer Rede und unseres Geistes, die wir normalerweise sehen, ist unsere gewöhnliche Erscheinung von Körper, Rede und Geist.

DIE EIGENTLICHE PRAXIS DER SELBSTERZEUGUNG

Den Tod in den Pfad zum Wahrheitskörper bringen, Buddhas sehr subtilem Körper

In dieser Übung verwandeln wir unser klares Licht des Todes durch richtige Vorstellung in den spirituellen Pfad der Vereinigung von großer Glückseligkeit und Leerheit. Wir üben, indem wir der Kontemplation in der Sadhana folgen:

Die ganze Welt und ihre Bewohner schmelzen zu Licht und lösen sich in meinen Körper auf. Auch mein Körper schmilzt zu Licht, wird allmählich kleiner und löst sich schließlich in Leerheit, die bloße Abwesenheit aller Phänomene, die ich normalerweise sehe, auf. Dies ähnelt der Art und Weise, in der sich alle Erscheinungen dieses Lebens im Tod auflösen. Ich erfahre das klare Licht des Todes, dessen Natur Glückseligkeit ist. Ich nehme nichts anderes wahr als Leerheit. Mein Geist, das klare Licht des Todes, wird zur Vereinigung von großer Glückseligkeit und Leerheit.

Wir meditieren, vollkommen frei von Ablenkungen, über diesen Glauben. Am Schluss der Meditation denken wir:

Ich bin die Wahrheitskörper-Vajrayogini.

Ein manifester sehr subtiler Geist zum Zeitpunkt des Todes ist das klare Licht des Todes. Obwohl diese Kontemplation und Meditation Vorstellung ist, ist ihre Natur Weisheit, und sie hat eine unvorstellbare Bedeutung. Indem wir diese Kontemplation und Meditation aufrichtig und fortwährend üben, werden wir eine tiefe Vertrautheit damit erlangen, unser klares Licht des Todes durch Vorstellung in die Vereinigung von großer Glückseligkeit und Leerheit umzuwandeln. Später, wenn wir dann den Todesvorgang wirklich erleben, wird es uns möglich sein, unser klares Licht des Todes zu erkennen und es in die Vereinigung von großer Glückseligkeit und Leerheit umzuwandeln. Diese Verwandlung ist die Verwirklichung des endgültigen beispielklaren Lichts, das unmittelbar zur Erlangung des illusorischen Körpers, eines unsterblichen Körpers, führt. Von dem Moment an werden wir eine unsterbliche Person und werden unsere Welt als das Reine Land Keajra und uns selbst als Vajrayogini erleben. Somit haben wir unser endgültiges Ziel erreicht. Vajrayogini, die auf den Wahrheitskörper eines Buddha zugeschrieben wird, ist die Wahrheitskörper-Vajrayogini, die definitive Vajrayogini.

Den Zwischenzustand in den Pfad zum Freudenkörper bringen, Buddhas subtilem Formkörper

Der Zustand zwischen diesem Leben und der nächsten Wiedergeburt ist der Zwischenzustand. Die Wesen in diesem Zustand sind Wesen des Zwischenzustands, auch Bardowesen genannt. In dieser Übung verwandeln wir die Erfahrung eines Wesens des Zwischenzustands in die Erfahrung der Freudenkörper-Vajrayogini. Vajrayogini, die auf den subtilen Formkörper eines Buddha zugeschrieben wird, ist die Freudenkörper-Vajrayogini. Wir üben, indem wir der Kontemplation in der Sadhana folgen:

Ich halte die Erfahrung, dass mein Geist des klaren Lichts des Todes die Vereinigung von großer Glückseligkeit und Leerheit geworden ist. Aus der Leerheit des Wahrheitskörpers, des Dharmakaya, verwandle ich mich augenblicklich in die Freudenkörper-Vajrayogini, in Form einer Kugel aus rotfarbigem Licht, das die Natur von großer Glückseligkeit untrennbar von Leerheit ist. Dies ähnelt der Art und Weise, in welcher der Körper eines Wesens des Zwischenzustands aus dem klaren Licht des Todes hervorgeht. Ich bin die Freudenkörper-Vajrayogini.

Wir verweilen so lange wie möglich einsgerichtet auf der Erfahrung von uns selbst als Freudenkörper-Vajrayogini.

Wiedergeburt in den Pfad zum Emanationskörper bringen, Buddhas grobem Formkörper

In dieser Übung verwandeln wir unsere Erfahrung, eine Wiedergeburt als gewöhnliches Wesen in Samsara anzunehmen, in die Erfahrung, eine Wiedergeburt als Emanationskörper-Vajrayogini im Reinen Land Keajra anzunehmen. Vajrayogini, die auf Buddhas groben Formkörper zugeschrieben wird, ist die Emanationskörper-Vajrayogini. Wir üben, indem wir der Kontemplation in der Sadhana folgen:

Im weiten Raum der Leerheit aller Phänomene, die Natur meiner gereinigten fehlerhaften Erscheinung aller Phänomene, was das Reine Land Keajra ist, erscheine ich als Vajrayogini, die Manifestation der Weisheit des klaren Lichts aller Buddhas. Ich habe einen rotfarbigen Körper aus Licht, mit einem Gesicht und zwei Händen, und ich nehme die Gestalt einer Sechzehnjährigen in der Blüte meiner Jugend an. Obwohl ich diese Erscheinung habe, ist sie nichts anderes als die Leerheit aller Phänomene. Ich bin die Emanationskörper-Vajrayogini.

Wir meditieren so lange wie möglich über diese Selbsterzeugung. Dabei halten wir die Erkenntnis, dass wir selbst, als Vajrayogini in unserem Reinen Land Keajra, und die Leerheit aller Phänomene eine Wesenheit sind, nicht zwei. Unsere Meditation über Selbsterzeugung hat die Kraft, unser Festhalten am Selbst zu verringern und zu beenden. In dieser Praxis sollten wir unsere Erfahrung der Schulung in göttlichem Stolz und klarer Erscheinung vertiefen, indem wir beständig über die Anleitungen zu diesen Schulungen, die im Buch Führer ins Dakiniland *gegeben werden, kontemplieren und meditieren.*

Es sollte uns bewusst sein, dass die vier vorbereitenden Übungen wie die vier Räder eines Fahrzeugs sind und die eigentliche Praxis der Selbsterzeugung wie das Fahrzeug selbst. Dies zeigt, dass sowohl die vorbereitenden Übungen als auch die eigentliche Praxis gleich wichtig sind, um unser endgültiges Ziel zu erreichen.

An dieser Stelle können wir eine besondere Meditation über das innere Feuer üben, die Tummo Meditation. Eine klare und genaue Erläuterung, wie wir das tun, finden wir im Buch Führer ins Dakiniland.

Mantrarezitation

In meinem Herzen ist das Weisheitswesen Vajrayogini, die definitive Vajrayogini, welche die Synthese des Körpers, der Rede und des Geistes aller Buddhas ist.

O meine Guru-Gottheit Vajrayogini,
Bitte gewähre mir und allen fühlenden Wesen
Die Erlangungen des erleuchteten Körpers, der Rede und des Geistes.
Bitte befriede unsere äußeren, inneren und geheimen Hindernisse.
Bitte errichte in uns die Grundlage für alle diese Erlangungen.

Mit dieser Bitte rezitieren wir das Drei-OM-Mantra mindestens so viele Male, wie wir es versprochen haben.

OM OM OM SARWA BUDDHA DAKINIYE VAJRA WARNANIYE VAJRA BEROTZANIYE HUM HUM HUM PHAT PHAT PHAT SÖHA.

Äußere Hindernisse sind Schäden, die wir sowohl von Menschen und Nichtmenschen als auch von unbelebten Dingen wie Feuer, Wasser und so weiter erleben. Innere Hindernisse sind unsere Verblendungen wie Wut, Anhaftung und Unwissenheit. Und das geheime Hindernis ist unsere subtile fehlerhafte Erscheinung aller Phänomene. Die Wahrnehmung aller Phänomene, die wir normalerweise sehen, ist unsere subtile fehlerhafte Erscheinung aller Phänomene.

An dieser Stelle können wir, wenn wir wollen, eine Tsogdarbringung machen. Das rituelle Gebet für eine Tsogdarbringung ist *auf S. 238.*

Widmung

Möge ich durch die Tugenden, die ich durch die Praxis dieser Anleitungen angesammelt habe,
Die besondere Fürsorge der Ehrwürdigen Vajrayogini und ihrer Dakini Emanationen erhalten.
Und indem mein sehr subtiler Körper, Rede und Geist ihre kraftvollen Segnungen empfangen,
Möge ich schnell Erleuchtung erlangen, um alle Lebewesen zu befreien.

Gebete für die Tugendhafte Tradition

Damit die Tradition Je Tsongkhapas,
Des Königs des Dharma, erblühe,
Mögen alle Hindernisse überwunden sein
Und mögen alle vorteilhaften Bedingungen im Überfluss vorhanden sein.

Durch die zwei Ansammlungen von mir und anderen,
Die während der drei Zeiten zusammengetragen werden,
Möge die Lehre des Eroberers Losang Dragpa
Für immer erblühen.

Das neunzeilige *Migtsema* Gebet

Tsongkhapa, Kronjuwel der Gelehrten vom Lande des Schnees,
Du bist Buddha Shakyamuni und Vajradhara, Quelle aller Erlangungen,
Avalokiteshvara, Schatz des nichtbeobachtbaren Mitgefühls,
Manjushri, erhabene, makellose Weisheit,
Und Vajrapani, Zerstörer der Scharen von Maras.
O ehrwürdiger Guru Buddha, Vereinigung aller Drei Juwelen,
Mit Körper, Rede und Geist ersuche ich Dich mit Respekt:
Bitte gewähre Deine Segnungen, damit ich und andere zur Reife und Befreiung gelangen,
Und gewähre die allgemeinen und höchsten Erlangungen.
(3x)

***Kolophon*:** Diese Sadhana, ein rituelles Gebet für spirituelle Erlangungen, wurde vom Ehrwürdigen Geshe Kelsang Gyatso Rinpoche 2012 aus traditionellen Quellen zusammengestellt und 2013 überarbeitet.

Anhang VI
Der außergewöhnliche Yoga der Unvorstellbarkeit

DIE BESONDERE ANLEITUNG, WIE MAN DAS REINE LAND KEAJRA MIT DIESEM MENSCHLICHEN KÖRPER ERREICHT

Zusammengestellt vom
Ehrwürdigen Geshe Kelsang Gyatso Rinpoche

Einführung

Diese Sadhana, ein rituelles Gebet zur Erlangung des Reinen Landes Keajra, beruht auf der Sadhana, die von Je Phabongkhapa verfasst wurde. Ich habe sie auf eine einfache Art und Weise dargelegt, damit sie leicht verstanden und geübt werden kann.

Die Anleitung hat zwei Stufen:

1. Die vorbereitenden Übungen
2. Die eigentliche Übung des außergewöhnlichen Yoga der Unvorstellbarkeit

Vorbereitende Übungen erscheinen oft schwieriger als die eigentliche Übung. Das ist häufig so. Kochen zum Beispiel ist schwieriger als Essen und eine Feier vorzubereiten ist schwieriger als die eigentliche Feier!

Diese außergewöhnliche Yoga Übung ist der Powa Praxis der Bewusstseinsübertragung in ein Reines Land überlegen. Damit diese tiefgründige Übung effektiv ist, sollten wir die Ermächtigungen des Heruka Körpermandalas und von Vajrayogini sowie die besondere Anleitung über den außergewöhnlichen Yoga der Unvorstellbarkeit von einem qualifizierten spirituellen Meister erhalten. Dann müssen wir uns bemühen diese Anleitung fortwährend zu üben, indem wir denken: «Mit Bemühen kann ich alles erreichen.» In dieser Weise sollten wir uns selbst zum Zustand von Heruka Vater und Mutter führen.

Geshe Kelsang Gyatso
10. Januar 2012
Vajrayogini Tag

Der außergewöhnliche Yoga der Unvorstellbarkeit

DIE VORBEREITENDEN ÜBUNGEN

Zuflucht nehmen

Von jetzt an bis wir die Essenz der Erleuchtung erlangen,
nehmen ich und alle fühlenden Wesen, die Wandernden so weit wie der Raum,
Zuflucht zu den glorreichen, heiligen Gurus,
Zuflucht zu den vollkommenen Buddhas, den Gesegneten,
Zuflucht zu den heiligen Dharmas,
Zuflucht zu den höheren Sanghas. (3x)

Bodhichitta erzeugen

Wenn ich den Zustand eines vollkommenen Buddha erlangt habe, werde ich alle fühlenden Wesen aus dem Ozean der Leiden Samsaras befreien und zur Glückseligkeit der vollen Erleuchtung führen. Deshalb werde ich die Stufen von Vajrayoginis Pfad praktizieren. (3x)

Eine besondere Motivation erzeugen

Es gibt keine Garantie, dass ich nicht heute sterben werde. Der Tod zerstört meine kostbare Möglichkeit, das endgültige Ziel der Erleuchtung zu erlangen und allen fühlenden Wesen zu helfen. Deshalb muss ich meinen Körper in den unsterblichen Körper umwandeln, indem ich Dakiniland, das Reine Land Keajra, erreiche.

Wir meditieren für kurze Zeit über diesen Entschluss.

Die gewöhnliche Erscheinung von uns selbst reinigen

Wenn ich mein Selbst mit Weisheit suche, verschwinde ich, anstatt mich zu finden. Dies ist ein klares Zeichen, dass mein Selbst, das ich normalerweise sehe, überhaupt nicht existiert.

Wir meditieren über die bloße Abwesenheit unseres Selbst, das wir normalerweise sehen.

Uns selbst als äußere Vajrayogini erzeugen

Im weiten Raum der Leerheit erscheine ich als Ehrwürdige Vajrayogini mit den üblichen Merkmalen, doch ohne Phänomenenquelle und Kissen. Ich habe einen rotfarbigen Körper aus Licht und nehme die Form einer Sechzehnjährigen in der Blüte meiner Jugend an.

Wir meditieren über diesen Glauben.

Die Kanäle visualisieren

Genau in der Mitte meines Körpers, der die Natur von Licht hat, ist mein Zentralkanal. Er ist so dünn wie ein Faden, sehr gerade, ölig-rot und klar und durchscheinend. Die untere Spitze des Zentralkanals ist auf der Höhe meines Nabels, von wo er in einer geraden Linie nach oben verläuft, wobei seine obere Spitze den Scheitel meines Kopfes berührt. An beiden Seiten des Zentralkanals, ohne Zwischenraum, befinden sich der rechte und linke Kanal. Der rechte Kanal ist von roter Farbe und der linke ist weiß. Der rechte Kanal beginnt an der Spitze meines rechten Nasenlochs und der linke Kanal an der Spitze meines linken Nasenlochs. Von dort gehen sie in einem Bogen zum Scheitel meines Kopfes hinauf und vom Scheitel gehen sie beide hinab, bis zwei Zentimeter unterhalb meines Nabels, wobei ihre Spitzen nach oben gerichtet sind.

Unsere Geist-Vajrayogini erzeugen

In meinem Nabel zwischen der unteren Spitze des Zentralkanals und den unteren Spitzen des rechten und linken Kanals, die nach oben gerichtet sind, gibt es einen kleinen leeren Raum. An dieser Stelle befindet sich mein Geist in der Form von Vajrayogini, so klein wie ein Daumen, mit den üblichen Merkmalen, aber ohne Phänomenenquelle und Kissen. Ihre zwei Beine stehen auf den unteren Spitzen des rechten und linken Kanals, die nach oben gerichtet sind, und ihr Scheitel berührt die untere Spitze des Zentralkanals. Diese innere Vajrayogini ist mein Geist. Ich bin meine Geist-Vajrayogini.

Wir meditieren über diesen Glauben.

Die Welt und ihre Wesen reinigen und verwandeln

Aus dem Herzen meiner Geist-Vajrayogini im Nabel strömen unermessliche fünffarbige Lichtstrahlen, die Natur der fünf allwissenden Weisheiten. Diese reinigen die ganze Welt und alle Wesen, die sie bewohnen. Die Welt verwandelt sich in das Reine Land Keajra und alle Wesen verwandeln sich in Vajrayogini. Sie alle schmelzen zu Licht und werden zu einer einzigen Kugel aus Licht. Diese löst sich in das Herz meiner Geist-Vajrayogini im Nabel auf.

An dieser Stelle sollten wir die folgende Meditation üben: Wir atmen sanft ein und stellen uns vor, dass sich alle Winde des oberen Teils unseres Körpers sammeln, hinabfließen und den Punkt genau über unserer Geist-Vajrayogini in unserem Nabel erreichen. Dann spannen wir die Muskeln des unteren Teils unseres Körpers ein wenig an und ziehen alle unteren Winde nach oben. Sie steigen auf und erreichen den Punkt genau unterhalb unserer Geist-Vajrayogini in unserem Nabel. Sowohl die oberen als auch die unteren Winde unseres Körpers werden nun zusammen an unserem Nabel gehalten. Dies nennt man «Vasenatmung», weil die Form der vereinten oberen und unteren Winde der Form einer Vase ähnelt. Während wir die Vasenatmung an unserem Nabel halten, konzentrieren wir uns auf unsere Geist-Vajrayogini und denken fest: «Ich bin meine Geist-Vajrayogini». Wir meditieren über diesen Glauben. Kurz bevor wir uns unbehaglich fühlen, atmen wir langsam und sanft durch unsere Nasenlöcher aus. Die Vasenatmung zu halten hilft uns, Ablenkungen zu verhindern und macht unsere Konzentration klar. Am Anfang werden wir nicht in der Lage sein, unseren Atem für sehr lange Zeit zu halten. Deshalb müssen wir diese Praxis immer wieder üben.

DIE EIGENTLICHE PRAXIS DES AUSSERGEWÖHNLICHEN YOGA DER UNVORSTELLBARKEIT

Haben wir tiefe Vertrautheit mit dem Gedanken «Ich bin meine Geist-Vajrayogini» erlangt, durch den wir die Grundlage der Zuschreibung von uns selbst geändert haben, üben wir nun die folgende Kontemplation und Meditation:

Wenn ich das Reine Land Keajra erreiche, werde ich dauerhaft von Krankheit, Altern, Tod und einer Wiedergeburt in Samsara frei sein und ich werde in der Lage sein, zahllosen Lebewesen durch meine Emanationen zu helfen. Ich muss jetzt dort hingehen.

Die zwei Beine und zwei Arme der äußeren Vajrayogini lösen sich in ihren Hauptkörper auf. Der untere Teil ihres Hauptkörpers löst sich in meine Geist-Vajrayogini im

Nabel auf. Meine Geist-Vajrayogini steigt zum Herzen der äußeren Vajrayogini hinauf. Der Hauptkörper der äußeren Vajrayogini unterhalb des Herzens löst sich in meine Geist-Vajrayogini im Herzen auf. Meine Geist-Vajrayogini steigt zum Scheitel der äußeren Vajrayogini hinauf. Der Hauptkörper der äußeren Vajrayogini unterhalb des Scheitels löst sich in meine Geist-Vajrayogini im Scheitel auf. Dann löst sich der Scheitel der äußeren Vajrayogini in meine Geist-Vajrayogini auf, meine Geist-Vajrayogini fliegt augenblicklich durch den höheren Himmel des Dharmakaya und erreicht das Reine Land Keajra.

Wir meditieren ohne Ablenkung einsgerichtet über diesen Glauben.

Der Körper meiner Geist-Vajrayogini wird immer kleiner und löst sich in Leerheit auf, die untrennbar von großer Glückseligkeit ist.

Wir meditieren über die Vereinigung von großer Glückseligkeit und Leerheit, was die wirkliche Unvorstellbarkeit ist. Wir sollten diese eigentliche Praxis des außergewöhnlichen Yoga der Unvorstellbarkeit drei- oder siebenmal in jeder Sitzung wiederholen.

Wenn Praktizierende durch fortwährendes Bemühen und beständiges Empfangen der kraftvollen Segnungen von Heruka und Vajrayogini tiefe Vertrautheit mit den vorbereitenden Übungen und der eigentlichen Praxis dieses außergewöhnlichen Yoga der Unvorstellbarkeit erlangen, werden sie das Reine Land Keajra mit diesem menschlichen Körper erreichen. Dies wird nicht allgemeiner Erscheinung entsprechen, sondern ist die außergewöhnliche Erscheinung und Erfahrung der vom Glück begünstigten Praktizierenden. Wenn ein Praktizierender, der etwa achtzig Jahre alt ist, das Reine Land Keajra erreicht, wird sich sein oder ihr Körper in den Körper eines Sechzehnjährigen in der Blüte seiner oder ihrer Jugend verwandeln und ein nichtverunreinigter Körper werden. Somit wird er oder sie dauerhaft frei von Krankheit, Altern, Tod und einer Wiedergeburt in Samsara sein und durch fortwährende Höchste Yoga Tantra Praxis wird er oder sie die volle Erleuchtung im gleichen Leben erlangen.

Widmung

Durch die Praxis dieses Yoga der Unvorstellbarkeit
Möge das Tor zum Keajra Himmel für jeden offen stehen,
Damit alle Lebewesen den Zustand
Von Heruka Vater und Mutter erlangen mögen.

Möge durch die Tugenden, die ich hier angesammelt habe,
Die Lehre des Eroberers Losang Dragpa –
Die Essenz des Buddhadharma –
Für immer erblühen.

Gebet für die Tugendhafte Tradition

Damit die Tradition Je Tsongkhapas,
Des Königs des Dharma, erblühe,
Mögen alle Hindernisse überwunden sein
Und mögen alle vorteilhaften Bedingungen im Überfluss
vorhanden sein.

Durch die zwei Ansammlungen von mir und anderen,
Die während der drei Zeiten zusammengetragen werden,
Möge die Lehre des Eroberers Losang Dragpa
Für immer erblühen.

Das neunzeilige *Migtsema* Gebet

Tsongkhapa, Kronjuwel der Gelehrten vom Lande des Schnees,
Du bist Buddha Shakyamuni und Vajradhara, Quelle aller Erlangungen,
Avalokiteshvara, Schatz des nichtbeobachtbaren Mitgefühls,
Manjushri, erhabene, makellose Weisheit,
Und Vajrapani, Zerstörer der Scharen von Maras.
O ehrwürdiger Guru Buddha, Vereinigung aller Drei Juwelen,
Mit Körper, Rede und Geist ersuche ich Dich mit Respekt:
Bitte gewähre Deine Segnungen, damit ich und andere zur Reife und Befreiung gelangen,
Und gewähre die allgemeinen und höchsten Erlangungen.
(3x)

Kolophon: Diese Sadhana, ein rituelles Gebet für spirituelle Erlangungen, wurde vom Ehrwürdigen Geshe Kelsang Gyatso Rinpoche 2012 aus traditionellen Quellen zusammengestellt.

Anhang VII
Der Keajra Himmel

DER ESSENZIELLE KOMMENTAR ZUR PRAXIS
DER AUSSERGEWÖHNLICHE YOGA DER UNVORSTELLBARKEIT

Die Schulung in der höheren Bewusstseinsübertragung, die in der Sadhana *Der außergewöhnliche Yoga der Unvorstellbarkeit* dargelegt ist, ist der eigentliche außergewöhnliche Yoga der Unvorstellbarkeit. Diese Schulung wird «der außergewöhnliche Yoga» genannt, weil er eine außergewöhnliche Praxis des Vajrayogini Tantra ist. Die Tantras anderer Gottheiten enthalten diese besondere Schulung nicht. Diese Schulung wird «Unvorstellbarkeit» genannt, weil sie eine unvorstellbare Bedeutung hat. Sie verleiht unserem gegenwärtigen Leben und unseren zukünftigen Leben unvorstellbare Bedeutung. Dennoch sollten wir, wann immer wir die Rezitation, Kontemplation und Meditation dieser Sadhana üben, vollkommen frei von Ablenkungen sein. Mit Ablenkungen können wir gar nichts erreichen.

Der Erfolg dieser Schulung in der höheren Bewusstseinsübertragung hängt von den acht Stufen der vorbereitenden Übungen ab, die in dieser Sadhana dargelegt sind.

Die erste Stufe – Zuflucht nehmen

In dieser Übung versprechen wir aus tiefstem Herzen, unser ganzes Leben lang zu den Gurus, Buddhas, Dharma und Sangha – den reinen spirituell Praktizierenden – Zuflucht zu nehmen, um uns selbst und alle Lebewesen dauerhaft von Leiden zu befreien. Dieses Versprechen ist unser Zufluchtsgelübde. Hierdurch treten wir in den Buddhismus ein und öffnen das Tor zur Befreiung, zum höchsten dauerhaften Frieden des Geistes, der Nirvana genannt wird. Als Verpflichtungen unseres Zufluchtsgelübdes bemühen wir uns Buddhas Segnungen zu empfangen, Dharma in die Praxis umzusetzen und Hilfe von Sangha zu erhalten – den reinen spirituell Praktizierenden. Reine spirituell Praktizierende führen uns auf den spirituellen Pfad, indem sie uns ein gutes Vorbild sind, dem wir folgen können. Deshalb sind sie Objekte der Zuflucht. Wir üben, indem wir der Sadhana folgen:

Von jetzt an bis wir die Essenz der Erleuchtung
erlangen, nehmen ich und alle fühlenden Wesen,
die Wandernden so weit wie der Raum,
Zuflucht zu den glorreichen, heiligen Gurus,
Zuflucht zu den vollkommenen Buddhas, den
Gesegneten,
Zuflucht zu den heiligen Dharmas,
Zuflucht zu den höheren Sanghas.

Die zweite Stufe – Bodhichitta erzeugen

In dieser Übung versprechen wir aus tiefstem Herzen, die Stufen der Pfade der Erzeugungsstufe und Vollendungsstufe von Vajrayogini zu üben, um Erleuchtung zu erlangen, um jedem einzelnen Lebewesen Tag für Tag zu helfen. Dieses Versprechen ist unser Bodhisattva Gelübde. Wir öffnen damit das Tor zum schnellen Pfad zur Erleuchtung. Als

Verpflichtungen unseres Bodhisattva Gelübdes bemühen wir uns die Erzeugungsstufe und Vollendungsstufe in Verbindung mit den sechs Vollkommenheiten – Geben, moralische Disziplin, Geduld, Bemühen, Konzentration und Weisheit – zu üben. Wir üben, indem wir der Sadhana folgen:

> **Wenn ich den Zustand eines vollkommenen Buddha erlangt habe, werde ich alle fühlenden Wesen aus dem Ozean der Leiden Samsaras befreien und zur Glückseligkeit der vollen Erleuchtung führen. Deshalb werde ich die Stufen von Vajrayoginis Pfad praktizieren.**

Die dritte Stufe – Eine besondere Motivation erzeugen

Wir üben, indem wir der Kontemplation in der Sadhana folgen:

> **Es gibt keine Garantie, dass ich nicht heute sterben werde. Der Tod zerstört meine kostbare Möglichkeit, das endgültige Ziel der Erleuchtung zu erlangen und allen fühlenden Wesen zu helfen. Deshalb muss ich meinen Körper in den unsterblichen Körper umwandeln, indem ich Dakiniland, das Reine Land Keajra, erreiche.**
>
> *Wir meditieren für kurze Zeit über diesen Entschluss.*

Die vierte Stufe – Die gewöhnliche Erscheinung von uns selbst reinigen

Unsere Wahrnehmung unseres Selbst, das wir normalerweise sehen, ist die gewöhnliche Erscheinung unseres Selbst. Sie ist das Haupthindernis für die Selbsterzeugung als Vajrayogini. Deshalb müssen wir dieses Hindernis reinigen, indem wir die bloße Abwesenheit unseres Selbst, das wir normalerweise sehen, verstehen und darüber meditieren. Wir üben, indem wir der Kontemplation in der Sadhana folgen:

Wenn ich mein Selbst mit Weisheit suche, verschwinde ich, anstatt mich zu finden. Dies ist ein klares Zeichen, dass mein Selbst, das ich normalerweise sehe, überhaupt nicht existiert.

Wir meditieren über die bloße Abwesenheit unseres Selbst, das wir normalerweise sehen.

Die fünfte Stufe – Uns selbst als äußere Vajrayogini erzeugen

Während wir nichts anderes wahrnehmen als die bloße Abwesenheit unseres Selbst, das wir normalerweise sehen, üben wir, indem wir der Kontemplation in der Sadhana folgen:

Im weiten Raum der Leerheit erscheine ich als Ehrwürdige Vajrayogini mit den üblichen Merkmalen, doch ohne Phänomenenquelle und Kissen. Ich habe einen rotfarbigen Körper aus Licht und nehme die Form einer Sechzehnjährigen in der Blüte meiner Jugend an.

Wir meditieren über diesen Glauben.

Die sechste Stufe – Die Kanäle visualisieren

Es gibt zwei Gründe, warum wir diese Visualisierung üben:

1. Um den Ort zu erkennen, wo wir unsere Geist-Vajrayogini erzeugen
2. Damit unsere Kanäle, Tropfen und Winde Segnungen empfangen, sodass unsere Kontemplation und Meditation der eigentlichen Praxis des außergewöhnlichen Yoga der Unvorstellbarkeit erfolgreich sein wird

Wir üben, indem wir der Kontemplation in der Sadhana folgen:

> **Genau in der Mitte meines Körpers, der die Natur von Licht hat, ist mein Zentralkanal. Er ist so dünn wie ein Faden, sehr gerade, ölig-rot und klar und durchscheinend. Die untere Spitze des Zentralkanals ist auf der Höhe meines Nabels, von wo er in einer geraden Linie nach oben verläuft, wobei seine obere Spitze den Scheitel meines Kopfes berührt. An beiden Seiten des Zentralkanals, ohne Zwischenraum, befinden sich der rechte und linke Kanal. Der rechte Kanal ist von roter Farbe und der linke ist weiß. Der rechte Kanal beginnt an der Spitze meines rechten Nasenlochs und der linke Kanal an der Spitze meines linken Nasenlochs. Von dort gehen sie in einem Bogen zum Scheitel meines Kopfes hinauf und vom Scheitel gehen sie beide hinab, bis zwei Zentimeter unterhalb meines Nabels, wobei ihre Spitzen nach oben gerichtet sind.**

Die siebte Stufe – Unsere Geist-Vajrayogini erzeugen

In dieser Übung wandeln wir unseren Geist in Vajrayogini um. Diese Umwandlung wird «unsere Geist-Vajrayogini» genannt und ist die besondere Praxis der Selbsterzeugung. Der Sinn dieser Praxis ist, dass wir das Reine Land Keajra direkt, ohne diesen menschlichen Körper aufzugeben, erreichen können. Wir üben, indem wir der Kontemplation in der Sadhana folgen:

> **In meinem Nabel zwischen der unteren Spitze des Zentralkanals und den unteren Spitzen des rechten und linken Kanals, die nach oben gerichtet sind, gibt es einen kleinen leeren Raum. An dieser Stelle befindet sich mein Geist in der Form von Vajrayogini, so**

klein wie ein Daumen, mit den üblichen Merkmalen, aber ohne Phänomenenquelle und Kissen. Ihre zwei Beine stehen auf den unteren Spitzen des rechten und linken Kanals, die nach oben gerichtet sind, und ihr Scheitel berührt die untere Spitze des Zentralkanals. Diese innere Vajrayogini ist mein Geist. Ich bin meine Geist-Vajrayogini.

Wir meditieren über diesen Glauben.

Die achte Stufe – Die Welt und ihre Wesen reinigen und verwandeln

Mit der Motivation, alle Lebewesen wertzuschätzen, widmen wir uns aufrichtig dieser Übung, damit wir die Verpflichtungen unserer tantrischen Gelübde erfüllen. Dadurch werden unser Geist und unsere Handlungen rein. Somit werden wir unsere Welt, unsere Vergnügen, die Wesen, die um uns sind, und alles andere als rein erleben. Wir üben, indem wir der Kontemplation in der Sadhana folgen:

Aus dem Herzen meiner Geist-Vajrayogini im Nabel strömen unermessliche fünffarbige Lichtstrahlen, die Natur der fünf allwissenden Weisheiten. Diese reinigen die ganze Welt und alle Wesen, die sie bewohnen. Die Welt verwandelt sich in das Reine Land Keajra und alle Wesen verwandeln sich in Vajrayogini. Sie alle schmelzen zu Licht und werden zu einer einzigen Kugel aus Licht. Diese löst sich in das Herz meiner Geist-Vajrayogini im Nabel auf.

Für die eigentliche Meditation über den außergewöhnlichen Yoga der Unvorstellbarkeit ist es sehr wichtig, dass wir tief mit dem Gedanken «Ich bin meine Geist-Vajrayogini» vertraut werden. Deshalb sollten wir diese Übung in göttlichem Stolz, den Gedanken «Ich bin meine

Geist-Vajrayogini» in Verbindung mit der Meditation der Vasenatmung betonen. In der Sadhana heißt es:

> ***An dieser Stelle sollten wir die folgende Meditation üben: Wir atmen sanft ein und stellen uns vor, dass sich alle Winde des oberen Teils unseres Körpers sammeln, hinabfließen und den Punkt genau über unserer Geist-Vajrayogini in unserem Nabel erreichen. Dann spannen wir die Muskeln des unteren Teils unseres Körpers ein wenig an und ziehen alle unteren Winde nach oben. Sie steigen auf und erreichen den Punkt genau unterhalb unserer Geist-Vajrayogini in unserem Nabel. Sowohl die oberen als auch die unteren Winde unseres Körpers werden nun zusammen an unserem Nabel gehalten. Dies nennt man «Vasenatmung», weil die Form der vereinten oberen und unteren Winde der Form einer Vase ähnelt. Während wir die Vasenatmung an unserem Nabel halten, konzentrieren wir uns auf unsere Geist-Vajrayogini und denken fest: «Ich bin meine Geist-Vajrayogini». Wir meditieren über diesen Glauben. Kurz bevor wir uns unbehaglich fühlen, atmen wir langsam und sanft durch unsere Nasenlöcher aus. Die Vasenatmung zu halten hilft uns, Ablenkungen zu verhindern und macht unsere Konzentration klar. Am Anfang werden wir nicht in der Lage sein, unseren Atem für sehr lange Zeit zu halten. Deshalb müssen wir diese Praxis immer wieder üben.***

DIE EIGENTLICHE PRAXIS DES AUSSERGEWÖHNLICHEN YOGA DER UNVORSTELLBARKEIT

Wir sollten wissen, dass es für unseren Körper unmöglich ist, durch eigene Kraft den Mond zu erreichen. Unser Geist aber kann den Mond augenblicklich erreichen, ganz einfach indem er an ihn denkt. Dies zeigt, dass wir durch tiefe Vertrautheit mit dem Gedanken «Ich bin meine Geist-Vajrayogini» leicht das Reine Land Keajra erreichen können, einfach indem wir die Praxis des außergewöhnlichen Yoga der Unvorstellbarkeit üben. Wir üben, indem wir der Kontemplation und Meditation in der Sadhana folgen:

> **Wenn ich das Reine Land Keajra erreiche, werde ich dauerhaft von Krankheit, Altern, Tod und einer Wiedergeburt in Samsara frei sein und ich werde in der Lage sein, zahllosen Lebewesen durch meine Emanationen zu helfen. Ich muss jetzt dort hingehen.**
>
> **Die zwei Beine und zwei Arme der äußeren Vajrayogini lösen sich in ihren Hauptkörper auf. Der untere Teil ihres Hauptkörpers löst sich in meine Geist-Vajrayogini im Nabel auf. Meine Geist-Vajrayogini steigt zum Herzen der äußeren Vajrayogini hinauf. Der Hauptkörper der äußeren Vajrayogini unterhalb des Herzens löst sich in meine Geist-Vajrayogini in meinem Herzen auf. Meine Geist-Vajrayogini steigt zum Scheitel der äußeren Vajrayogini hinauf. Der Hauptkörper der äußeren Vajrayogini unterhalb des Scheitels löst sich in meine Geist-Vajrayogini im Scheitel auf. Dann löst sich der Scheitel der äußeren Vajrayogini in meine Geist-Vajrayogini auf, meine Geist-Vajrayogini fliegt augenblicklich durch den höheren Himmel des Dharmakaya und erreicht das Reine Land Keajra.**

Wir meditieren ohne Ablenkung einsgerichtet über diesen Glauben.

Der Körper meiner Geist-Vajrayogini wird immer kleiner und löst sich in Leerheit auf, die untrennbar von großer Glückseligkeit ist.

Wir meditieren über die Vereinigung von großer Glückseligkeit und Leerheit, was die wirkliche Unvorstellbarkeit ist. Wir sollten diese eigentliche Praxis des außergewöhnlichen Yoga der Unvorstellbarkeit drei- oder siebenmal in jeder Sitzung wiederholen.

Indem Praktizierende durch fortwährendes Bemühen und beständiges Empfangen der kraftvollen Segnungen von Heruka und Vajrayogini tiefe Vertrautheit mit den vorbereitenden Übungen und der eigentlichen Praxis dieses außergewöhnlichen Yoga der Unvorstellbarkeit erlangen, werden sie das Reine Land Keajra mit diesem menschlichen Körper erreichen. Dies wird nicht allgemeiner Erscheinung entsprechen, sondern ist die außergewöhnliche Erscheinung und Erfahrung der vom Glück begünstigten Praktizierenden. Wenn ein Praktizierender, der etwa achtzig Jahre alt ist, das Reine Land Keajra erreicht, wird sich sein oder ihr Körper in den Körper eines Sechzehnjährigen in der Blüte seiner oder ihrer Jugend verwandeln und ein nichtverunreinigter Körper werden. Somit wird er oder sie dauerhaft frei von Krankheit, Altern, Tod und Wiedergeburt in Samsara sein und durch fortwährende Höchste Yoga Tantra Praxis wird er oder sie die volle Erleuchtung im gleichen Leben erlangen.

Widmung

Durch die Praxis dieses Yoga der Unvorstellbarkeit
Möge das Tor zum Keajra Himmel für jeden offen stehen,
Damit alle Lebewesen den Zustand
Von Heruka Vater und Mutter erlangen mögen.

Möge durch die Tugenden, die ich hier angesammelt habe,
Die Lehre des Eroberers Losang Dragpa –
Die Essenz des Buddhadharma –
Für immer erblühen.

Kolophon: Dieser essenzielle Kommentar zur Praxis *Der außergewöhnliche Yoga der Unvorstellbarkeit* wurde vom Ehrwürdigen Geshe Kelsang Gyatso Rinpoche 2013 verfasst.

Anhang VIII *Bittgebete an die Gurus der Mahamudra Überlieferungslinie*

Ehrerbietung dem Mahamudra

O großer Vajradhara, der jede Natur durchdringt,
Glorreicher erster Buddha, Herr aller Buddha Familien,
Innerhalb des himmlischen Palastes der spontanen drei Körper,
Ich ersuche Dich, bitte gewähre mir Deine Segnungen,
Damit ich die Ranken des Festhaltens am Selbst in meinem Geisteskontinuum durchschneiden,
Mich in Liebe, Mitgefühl und Bodhichitta schulen
Und schnell das Mahamudra des Pfades der Vereinigung vollenden möge.

O Allwissender Höherer Manjushri,
Vater aller Eroberer der drei Zeiten
In den Buddhaländern in allen Welten der zehn Richtungen,
Ich ersuche Dich, bitte gewähre mir Deine Segnungen,
Damit ich die Ranken des Festhaltens am Selbst in meinem Geisteskontinuum durchschneiden,
Mich in Liebe, Mitgefühl und Bodhichitta schulen
Und schnell das Mahamudra des Pfades der Vereinigung vollenden möge.

O Ehrwürdiger Losang Dragpa,
Zweiter Fähiger der Lehre Buddhas,
Erschienen im nördlichen Lande des Schnees,
Ich ersuche Dich, bitte gewähre mir Deine Segnungen,
Damit ich die Ranken des Festhaltens am Selbst in meinem Geisteskontinuum durchschneiden,
Mich in Liebe, Mitgefühl und Bodhichitta schulen
Und schnell das Mahamudra des Pfades der Vereinigung vollenden möge.

O Togden Jampel Gyatso,
Haupthalter der Lehre der Überlieferungslinie der Vollendung
Von Je Tsongkhapa, Manjushris Sohn,
Ich ersuche Dich, bitte gewähre mir Deine Segnungen,
Damit ich die Ranken des Festhaltens am Selbst in meinem Geisteskontinuum durchschneiden,
Mich in Liebe, Mitgefühl und Bodhichitta schulen
Und schnell das Mahamudra des Pfades der Vereinigung vollenden möge.

O Baso Chökyi Gyaltsen,
Der die Schatzkammer der Anleitungen der Geflüsterten Überlieferungslinie öffnete
Und von Glück begünstigte Schüler zur Reife brachte,
Ich ersuche Dich, bitte gewähre mir Deine Segnungen,
Damit ich die Ranken des Festhaltens am Selbst in meinem Geisteskontinuum durchschneiden,
Mich in Liebe, Mitgefühl und Bodhichitta schulen
Und schnell das Mahamudra des Pfades der Vereinigung vollenden möge.

O erhabener Yogi Dharmavajra,
Der die Yogas der zwei Stufen vollendete
Und den unsterblichen Körper eines Wissenshalters erlangte,

Ich ersuche Dich, bitte gewähre mir Deine Segnungen,
Damit ich die Ranken des Festhaltens am Selbst in meinem
Geisteskontinuum durchschneiden,
Mich in Liebe, Mitgefühl und Bodhichitta schulen
Und schnell das Mahamudra des Pfades der Vereinigung
vollenden möge.

O Losang Dönyö Drubpa (Gyalwa Ensäpa),
Der, befreit von den Ketten der acht weltlichen Dharmas,
Das Siegesbanner der endgültigen Lehre hochhielt,
Ich ersuche Dich, bitte gewähre mir Deine Segnungen,
Damit ich die Ranken des Festhaltens am Selbst in meinem
Geisteskontinuum durchschneiden,
Mich in Liebe, Mitgefühl und Bodhichitta schulen
Und schnell das Mahamudra des Pfades der Vereinigung
vollenden möge.

O Khädrub Sangye Yeshe,
Der Du alle Wandernden mit Deinem ordinierten Aspekt
In den bezaubernden Palast der drei Körper führst,
Ich ersuche Dich, bitte gewähre mir Deine Segnungen,
Damit ich die Ranken des Festhaltens am Selbst in meinem
Geisteskontinuum durchschneiden,
Mich in Liebe, Mitgefühl und Bodhichitta schulen
Und schnell das Mahamudra des Pfades der Vereinigung
vollenden möge.

O Ehrwürdiger Losang Chögyen (erster Panchen Lama),
Allwissender, untrennbar vom Beschützer der Lehre des
Eroberers,
Des Ehrwürdigen Losang Dragpa,
Ich ersuche Dich, bitte gewähre mir Deine Segnungen,
Damit ich die Ranken des Festhaltens am Selbst in meinem
Geisteskontinuum durchschneiden,
Mich in Liebe, Mitgefühl und Bodhichitta schulen
Und schnell das Mahamudra des Pfades der Vereinigung
vollenden möge.

O großer Yogi Gendun Gyaltsen (Nächu Rabjampa),
Der alle Übungen vollendete, indem er alle Worte
Der Sutras, Tantras und Kommentare in einer Bedeutung zusammenfasste,
Ich ersuche Dich, bitte gewähre mir Deine Segnungen,
Damit ich die Ranken des Festhaltens am Selbst in meinem Geisteskontinuum durchschneiden,
Mich in Liebe, Mitgefühl und Bodhichitta schulen
Und schnell das Mahamudra des Pfades der Vereinigung vollenden möge.

O vollendeter Gyaltsen Dzinpa (Drungpa Tsöndru Gyaltsen),
Der durch großes Bemühen den höchsten Zustand erlangte,
Indem er die Essenz der Lehre des Eroberers, des Ehrwürdigen Losang, erfuhr,
Ich ersuche Dich, bitte gewähre mir Deine Segnungen,
Damit ich die Ranken des Festhaltens am Selbst in meinem Geisteskontinuum durchschneiden,
Mich in Liebe, Mitgefühl und Bodhichitta schulen
Und schnell das Mahamudra des Pfades der Vereinigung vollenden möge.

O Halter der großen Überlieferungslinie Könchog Gyaltsen,
Der Du geschickt darin bist, von Glück begünstigten Schülern
Den essenziellen Nektar des heiligen weiten und tiefgründigen Dharma darzulegen,
Ich ersuche Dich, bitte gewähre mir Deine Segnungen,
Damit ich die Ranken des Festhaltens am Selbst in meinem Geisteskontinuum durchschneiden,
Mich in Liebe, Mitgefühl und Bodhichitta schulen
Und schnell das Mahamudra des Pfades der Vereinigung vollenden möge.

O Ehrwürdiger Losang Yeshe (zweiter Panchen Lama),
Der Du der ehrwürdige Losang Chökyi Gyaltsen selbst bist,
Zum Ruhm der Wandernden und der Lehre zurückgekehrt,
Ich ersuche Dich, bitte gewähre mir Deine Segnungen,
Damit ich die Ranken des Festhaltens am Selbst in meinem Geisteskontinuum durchschneiden,
Mich in Liebe, Mitgefühl und Bodhichitta schulen
Und schnell das Mahamudra des Pfades der Vereinigung vollenden möge.

O Ehrwürdiger Losang Trinlay (Lhapa Tulku),
Der den tiefgründigen Pfad der Geflüsterten Überlieferungslinie vollendete,
Direkt gesegnet von den ehrwürdigen Buddhas,
Ich ersuche Dich, bitte gewähre mir Deine Segnungen,
Damit ich die Ranken des Festhaltens am Selbst in meinem Geisteskontinuum durchschneiden,
Mich in Liebe, Mitgefühl und Bodhichitta schulen
Und schnell das Mahamudra des Pfades der Vereinigung vollenden möge.

O höchst vollendeter Drubwang Losang Namgyal,
Der die Praxis der essenziellen Bedeutung
Der Geflüsterten Überlieferungslinie des Eroberers, des ehrwürdigen Losang, vollendete,
Ich ersuche Dich, bitte gewähre mir Deine Segnungen,
Damit ich die Ranken des Festhaltens am Selbst in meinem Geisteskontinuum durchschneiden,
Mich in Liebe, Mitgefühl und Bodhichitta schulen
Und schnell das Mahamudra des Pfades der Vereinigung vollenden möge.

O gütiger Kachen Yeshe Gyaltsen,
Der aus Mitgefühl und ohne Fehler
Die Anleitungen der Geflüsterten Überlieferungslinie des ehrwürdigen Lamas erhellt,

Ich ersuche Dich, bitte gewähre mir Deine Segnungen,
Damit ich die Ranken des Festhaltens am Selbst in meinem
Geisteskontinuum durchschneiden,
Mich in Liebe, Mitgefühl und Bodhichitta schulen
Und schnell das Mahamudra des Pfades der Vereinigung
vollenden möge.

O Ehrwürdiger Phurchog Ngawang Jampa,
Der die Essenz der makellosen Lehre des gesamten Pfades
Im ganzen Land und den angrenzenden Ländern
verbreitete,
Ich ersuche Dich, bitte gewähre mir Deine Segnungen,
Damit ich die Ranken des Festhaltens am Selbst in meinem
Geisteskontinuum durchschneiden,
Mich in Liebe, Mitgefühl und Bodhichitta schulen
Und schnell das Mahamudra des Pfades der Vereinigung
vollenden möge.

O Panchen Palden Yeshe,
Der als ein glorreicher erster Buddha in ordiniertem Aspekt
Ganz China und Tibet mit Dharma zur Reife brachte,
Ich ersuche Dich, bitte gewähre mir Deine Segnungen,
Damit ich die Ranken des Festhaltens am Selbst in meinem
Geisteskontinuum durchschneiden,
Mich in Liebe, Mitgefühl und Bodhichitta schulen
Und schnell das Mahamudra des Pfades der Vereinigung
vollenden möge.

O Khädrub Ngawang Dorje,
Der einsgerichtet alle Erlangungen verwirklichte,
Die Vollendung der ausgezeichneten Pfade des Sutra und
Tantra,
Ich ersuche Dich, bitte gewähre mir Deine Segnungen,
Damit ich die Ranken des Festhaltens am Selbst in meinem
Geisteskontinuum durchschneiden,
Mich in Liebe, Mitgefühl und Bodhichitta schulen

Und schnell das Mahamudra des Pfades der Vereinigung
vollenden möge.

O Ehrwürdiger Ngulchu Dharmabhadra,
Beschützer, der die Lehre des Eroberers durch Erklärung
und Schriften
Mit Geschick und Unerschütterlichkeit darlegte wie ein
zweiter Buddha,
Ich ersuche Dich, bitte gewähre mir Deine Segnungen,
Damit ich die Ranken des Festhaltens am Selbst in meinem
Geisteskontinuum durchschneiden,
Mich in Liebe, Mitgefühl und Bodhichitta schulen
Und schnell das Mahamudra des Pfades der Vereinigung
vollenden möge.

O Yangchen Drubpay Dorje,
Dessen Augen großen, nichtbeobachtbaren Mitgefühls nie
geschlossen sind
Und dessen tiefgründige und umfassende Weisheit wie die
Manjushris ist,
Ich ersuche Dich, bitte gewähre mir Deine Segnungen,
Damit ich die Ranken des Festhaltens am Selbst in meinem
Geisteskontinuum durchschneiden,
Mich in Liebe, Mitgefühl und Bodhichitta schulen
Und schnell das Mahamudra des Pfades der Vereinigung
vollenden möge.

O Khädrub Tendzin Tsöndru,
Der die Yogas der Glückseligkeit und Leerheit vollendete
Und direkt zur Hauptstadt der Vereinigung ging,
Ich ersuche Dich, bitte gewähre mir Deine Segnungen,
Damit ich die Ranken des Festhaltens am Selbst in meinem
Geisteskontinuum durchschneiden,
Mich in Liebe, Mitgefühl und Bodhichitta schulen
Und schnell das Mahamudra des Pfades der Vereinigung
vollenden möge.

O Ehrwürdiger Phabongkha Trinlay Gyatso,
Der Du durch die Kraft Deiner Liebe für alle Wandernden
Das Siegesbanner der Lehren von Sutra und Tantra
hochgehalten hast,
Ich ersuche Dich, bitte gewähre mir Deine Segnungen,
Damit ich die Ranken des Festhaltens am Selbst in meinem
Geisteskontinuum durchschneiden,
Mich in Liebe, Mitgefühl und Bodhichitta schulen
Und schnell das Mahamudra des Pfades der Vereinigung
vollenden möge.

O gütiger Losang Yeshe (Trijang Rinpoche),
Spiritueller Meister, der für von Glück begünstigte Schüler
Die Herzessenz des ehrwürdigen Zweiten Eroberers
gefördert hat,
Ich ersuche Dich, bitte gewähre mir Deine Segnungen,
Damit ich die Ranken des Festhaltens am Selbst in meinem
Geisteskontinuum durchschneiden,
Mich in Liebe, Mitgefühl und Bodhichitta schulen
Und schnell das Mahamudra des Pfades der Vereinigung
vollenden möge.

O Ehrwürdiger Kelsang Gyatso Rinpoche,
Der Du durch Dein Mitgefühl und großes Geschick
Den von Glück begünstigten Schülern die Anleitungen
Deines Gurus
Und die tiefgründige Überlieferungslinie erklärst,
Ich ersuche Dich, bitte gewähre mir Deine Segnungen,
Damit ich die Ranken des Festhaltens am Selbst in meinem
Geisteskontinuum durchschneiden,
Mich in Liebe, Mitgefühl und Bodhichitta schulen
Und schnell das Mahamudra des Pfades der Vereinigung
vollenden möge.

Bitte gewähre mir Deine Segnungen,
Damit ich den ehrwürdigen Guru als Buddha sehen,

Anhaftung an die Stätten Samsaras überwinden,
Und, da ich die Bürde auf mich genommen habe, alle Wandernden zu befreien,
Die allgemeinen und außergewöhnlichen Pfade vollenden
Und schnell die Vereinigung des Mahamudra erlangen möge.

Dieser mein Körper und Dein Körper, o Vater,
Diese meine Rede und Deine Rede, o Vater,
Dieser mein Geist und Dein Geist, o Vater,
Mögen sie durch Deine Segnungen untrennbar eins werden.

Kolophon: Dieses traditionelle Bittgebet an die Gurus der Mahamudra Überlieferungslinie wurde von Schülern des Ehrwürdigen Geshe Kelsang Gyatso Rinpoche unter seiner mitfühlenden Anleitung übersetzt. Der Vers an den Ehrwürdigen Geshe Kelsang Gyatso Rinpoche wurde vom glorreichen Dharma Beschützer Duldzin Dorje Shugden auf Bitten der vertrauensvollen Schüler des Ehrwürdigen Geshe Kelsang Gyatso Rinpoche verfasst.

Glossar

Achtsamkeit Ein geistiger Faktor, dessen Funktion es ist, das Objekt, das der primäre Geist verwirklicht, nicht zu vergessen. Siehe *Wie wir den Geist verstehen, Sinnvoll zu betrachten* und *Das klare Licht der Glückseligkeit*.

Alleiniger Eroberer Eine von zwei Arten von Hinayana Praktizierenden. Auch als «Alleinige Verwirklicher» bekannt. Diejenigen im Verdienstfeld sind Emanationen von Buddha.

Allgemeines Bild Das erscheinende Objekt eines begrifflichen Geistes. Ein allgemeines, oder geistiges, Bild eines Objekts gleicht einer Widerspiegelung dieses Objekts. Begriffliche Geistesarten kennen ihr Objekt durch die Erscheinung eines allgemeinen Bildes dieses Objekts, nicht indem sie das Objekt direkt sehen. Siehe *Das neue Herz der Weisheit* und *Wie wir den Geist verstehen*.

Amitabha Die Manifestation der Rede aller Buddhas und ihrer Anhäufung der Unterscheidung. Er hat einen rotfarbigen Körper. Siehe *Acht Schritte zum Glück - Neuausgabe*.

Analytische Meditation Der geistige Vorgang, ein tugendhaftes Objekt zu untersuchen, das heißt, seine Natur, Funktion, Merkmale und anderen Aspekte zu analysieren. Siehe *Das neue Meditationshandbuch*.

Anfangslose Zeit Der buddhistischen Weltsicht zufolge gibt es keinen Anfang des Geistes und somit keinen Anfang der Zeit. Deshalb haben alle fühlenden Wesen zahllose frühere Wiedergeburten angenommen.

Angeborene Verblendungen Verblendungen, die nicht das Ergebnis intellektueller Vermutungen sind, sondern die ganz natürlich entstehen. Siehe *Wie wir den Geist verstehen*.

Anhäufung Im Allgemeinen sind alle funktionierenden Sachen Anhäufungen, weil sie Anhäufungen ihrer Teile sind. Insbesondere hat eine Person des Begierde- oder Formbereichs fünf Anhäufungen: die Anhäufungen von Form, Gefühl, Unterscheidung, zusammensetzenden Faktoren und Bewusstsein. Einem Wesen des formlosen Bereiches fehlt die Anhäufung von Form, es hat aber die anderen vier. Die Formanhäufung einer Person ist ihr Körper. Die verbleibenden vier Anhäufungen sind Aspekte ihres Geistes. Siehe *Das neue Herz der Weisheit.*

Annäherungsretreat Ein Retreat, in dem wir danach streben, uns einer bestimmten Gottheit anzunähern. Dies kann auf zwei Arten verstanden werden: Annäherung in dem Sinne, eine besondere Beziehung zu einem Freund zu entwickeln, und Annäherung in dem Sinne, mehr und mehr wie die Gottheit zu werden. Ein Handlungsannäherungsretreat ist ein Annäherungsretreat, in dem wir eine bestimmte Anzahl Mantras sammeln und das wir mit einer Feuerpuja abschließen. Siehe *Herzjuwel*, *Führer ins Dakiniland*, *Essenz des Vajrayana* und *Tantrische Ebenen und Pfade.*

Ansammlung von Verdiensten Eine tugendhafte Handlung, die durch Bodhichitta motiviert ist und die eine Hauptursache für das Erlangen des Formkörpers eines Buddha ist. Beispiele sind: den heiligen Wesen mit Bodhichitta Motivation Gaben darbringen und Verbeugungen vor ihnen machen sowie die Praxis der Vollkommenheiten des Gebens, der moralischen Disziplin und der Geduld.

Ansammlung von Weisheit Eine tugendhafte geistige Handlung, die durch Bodhichitta motiviert ist und die eine Hauptursache für das Erlangen des Wahrheitskörpers eines Buddha ist. Beispiele sind: mit Bodhichitta Motivation Unterweisungen über Leerheit hören, darüber nachdenken und meditieren.

Befreiung Vollständige Freiheit von Samsara und seiner Ursache, den Verblendungen. Siehe *Freudvoller Weg*.

Begierdebereich Der Bereich der Höllenwesen, hungrigen Geister, Tiere, Menschen, Halbgötter und der Götter, die die fünf Objekte des Begehrens genießen.

Berg Meru Der buddhistischen Kosmologie zufolge ein göttlicher Berg, der im Mittelpunkt des Universums steht.

Bhaga Sanskritwort für das weibliche Geschlechtsorgan.

Bloße Erscheinung Alle Phänomene sind bloße Erscheinung, weil sie vom Geist in Abhängigkeit einer geeigneten Grundlage der Zuschreibung, die dem Geist erscheint, zugeschrieben werden. Das Wort «bloß» schließt jede Möglichkeit inhärenter Existenz aus. Siehe *Moderner Buddhismus* und *Ozean von Nektar*.

Bodhisattva Jemand, der spontanen Bodhichitta erzeugt hat, aber noch kein Buddha geworden ist. Vom dem Moment an, wo ein Praktizierender oder eine Praktizierende nichtkünstlichen, oder spontanen, Bodhichitta erzeugt, wird er oder sie ein Bodhisattva und betritt den ersten Mahayanapfad, den Pfad der Ansammlung. Ein gewöhnlicher Bodhisattva ist jemand, der Leerheit nicht direkt verwirklicht hat, und ein höherer Bodhisattva ist jemand, der eine direkte Verwirklichung von Leerheit erlangt hat. Siehe *Moderner Buddhismus, Freudvoller Weg* und *Sinnvoll zu betrachten.*

Buddha Ein Wesen, das alle Verblendungen und ihre Prägungen vollständig aufgegeben hat. Jedes Lebewesen hat das Potenzial, ein Buddha zu werden. Siehe *Moderner Buddhismus* und *Freudvoller Weg.*

Buddha Familie Es gibt fünf hauptsächliche Buddha Familien: die Familien von Vairochana, Ratnasambhava, Amitabha, Amoghasiddhi und Akshobya. Sie sind jeweils eine der fünf gereinigten Anhäufungen von Form, Gefühl, Unterscheidung, zusammensetzenden Faktoren und Bewusstsein und jeweils eine der fünf erhabenen Weisheiten: die erhabene spiegelgleiche Weisheit, die erhabene Weisheit der Gleichheit, die erhabene Weisheit der individuellen Verwirklichung, die erhabene Weisheit des Vollendens von Tätigkeiten und die erhabene Weisheit des Dharmadhatu. Siehe *Große Schatzkammer der Verdienste.*

Buddhaland Die reine Umgebung eines Buddha.

Buddha Natur Der Ursprungsgeist eines fühlenden Wesens und seine endgültige Natur. Buddha Samen, Buddha Natur und Buddha Linie sind Synonyme. Alle fühlenden Wesen haben Buddha Natur und deshalb das Potenzial, Buddhaschaft zu erlangen. Siehe *Mahamudra Tantra.*

Buddha Shakyamuni Der Gründer des Buddhismus in diesem Zeitalter. Siehe *Einführung in den Buddhismus* und *Moderner Buddhismus.*

Buddhas Körper Ein Buddha hat vier Körper: den Weisheits-Wahrheitskörper, den Naturkörper, den Freudenkörper und den Emanationskörper. Der erste ist Buddhas allwissender Geist. Der zweite ist die Leerheit, oder endgültige Natur, seines oder ihres Geistes. Der dritte ist sein subtiler Formkörper. Der vierte, von dem jeder Buddha eine unzählige Anzahl manifestiert, sind grobe Formkörper, die für gewöhnliche Wesen sichtbar ist. Der Weisheits-Wahrheitskörper und der Naturkörper sind beide Teil des Wahrheitskörpers und der Freudenkörper und Emanationskörper sind beide Teil des Formkörpers. Siehe *Freudvoller Weg*, *Tantrische Ebenen und Pfade* und *Ozean von Nektar*.

Chandrakirti (ca. 7. Jh. n. Chr.) Ein großer indischer buddhistischer Gelehrter und Meditationsmeister, der neben vielen anderen Büchern den bekannten *Leitfaden zum Mittleren Weg* verfasste. Darin erhellt er klar die Sicht der Madhyamika-Prasangika Schule gemäß den Unterweisungen, die Buddha in den *Sutras der Vollkommenheit der Weisheit* gab. Siehe *Ozean von Nektar*.

Dakiniland Das Reine Land von Heruka und Vajrayogini. «Keajra» in Sanskrit und «Dagpa Khachö» auf Tibetisch. Siehe *Führer ins Dakiniland*.

Dakinis Weibliche tantrische Buddhas und diejenigen Frauen, die das sinnklare Licht verwirklicht haben. Dakas sind die männliche Entsprechung. Siehe *Führer ins Dakiniland*.

Darbringung an den spirituellen Meister *Lama Chöpa* auf Tibetisch. Ein besonderer Guru Yoga von Je Tsongkhapa, bei dem unser spiritueller Meister im Aspekt von Lama Losang Tubwang Dorjechang visualisiert wird. Die Anleitung zu dieser Praxis wurde von Buddha Manjushri in der *Kadam Emanationsschrift* enthüllt und vom ersten Panchen Lama niedergeschrieben. Sie ist eine wesentliche vorbereitende Übung für Vajrayana Mahamudra. Übersetzung und vollständiger Kommentar siehe *Große Schatzkammer der Verdienste*.

Dharma Buddhas Lehren und die inneren Verwirklichungen, die erlangt werden, wenn wir sie üben. «Dharma» bedeutet «Schutz». Indem wir Buddhas Lehren üben, schützen wir uns selbst vor Leiden und Problemen.

Dharma Beschützer Eine Manifestation eines Buddha oder Bodhisattva, deren Hauptfunktion es ist, innere und äußere Hindernisse zu beseitigen, die spirituellen Verwirklichungen von Dharma Praktizierenden im Wege stehen, und alle notwendigen Bedingungen für ihre Praxis bereitzustellen. Auf Sanskrit auch «Dharmapala» genannt. Siehe *Herzjuwel*.

Dharmavajra (geboren 1457 n. Chr.) Ein großer tibetischer Mahasiddha und ein Guru der Mahamudra Überlieferungslinie.

Drei höhere Schulungen Schulung in moralischer Disziplin, Konzentration und Weisheit, durch Entsagung oder Bodhichitta motiviert. Siehe *Freudvoller Weg*.

Drei Juwelen Die drei Objekte der Zuflucht: Buddha Juwel, Dharma Juwel und Sangha Juwel. Sie werden «Juwelen» genannt, weil sie sowohl selten als auch kostbar sind. Siehe *Freudvoller Weg.*

Dualistische Erscheinung Eine Erscheinung des Geistes von einem Objekt zusammen mit der Erscheinung jenes Geistes von der inhärenten Existenz des Objekts. Siehe *Sinnvoll zu betrachten* und *Ozean von Nektar.*

Emanation Belebte oder unbelebte Form, die von Buddhas oder hohen Bodhisattvas manifestiert wird, um anderen zu helfen.

Emanationskörper (Skrt. Nirmanakaya) Ein grober Formkörper eines Buddha, der von gewöhnlichen Wesen gesehen werden kann. Im Allgemeinen manifestieren sich Buddhas in vielen unterschiedlichen Formen und obwohl der Aspekt einiger dieser Emanationen weltlich ist, sind sie in ihrer Essenz Buddhas. Alle Emanationen Buddhas sind in ihrer Essenz vollerleuchtete Wesen. Siehe auch *Körper eines Buddha.* Siehe *Tantrische Ebenen und Pfade.*

Endgültige Wahrheit Die endgültige Natur aller Phänomene, Leerheit. Siehe *Moderner Buddhismus, Das neue Herz der Weisheit, Sinnvoll zu betrachten* und *Ozean von Nektar.*

Entsagung Der Wunsch, aus Samsara befreit zu werden. Siehe *Moderner Buddhismus* und *Freudvoller Weg.*

Ermächtigung Eine besondere potenzielle Kraft, jeden der vier Körper eines Buddha zu erlangen, die ein tantrischer Praktizierender von seinem oder ihrem Guru oder anderen heiligen Wesen mithilfe eines tantrischen Rituals empfängt. Sie ist das Tor zum Vajrayana. Siehe *Tantrische Ebenen und Pfade* und *Mahamudra Tantra.*

Erzeugungsstufe Die Verwirklichung eines kreativen Yoga vor dem Erreichen der eigentlichen Vollendungsstufe, die durch die Praxis des Bringens der drei Körper in den Pfad erlangt wird. In dieser Praxis erzeugt man sich im Geist als tantrische Gottheit und die Umgebung als Mandala dieser Gottheit. Die Meditation über die Erzeugungsstufe wird «kreativer Yoga» genannt, weil ihr Objekt durch richtige Vorstellung «kreiert» oder erzeugt wird. Siehe *Tantrische Ebenen und Pfade, Moderner Buddhismus* und *Mahamudra Tantra.*

Festhalten am Selbst Ein begrifflicher Geist, der jedes Phänomen als inhärent existent ansieht. Der am Selbst festhaltende Geist lässt alle anderen Verblendungen wie Wut und Anhaftung entstehen. Er ist die Hauptursache allen Leidens und aller Unzufriedenheit.

Siehe *Moderner Buddhismus, Das neue Herz der Weisheit* und *Ozean von Nektar.*

Formbereich Der Bereich der Götter, die Form haben.

Formloser Bereich Der Bereich der Götter, die keine Form haben.

Freudenkörper «Sambhogakaya» in Sanskrit. Der subtile Formkörper eines Buddha, der nur von Mahayana-Höheren wahrgenommen wird. Siehe *Tantrische Ebenen und Pfade.*

Fühlendes Wesen Jedes Wesen, das einen von Verblendungen oder deren Prägungen verunreinigten Geist hat. «Fühlendes Wesen» und «Lebewesen» sind Begriffe, um Wesen, deren Geist von einer dieser beiden Behinderungen verunreinigt ist, von den Buddhas zu unterscheiden, deren Geist vollkommen frei von diesen Behinderungen ist.

Geistesschulung «Lojong» auf Tibetisch. Eine besondere Überlieferung von Anleitungen, die von Buddha Shakyamuni über Manjushri und Shantideva zu Atisha und den Kadampa Geshes kam. Sie betont die Erzeugung des Bodhichitta durch die Übungen des Gleichstellens und Austauschens vom Selbst mit anderen, in Verbindung mit Nehmen und Geben. Siehe *Allumfassendes Mitgefühl* und *Acht Schritte zum Glück - Neuausgabe*

Gelübde Versprechen, sich von bestimmten Handlungen zurückzuhalten. Die drei Gruppen von Gelübden sind die Pratimoksha Gelübde der individuellen Befreiung, die Bodhisattva Gelübde und die Gelübde des Geheimen Mantra oder tantrischen Gelübde. Siehe *Das Bodhisattva Gelübde* und *Tantrische Ebenen und Pfade.*

Gelug Die von Je Tsongkhapa begründete Tradition. Der Name «Gelug» bedeutet «Tugendhafte Tradition». Ein Gelugpa ist ein Praktizierender, der dieser Tradition folgt. Manchmal bezieht man sich auf Gelugpas als «neue Kadampas». Siehe *Herzjuwel.*

Geshe Chekhawa (1102-1176 n. Chr.) Ein bedeutender Kadampa Bodhisattva, der den Text *Geistesschulung in sieben Punkten* verfasste, einen Kommentar zu Langri Tangpas *Acht Verse der Geistesschulung*. Er verbreitete das Studium und die Praxis der Geistesschulung in ganz Tibet. Siehe *Allumfassendes Mitgefühl.*

Geshe Jayulwa (1075–1138 n. Chr.) Ein berühmter Kadampa Meister.

Gewöhnliche Erscheinung und Vorstellung Gewöhnliche Erscheinung ist jede Erscheinung, die durch einen unreinen Geist entsteht, und gewöhnliche Vorstellung ist jeder Geist, der sich Dinge als gewöhnlich vorstellt. Dem Geheimen Mantra zufolge sind gewöhnliche Erscheinungen Behinderungen zur Allwissenheit und gewöhnliche Vorstellungen sind Behinderungen zur Befreiung. Siehe *Mahamudra Tantra* und *Führer ins Dakiniland.*

Gewöhnliches Wesen Jeder, der Leerheit nicht direkt verwirklicht hat.

Ghantapa Ein großer indischer Mahasiddha und ein Linienguru in den Höchsten Yoga Tantra Übungen von Heruka und Vajrayogini. Siehe *Führer ins Dakiniland.*

Gottheit «Yidam» auf Tibetisch. Ein tantrisches erleuchtetes Wesen.

Göttlicher Stolz Ein nichtverblendeter Stolz, der sich selbst als Gottheit und die Umgebung und die eigenen Vergnügen als diejenigen der Gottheit betrachtet. Er ist das Gegenmittel gegen gewöhnliche Vorstellungen. Siehe *Führer ins Dakiniland.*

Grundlage der Zuschreibung Alle Phänomene werden auf ihre Teile zugeschrieben. Deshalb ist jeder einzelne Teil oder die gesamte Ansammlung der Teile jedes Phänomens seine Grundlage der Zuschreibung. Ein Phänomen wird vom Geist in Abhängigkeit von der Grundlage der Zuschreibung, die diesem Geist erscheint, zugeschrieben. Siehe *Das neue Herz der Weisheit* und *Ozean von Nektar.*

Gungtang Gungtang Könchog Tenpai Dronme (1762-1823 n. Chr.), ein Gelugpa Gelehrter und Meditierender, berühmt wegen seiner spirituellen Gedichte und philosophischen Schriften.

Guru Yoga Eine besondere Art, sich auf unseren spirituellen Meister zu verlassen, um seine oder ihre Segnungen zu erhalten. Siehe *Freudvoller Weg, Große Schatzkammer der Verdienste* und *Herzjuwel.*

Gurus der Überlieferungslinie Die Linie von spirituellen Meistern, durch die eine bestimmte Anleitung weitergegeben wurde.

Gyalwa Ensäpa (1505-1566 n. Chr.) Ein großer Yogi und Mahamudra Linienguru, der in drei Jahren Erleuchtung erlangte. Siehe *Große Schatzkammer der Verdienste.*

Held/Heldin Ein Held ist eine männliche tantrische Gottheit, die Methode verkörpert. Eine Heldin ist eine weibliche tantrische Gottheit, die Weisheit verkörpert. Siehe *Führer ins Dakiniland.*

Hellsicht Fähigkeiten, die aus besonderer Konzentration entstehen. Es gibt fünf Hauptarten der Hellsicht: die Hellsicht des göttlichen Auges (die Fähigkeit, subtile und entfernte Formen zu sehen), die

Hellsicht des göttlichen Ohres (die Fähigkeit, subtile und entfernte Laute zu hören), die Hellsicht der Wunderkräfte (die Fähigkeit, unterschiedliche Formen aus dem Geist auszustrahlen), die Hellsicht, frühere Leben zu kennen, und die Hellsicht, den Geist anderer zu kennen. Manche Wesen wie Bardowesen und manche Menschen und Geister haben verunreinigte Hellsicht, die aufgrund von Karma entwickelt wird. Dies ist aber nicht die eigentliche Hellsicht.

Herr des Todes Obwohl der Mara, oder Dämon, des unkontrollierten Todes kein fühlendes Wesen ist, ist er als der Herr des Todes, oder «Yama», personifiziert. Er wird auf dem Diagramm des Lebensrades gezeigt, wie er das Rad mit seinen Klauen und Zähnen umklammert. Siehe *Freudvoller Weg*.

Höchstes Yoga Tantra Eine tantrische Anleitung, die die Methode enthält, sexuelle Glückseligkeit in den spirituellen Pfad umzuwandeln. Siehe *Moderner Buddhismus* und *Tantrische Ebenen und Pfade*.

Höheres Wesen «Arya» in Sanskrit. Ein Wesen, das eine direkte oder nichtbegriffliche Verwirklichung der Leerheit hat. Es gibt Hinayana-Höhere und Mahayana-Höhere.

Inhärente Existenz Eine vorgestellte Art der Existenz, bei der Phänomene als von ihrer eigenen Seite existierend angesehen werden, unabhängig von anderen Phänomenen. In Wirklichkeit fehlt allen Phänomenen inhärente Existenz, sie sind leer davon, weil sie von anderen Phänomenen abhängig sind. Siehe *Moderner Buddhismus, Das neue Herz der Weisheit* und *Ozean von Nektar*.

Inneres Feuer «Tummo» auf Tibetisch. Eine innere Hitze, die sich in der Mitte des Nabelkanal-Rades befindet.

Intellektuell gebildete Verblendungen Verblendungen, die als Ergebnis davon entstehen, sich auf unrichtige Begründungen oder fehlerhafte Lehrsätze zu verlassen. Siehe *Wie wir den Geist verstehen*.

Je Phabongkhapa (1878-1941 n. Chr.) Ein großer tibetischer Lama, der eine Emanation Herukas war. Er war der Halter vieler Überlieferungslinien von Sutra und Geheimem Mantra und auch der Wurzelguru von Vajradhara Trijang Rinpoche. Auch als Phabonkha Trinlay Gyatso bekannt.

Je Tsongkhapa (1357-1419 n. Chr.) Eine Emanation des Weisheitsbuddha Manjushri, dessen Erscheinen als Mönch und Halter der Linie der reinen Sicht und reinen Taten im Tibet des vierzehnten Jahrhunderts von Buddha vorhergesagt wurde. Er verbreitete einen sehr reinen Buddhadharma in ganz Tibet und zeigte, wie man die

Übungen von Sutra und Tantra miteinander verbindet und reinen Dharma in degenerierten Zeiten übt. Seine Tradition wurde später als «Gelug» oder «Ganden Tradition» bekannt. Siehe *Herzjuwel* und *Große Schatzkammer der Verdienste*.

Kadampa Ein tibetischer Begriff, wobei «Ka» «Wort» bedeutet und sich auf alle Lehren Buddhas bezieht. «Dam» bezieht sich auf die besonderen Lamrim Anleitungen von Atisha, die als die «Stufen des Pfades zur Erleuchtung» bekannt sind, und «pa» bezieht sich auf einen Anhänger des Kadampa Buddhismus, der alle Lehren Buddhas, die er oder sie kennt, in seine Lamrim Praxis integriert. Siehe auch *Kadampa Buddhismus* und *Kadampa Tradition*. Siehe *Moderner Buddhismus*.

Kadampa Buddhismus Eine Schule des Mahayana Buddhismus, die vom großen indischen buddhistischen Meister Atisha (982-1054 n. Chr.) begründet wurde. Siehe auch *Kadampa* und *Kadampa Tradition*.

Kadampa Tradition Die reine Tradition des Buddhismus, die von Atisha begründet wurde. Die Anhänger dieser Tradition werden bis zu der Zeit Je Tsongkhapas als «alte Kadampas» bezeichnet und diejenigen nach Je Tsongkhapas Zeit als «neue Kadampas». Siehe auch *Kadampa* und *Kadampa Buddhismus*.

Karma Sanskritbegriff, der «Handlung» bedeutet. Durch die Kraft der Absicht führen wir mit Körper, Rede und Geist Handlungen aus und sie alle rufen Auswirkungen hervor. Die Auswirkung tugendhafter Handlungen ist Glück und die Auswirkung negativer Handlungen ist Leiden. Siehe *Freudvoller Weg*.

Keajra Sanskrit für «Dakiniland», das Reine Land von Buddha Vajrayogini und Buddha Heruka. Siehe *Führer ins Dakiniland* und *Essenz des Vajrayana*.

Konventionelle Wahrheit Jedes Phänomen außer Leerheit. Konventionelle Wahrheiten sind in Bezug auf den Geist gewöhnlicher Wesen wahr, aber in Wirklichkeit sind sie unwahr. Siehe *Moderner Buddhismus, Das neue Herz der Weisheit, Sinnvoll zu betrachten* und *Ozean von Nektar*.

Konzentration Ein geistiger Faktor, der seinen primären Geist einsgerichtet auf seinem Objekt verweilen lässt. Siehe *Wie wir den Geist verstehen* und *Freudvoller Weg*.

Körpermandala Die Umwandlung irgendeines Teils des Körpers einer selbsterzeugten oder vor-uns-erzeugten Gottheit in eine

Gottheit. Siehe *Essenz des Vajrayana, Führer ins Dakiniland* und *Große Schatzkammer der Verdienste.*

Lama Tibetisch für «spiritueller Meister» (Skrt. Guru).

Lamrim Ein tibetischer Ausdruck, der wörtlich «Stufen des Pfades» bedeutet. Eine besondere Zusammenstellung aller Lehren Buddhas, die leicht zu verstehen und in die Praxis umzusetzen sind. Sie enthüllt alle Stufen des Pfades zur Erleuchtung. Ein vollständiger Kommentar findet sich in *Freudvoller Weg*.

Leerheit Das Fehlen von inhärenter Existenz, die endgültige Natur aller Phänomene. Siehe *Moderner Buddhismus, Das neue Herz der Weisheit* und *Ozean von Nektar*.

Lojong Ein tibetischer Begriff, der wörtlich «Geistesschulung» bedeutet. Siehe auch *Geistesschulung*.

Losang Dragpa «Sumati Kirti» in Sanskrit. Der Ordinationsname von Je Tsongkhapa. Siehe *Große Schatzkammer der Verdienste* und *Herzjuwel.*

Madhyamika Ein Sanskritbegriff, der wörtlich «Mittlerer Weg» bedeutet. Die höhere der beiden Schulen der Mahayana Lehrsätze. Die Madhyamika Sicht wurde von Buddha in den *Sutras der Vollkommenheit der Weisheit* während der zweiten Drehung des Dharma Rades gelehrt. Später wurde diese Sicht von Nagarjuna und seinen Anhängern weiter erläutert. Diese Schule ist unterteilt in die Madhyamika-Svatantrika und die Madhyamika-Prasangika, wobei letztere Buddhas letztendliche Sicht ist. Siehe *Sinnvoll zu betrachten* und *Ozean von Nektar*.

Mahasiddha Sanskrit für «großer Verwirklichter». Wird für Yogis und Yoginis mit hohen Erlangungen verwendet.

Mahayana Sanskrit für «großes Fahrzeug», den spirituellen Pfad zur großen Erleuchtung. Das Ziel des Mahayana ist, Buddhaschaft zum Wohl aller fühlenden Wesen zu erlangen, indem alle Verblendungen und deren Prägungen vollständig aufgegeben werden. Siehe *Freudvoller Weg* und *Sinnvoll zu betrachten.*

Maitreya Die Verkörperung der liebenden Güte aller Buddhas. Zu der Zeit Buddha Shakyamunis manifestierte er sich als ein Bodhisattvaschüler, um Buddhas Schülern zu zeigen, wie man ein vollkommener Mahayana Schüler ist. In der Zukunft wird er sich als der fünfte Gründer Buddha manifestieren.

Mandala Der himmlische Palast, in dem eine tantrische Gottheit weilt, oder die Umgebung oder Gottheiten eines Reinen Buddhalands.

Mandala Darbringung Eine Darbringung des ganzen Universums, das als Reines Land visualisiert wird und dessen Bewohner als reine Wesen visualisiert werden. Siehe *Führer ins Dakiniland*.

Manjushri Die Verkörperung der Weisheit aller Buddhas. Siehe *Große Schatzkammer der Verdienste* und *Herzjuwel*.

Mantra Ein Sanskritbegriff, der wörtlich «Geistesschutz» bedeutet. Mantra beschützt den Geist vor gewöhnlichen Erscheinungen und Vorstellungen. Es gibt vier Arten von Mantras: Mantras, die Geist sind; Mantras, die innerer Wind sind; Mantras, die Klang sind; und Mantras, die Form sind. Im Allgemeinen gibt es drei Arten der Mantrarezitation: mündliche Rezitation, geistige Rezitation und Vajrarezitation. Siehe *Tantrische Ebenen und Pfade*.

Meditatives Gleichgewicht Einsgerichtete Konzentration auf ein tugendhaftes Objekt wie Leerheit.

Milarepa (1040-1123 n. Chr.) Ein großer tibetischer buddhistischer Meister, der für sein starkes Vertrauen in seinen spirituellen Meister und seine schönen Lieder der Verwirklichung berühmt ist.

Mitgefühl Ein Geist, der das Leiden anderer nicht ertragen kann und sich wünscht, dass sie frei davon sind. Siehe *Moderner Buddhismus* und *Freudvoller Weg*.

Mittlerer Weg Die richtige Sicht der Leerheit vermeidet beide Extreme, deshalb wird Leerheit der «mittlere Weg» genannt. Siehe *Ozean von Nektar*.

Nachfolgende Erlangung Die Zeit zwischen den Meditationssitzungen.

Nada Eine Linie mit drei Kurven, die über gewissen Samenbuchstaben erscheint.

Nagarjuna Ein großer indischer buddhistischer Gelehrter und Meditationsmeister, der das Mahayana im ersten Jahrhundert n. Chr. wiederbelebte, indem er die Unterweisungen über die *Sutras der Vollkommenheit der Weisheit* ans Licht brachte. Siehe *Ozean von Nektar* und *Das neue Herz der Weisheit*.

Ngulchu Dharmabhadra (1772–1851 n. Chr.) Ein großer tibetischer Gelehrter und Meditierender der Tradition Je Tsongkhapas.

Niedere Bereiche Siehe *Samsara*.

Norsang Gyatso (1423–1513 n. Chr.) Ein großer tibetischer Gelehrter und Meditierender der Tradition Je Tsongkhapas.

Panchen Lama, erster (1569–1662 n. Chr.) Ein großer tibetischer Gelehrter und Meditierender, der eine Emanation von Buddha Amitabha war. Sein Ordinationsname ist Losang Chökyi Gyaltsen. Da Khädrubje manchmal als erster Panchen Lama betrachtet wird, wird Losang Chökyi Gyaltsen manchmal als der vierte bezeichnet.

Pfad/spiritueller Pfad Ein erhabenes Gewahrsein, das mit nichtgeschaffener, oder spontaner, Entsagung verbunden ist. Spiritueller Pfad, spirituelle Ebene, spirituelles Fahrzeug und erhabenes Gewahrsein sind Synonyme. Siehe *Tantrische Ebenen und Pfade* und *Ozean von Nektar*.

Phänomenenquelle Ein Phänomen, das nur geistigem Gewahrsein erscheint, sowie der Name von Vajrayoginis Mandala, das die Form eines Doppeltetraeders hat. Siehe *Führer ins Dakiniland*.

Reines Land Eine reine Umgebung, in der es keine wahren Leiden gibt. Es gibt viele Reine Länder. Tushita ist zum Beispiel das Reine Land von Buddha Maitreya, Sukhavati ist das Reine Land von Buddha Amitabha und Dakiniland, oder Keajra, ist das Reine Land von Buddha Vajrayogini und Buddha Heruka. Siehe *Sinnvoll leben, freudvoll sterben*.

Sadhana Ein rituelles Gebet, das eine besondere Methode für das Erlangen spiritueller Verwirklichungen ist und das für gewöhnlich mit einer tantrischen Gottheit verbunden ist.

Sakya Pandita (1182–1251 n. Chr.) Ein großer tibetischer Gelehrter und Meditierender, der als Emanation von Manjushri betrachtet wird.

Samenbuchstabe Der heilige Buchstabe, aus dem eine Gottheit erzeugt wird. Jede Gottheit hat einen bestimmten Samenbuchstaben. Der Samenbuchstabe Manjushris ist zum Beispiel DHI, Taras ist TAM, Vajrayoginis ist BAM und Herukas ist HUM. Um tantrische Verwirklichungen zu erlangen, müssen wir erkennen, dass die Gottheiten und ihre Samenbuchstaben die gleiche Natur besitzen.

Samsara Der Kreislauf von unkontrolliertem Tod und Wiedergeburt oder die verunreinigten Anhäufungen eines Wesens, das eine solche Wiedergeburt angenommen hat. Samsara, oder «Existenzkreislauf», ist durch Leiden und Unzufriedenheit gekennzeichnet. Es gibt sechs Bereiche in Samsara. Es sind in aufsteigender Reihenfolge, nach der Art des Karmas, das zu einer Wiedergeburt im jeweiligen Bereich führt: die Bereiche der Höllenwesen, der hungrigen Geister, der Tiere, der Menschen, der Halbgötter und der Götter. Die ersten drei sind niedere Bereiche oder unglückliche Wanderungen und die letzten drei sind höhere Bereiche oder glückliche Wanderungen. Auch wenn aus Sicht des Karmas, das zu einer Wiedergeburt in einem Götterbereich führt, der Götterbereich der höchste in Samsara ist, so heißt es, dass der menschliche Bereich der am meisten vom Glück begünstigte ist, da er die besten Bedingungen für die Erlangung der Befreiung und Erleuchtung bietet. Siehe *Freudvoller Weg*.

Segnung Die Umwandlung unseres Geistes durch die Inspiration von heiligen Wesen, wie unserem spirituellen Meister, den Buddhas und Bodhisattvas, von einem negativen in einen positiven Zustand, von einem unglücklichen in einen glücklichen Zustand oder von einem Zustand der Schwäche in einen Zustand der Stärke.

Selbstwertschätzung Eine Geisteshaltung, die uns selbst für höchst kostbar und wichtig hält. Sie wird als ein Hauptobjekt betrachtet, das von Bodhisattvas aufzugeben ist. Siehe *Moderner Buddhismus*, *Acht Schritte zum Glück - Neuausgabe* und *Sinnvoll zu betrachten*.

Shantideva (687-763 n. Chr.) Ein großer indischer buddhistischer Gelehrter und Meditationsmeister. Er verfasste den *Leitfaden für die Lebensweise eines Bodhisattva*. Siehe *Sinnvoll zu betrachten* und *Leitfaden für die Lebensweise eines Bodhisattva*.

Sinneskraft Eine innere Kraft, die sich genau in der Mitte eines Sinnesorgans befindet und die Funktion hat, direkt ein Sinnesgewahrsein zu erzeugen. Es gibt fünf Sinneskräfte, eine für jede Art von Sinnesgewahrsein, dem Augengewahrsein und so weiter. Sie sind auch als «Sinneskräfte, die Form haben» bekannt. Siehe *Wie wir den Geist verstehen*.

Spiritueller Meister des Vajrayana Ein vollqualifizierter tantrischer spiritueller Meister. Siehe *Große Schatzkammer der Verdienste*.

Sutra Die Lehren Buddhas, die von allen geübt werden können, ohne dass dafür eine Ermächtigung notwendig ist. Sie umfassen Buddhas Lehren der drei Drehungen des Dharma Rades.

Sutras der Vollkommenheit der Weisheit Die Sutras der zweiten Drehung des Dharma Rades, in denen Buddha seine letztendliche Sicht der endgültigen Natur aller Phänomene offenbarte, die Leerheit von inhärenter Existenz. Siehe *Das neue Herz der Weisheit* und *Ozean von Nektar*.

Togden Jampel Gyatso (1356–1428 n. Chr.) Ein großer tibetischer Meditierender, dem Je Tsongkhapa die mündliche Ganden Überlieferungslinie übermittelte.

Trijang Rinpoche, Vajradhara (1901–1981 n. Chr.) Ein besonderer tibetischer Lama des 20. Jahrhunderts, der eine Emanation von Buddha Shakyamuni, Heruka, Atisha, Buddha Amitabha und Je Tsongkhapa war. Auch als «Kyabje Trijang Rinpoche» und «Losang Yeshe» bekannt.

Tummo Siehe *Inneres Feuer*.

Überlieferungslinie Die Linie einer Anleitung, die vom spirituellen Meister an den Schüler weitergegeben wurde, wobei jeder spirituelle Meister der Linie eine persönliche Erfahrung der Anleitung erlangt hatte, ehe er sie an andere weitergab.

Ursprungsgeist Der sehr subtile Geist, der sich in der Mitte des Herzkanal-Rades befindet. Er ist als «Ursprungsgeist» bekannt, weil alle anderen Geistesarten aus ihm entstehen und sich wieder in ihn auflösen. Siehe *Mahamudra Tantra*.

Vajra Das Sanskritwort «Vajra» bedeutet im Allgemeinen unzerstörbar wie ein Diamant und kraftvoll wie ein Donnerschlag. Im Zusammenhang mit dem Geheimen Mantra bedeutet es die Untrennbarkeit von Methode und Weisheit, allwissende große Weisheit, oder spontane große Glückseligkeit. Es ist ebenfalls der Name für einen Ritualgegenstand aus Metall. Siehe *Tantrische Ebenen und Pfade*.

Vajra und Glocke Ein Ritualgegenstand, der einem Zepter gleicht und große Glückseligkeit symbolisiert, und eine rituelle Handglocke, die Leerheit symbolisiert. Siehe *Führer ins Dakiniland* und *Tantrische Ebenen und Pfade*.

Vajradhara Der Gründer des Vajrayana, oder Tantra. Er ist das gleiche Geisteskontinuum wie Buddha Shakyamuni, stellt aber einen anderen Aspekt dar. Buddha Shakyamuni erscheint im Aspekt eines Emanationskörpers und Eroberer Vajradhara erscheint im Aspekt eines Freudenkörpers. Ferner sagte er, dass er in degenerierten Zeiten in gewöhnlicher Form als ein spiritueller Meister erscheinen würde. Siehe *Große Schatzkammer der Verdienste*.

Vajrayogini Eine weibliche, erleuchtete Gottheit des Höchsten Yoga Tantra, die die Manifestation der Weisheit aller Buddhas ist. Sie ist die gleiche Natur wie Heruka. Siehe *Führer ins Dakiniland*.

Verblendung Ein geistiger Faktor, der aus unangemessener Aufmerksamkeit entsteht und die Funktion hat, den Geist unfriedlich und unkontrolliert zu machen. Es gibt drei Hauptverblendungen: Unwissenheit, begehrende Anhaftung und Wut. Aus diesen entstehen alle anderen Verblendungen wie Neid, Stolz und verblendeter Zweifel. Siehe auch *Angeborene Verblendungen* und *Intellektuell gebildete Verblendungen*. Siehe *Freudvoller Weg* und *Wie wir den Geist verstehen*.

Verdienste Das Glück, das durch tugendhafte Handlungen erschaffen wird. Sie sind die potenzielle Kraft, um unsere guten Eigenschaften zu vermehren und Glück hervorzubringen.

Verdienstfeld Die Drei Juwelen. Genauso wie äußere Samen in einem Feld wachsen, so wachsen die tugendhaften inneren Samen, die durch tugendhafte Handlungen erzeugt werden, in Abhängigkeit vom Buddha Juwel, Dharma Juwel und Sangha Juwel. Auch als «Feld für die Ansammlung von Verdiensten» bekannt.

Verpflichtungen Versprechen und Vorsätze, die abgelegt werden, wenn man sich bestimmten spirituellen Übungen widmet.

Verpflichtungswesen Ein visualisierter Buddha oder wir selbst visualisiert als Buddha. Ein Verpflichtungswesen wird so genannt, weil es im Allgemeinen die Verpflichtung aller Buddhisten ist, Buddha zu visualisieren oder an ihn zu denken. Insbesondere haben diejenigen, die eine Ermächtigung im Höchsten Yoga Tantra erhalten haben, die Verpflichtung, sich selbst als Gottheit zu erzeugen.

Vertrauen Ein von Natur aus tugendhafter Geist, der in erster Linie die Funktion hat, der Wahrnehmung von Fehlern im beobachteten Objekt entgegenzuwirken. Es gibt drei Arten von Vertrauen: glaubendes Vertrauen, bewunderndes Vertrauen und wünschendes Vertrauen. Siehe *Wie wir unser Leben verwandeln*, *Freudvoller Weg* und *Wie wir den Geist verstehen*.

Verunreinigte Anhäufung Jede der Anhäufungen von Form, Gefühl, Unterscheidung, zusammensetzenden Faktoren und Bewusstsein eines samsarischen Wesens. Siehe auch *Anhäufung*. Siehe *Freudvoller Weg*.

Vollendungsstufe Verwirklichungen des Höchsten Yoga Tantra, die in Abhängigkeit davon entwickelt werden, dass die Winde durch die Kraft der Meditation in den Zentralkanal eintreten, in ihm verweilen und sich auflösen.

Wahrheitskörper Der Naturkörper und der Weisheits-Wahrheitskörper eines Buddha. Siehe auch *Buddhas Körper.*

Weisheit Ein tugendhafter, intelligenter Geist, der seinen primären Geist dessen Objekt gründlich verwirklichen lässt. Eine Weisheit ist ein spiritueller Pfad, der die Funktion hat, unseren Geist von Verblendungen oder ihren Prägungen zu befreien. Ein Beispiel von Weisheit ist die richtige Sicht der Leerheit. Siehe *Das neue Herz der Weisheit, Ozean von Nektar* und *Wie wir den Geist verstehen.*

Weisheitswesen Ein eigentlicher Buddha, insbesondere einer, der eingeladen wird, um sich mit einem visualisierten Verpflichtungswesen zu vereinen.

Wunderkräfte Siehe *Hellsicht.*

Wurzelguru Der hauptsächliche spirituelle Meister, von dem wir die Ermächtigungen, Unterweisungen und mündlichen Übertragungen zu unserer Hauptpraxis erhalten haben. Siehe *Große Schatzkammer der Verdienste, Freudvoller Weg* und *Herzjuwel.*

Yidam Siehe *Gottheit.*

Yoga Ein Begriff, der für verschiedene spirituelle Übungen verwendet wird, die das Aufrechterhalten einer besonderen Sicht beinhalten, wie Guru Yoga und die Yogas des Essens, Schlafens und Aufwachens. «Yoga» bezieht sich auch auf «Vereinigung» wie die Vereinigung von ruhigem Verweilen und höherem Sehen.

Yogi/Yogini Sanskritbegriffe, die sich für gewöhnlich auf einen männlichen oder weiblichen Meditierenden beziehen, der die Vereinigung von ruhigem Verweilen und höherem Sehen erlangt hat.

Zuflucht Eigentlicher Schutz. Zuflucht zu Buddha, Dharma und Sangha zu nehmen heißt Vertrauen in die Drei Juwelen zu haben und sich auf sie zu verlassen, um Schutz vor allen Ängsten und Leiden zu finden. Siehe *Moderner Buddhismus, Freudvoller Weg* und *Sinnvoll zu betrachten.*

Zwei Wahrheiten Konventionelle Wahrheit und endgültige Wahrheit. Siehe *Moderner Buddhismus, Sinnvoll zu betrachten* und *Ozean von Nektar.*

Zwischenzustand Auf Tibetisch «Bardo». Der Zustand zwischen Tod und Wiedergeburt. Er beginnt in dem Moment, in dem das Bewusstsein den Körper verlässt, und endet in dem Moment, in dem der Geist in den Körper des nächsten Lebens eintritt. Siehe *Freudvoller Weg* und *Sinnvoll leben, freudvoll sterben.*

Bibliografie

Der Ehrwürdige Geshe Kelsang Gyatso Rinpoche ist ein hoch angesehener Meditationsmeister und Gelehrter der buddhistischen Mahayana Tradition, die von Je Tsongkhapa gegründet wurde. Seit er im Jahre 1977 in den Westen kam, arbeitete der Ehrwürdige Geshe Kelsang unermüdlich dafür, den reinen Buddhadharma auf der ganzen Welt zu etablieren. Während dieser Zeit hat er ausführliche Unterweisungen über die wichtigsten Schriften des Mahayana gegeben. Diese Lehren bieten eine umfassende Darstellung der essenziellen Übungen aus dem Sutra und Tantra des Mahayana Buddhismus.

Bücher

Die folgenden Bücher des Ehrwürdigen Geshe Kelsang Gyatso Rinpoche sind vom Tharpa Verlag gegenwärtig auf Deutsch veröffentlicht:

Acht Schritte zum Glück – Neuausgabe Der buddhistische Weg der liebevollen Güte. (3. überarb. Aufl. 2017)

Allumfassendes Mitgefühl Inspirierende Lösungen für schwierige Zeiten. (2. Aufl. 2006)

Das Bodhisattva Gelübde Ein praktischer Leitfaden, anderen zu helfen. (2015)

Das klare Licht der Glückseligkeit Ein tantrisches Meditationshandbuch. (2004)

Das neue Herz der Weisheit Tiefgründige Lehren aus Buddhas Herzen (eine Erklärung des *Herz Sutra*). (2. überarb. Aufl. 2013)

Das neue Meditationshandbuch Meditationen für ein glückliches und sinnvolles Leben. (2. Aufl. 2013)

Der Spiegel des Dharma mit Ergänzungen Wie wir den wirklichen Sinn des menschlichen Lebens finden. (2019)

Die mündlichen Anleitungen des Mahamudra Die Essenz der Sutra und Tantra Lehren Buddhas. (2. Aufl. 2023)

Einführung in den Buddhismus Eine Erklärung der buddhistischen Lebensweise. (5. Aufl. 2011)

Essenz des Vajrayana Die Höchste Yoga Tantra Praxis des Heruka Körpermandalas. (2020)

Freudvoller Weg Der vollständige buddhistische Pfad zur Erleuchtung. (4. Aufl. 2017)

Führer ins Dakiniland Die Praxis des Höchsten Yoga Tantra von Buddha Vajrayogini. (2005)

Große Schatzkammer der Verdienste Wie wir uns auf unseren spirituellen Meister verlassen. (2019)

Herzjuwel Die essenziellen Übungen des Kadampa Buddhismus. (2. vollst. überarb. Aufl. 2022)

Leitfaden für die Lebensweise eines Bodhisattva Wie man sich eines sinnvollen und selbstlosen Lebens erfreut (eine Übersetzung von Shantidevas berühmtem lyrischem Meisterwerk). (3. Aufl. 2021)

Mahamudra Tantra Der erhabene Herzjuwel Nektar. (2006)

Moderner Buddhismus Der Weg des Mitgefühls und der Weisheit. (2. überarb. Aufl. 2017)

Ozean von Nektar Die wahre Natur aller Dinge. (2022)

Sinnvoll leben, freudvoll sterben Die tiefgründige Übung der Bewusstseinsübertragung. (2014)

Sinnvoll zu betrachten Ein Freund der Welt werden. (2000)

Tantrische Ebenen und Pfade Wie wir in den Vajrayanapfad eintreten, auf ihm voranschreiten und ihn vollenden. (2015)

Wie wir den Geist verstehen Die Natur und die Kraft des Geistes. (vollst. überarb. Aufl. 2013)

Wie wir unsere menschlichen Probleme lösen Die vier edlen Wahrheiten. (3. Aufl. 2015)

Wie wir unser Leben verwandeln Eine glückselige Reise. (3. vollst. überarb. Aufl. 2017)

Sadhanas und andere Broschüren

Der Ehrwürdige Geshe Kelsang Gyatso Rinpoche hat auch die Übersetzung einer Reihe wichtiger Sadhanas, oder ritueller Gebete für spirituelle Erlangungen, beaufsichtigt. In deutscher Sprache sind erschienen:

Avalokiteshvara Sadhana Gebete und Bitten an den Buddha des Mitgefühls.

Befreiendes Gebet Lobpreis an Buddha Shakyamuni.

Befreiung von Leid Gebete und Bitten an die einundzwanzig Taras.

Bitte an den Herrn aller Überlieferungslinien Bittgebet, um Lamrim – die Stufen des Pfades zur Erleuchtung, Lojong – Geistesschulung, Erzeugungsstufe und Vollendungsstufe zu üben.

Dakini Yoga Die mittlere Selbsterzeugungssadhana von Vajrayogini.

Darbringung an den spirituellen Meister (Lama Chöpa) Eine besondere Art und Weise, uns auf unseren spirituellen Meister zu verlassen.

Das Bekenntnis der moralischen Übertretungen eines Bodhisattva Die Reinigungspraxis des *Mahayana Sutra der drei höheren Anhäufungen.*

Das Wurzeltantra von Heruka und Vajrayogini Kapitel eins und einundfünfzig aus dem *Zusammengefassten Heruka Wurzeltantra.*

Der außergewöhnliche Yoga der Unvorstellbarkeit Die besondere Anleitung, wie man das Reine Land Keajra mit diesem menschlichen Körper erreicht.

Der glückselige Pfad Die zusammengefasste Selbsterzeugungssadhana von Vajrayogini.

Der Keajra Himmel Der essenzielle Kommentar zur Praxis *Der außergewöhnliche Yoga der Unvorstellbarkeit.*

Der Pfad des Mitgefühls für Verstorbene Powa Sadhana zum Nutzen der Verstorbenen.

Der Pfad ins Reine Land Powa Schulung – die Übertragung des Bewusstseins.

Der schnelle Pfad zur großen Glückseligkeit Die Ausführliche Selbsterzeugungssadhana von Vajrayogini.

Der Urtext: Acht Verse der Geistesschulung.

Der Yoga der erleuchteten Mutter Arya Tara Selbsterzeugungssadhana.

Der Yoga der Großen Mutter Prajnaparamita Selbsterzeugungssadhana.

Der Yoga der Weißen Tara, des Buddha des langen Lebens.

Der Yoga des tausendarmigen Avalokiteshvara Selbsterzeugungssadhana.

Der Yoga von Buddha Amitayus Eine besondere Methode, Lebenszeit, Weisheit und Verdienste zu vermehren.

Der Yoga von Buddha Heruka Die essenzielle Selbsterzeugungssadhana des Heruka Körpermandalas & Zusammengefasster Yoga der sechs Sitzungen.

Der Yoga von Buddha Maitreya Selbsterzeugungssadhana.

Der Yoga von Buddha Vajrapani Selbsterzeugungssadhana.

Die Gelübde und Verpflichtungen des Kadampa Buddhismus.

Die Große Mutter Eine Methode, Behinderungen und Hindernisse durch die Rezitation des *Sutra der Essenz der Weisheit* (das *Herz Sutra*) zu überwinden.

Die Hunderte von Gottheiten des Freudvollen Landes gemäß Höchstem Yoga Tantra Der Guru Yoga von Je Tsongkhapa als vorbereitende Übung für Mahamudra.

Die Kadampa Lebensweise Die essenzielle Praxis des Kadam Lamrim.

Die neue Essenz des Vajrayana Die Selbsterzeugungspraxis des Heruka Körpermandalas, eine Anleitung der mündlichen Ganden Überlieferungslinie.

Ein Handbuch zur täglichen Praxis der Bodhisattva Gelübde und der tantrischen Gelübde.

Ein reines Leben Die Praxis des Nehmens und Einhaltens der acht Mahayana Grundsätze.

Eine Bitte an den heiligen spirituellen Meister Ehrwürdiger Geshe Kelsang Gyatso von seinen vertrauensvollen Schülern.

Essenz des Glücks Gebete der sechs vorbereitenden Übungen für die Meditation über die Stufen des Pfades zur Erleuchtung.

Essenz des Vajrayana Die Selbsterzeugungssadhana des Heruka Körpermandalas nach dem System von Mahasiddha Ghantapa.

Fest der großen Glückseligkeit Selbsteinweihungssadhana von Vajrayogini.

Gebete für den Weltfrieden.

Gebete für die Meditation Kurze vorbereitende Gebete für die Meditation.

Große Befreiung der Mutter Vorbereitende Gebete für die Mahamudra Meditation in Verbindung mit der Vajrayogini Praxis.

Große Befreiung des Vaters Vorbereitende Gebete für die Mahamudra Meditation in Verbindung mit der Heruka Praxis.

Herzjuwel Der Guru Yoga von Je Tsongkhapa in Verbindung mit der zusammengefassten Sadhana seines Dharma Beschützers.

Klangvolle Trommel, siegreich in allen Richtungen Das ausführliche Erfüllungs- und Wiederherstellungsritual des Dharma Beschützers, des großen Königs Dorje Shugden, in Verbindung mit Mahakala, Kalarupa, Kalindewi und anderen Dharma Beschützern.

Meditation und Rezitation des Alleinigen Vajrasattva.

Medizin Buddha Gebet Eine Methode, anderen zu helfen.

Medizin Buddha Sadhana Eine Methode, die Erlangungen von Medizin Buddha zu erreichen.

Powa Zeremonie Bewusstseinsübertragung für Verstorbene.

Pratimoksha Zeremonie für Laien.

Schatzkammer der Weisheit Sadhana des Ehrwürdigen Manjushri.

Tiefempfundene Gebete Trauerfeier bei Feuerbestattungen und Beerdigungen.

Tropfen des essenziellen Nektars Eine besondere Fasten- und Reinigungspraxis in Verbindung mit dem Elfgesichtigen Avalokiteshvara.

Vajradaka Feuerdarbringung Eine Praxis zum Reinigen von Fehlern und Negativität.

Vereinigung des Nicht-mehr-Lernens Heruka Körpermandala Selbsteinweihungssadhana.

Wunscherfüllendes Juwel Der Guru Yoga von Je Tsongkhapa in Verbindung mit der Sadhana seines Dharma Beschützers.

Zeremonie der Mahayana Zuflucht und des Bodhisattva Gelübdes.

Wenn Sie etwas bestellen oder sich einen Katalog zuschicken lassen möchten, besuchen Sie bitte www.tharpa.com oder setzen Sie sich mit einer Tharpa Niederlassung in Verbindung. Eine Liste finden Sie auf S. 326.

Studienprogramme des Kadampa Buddhismus

Der Kadampa Buddhismus ist eine Schule des Mahayana Buddhismus. Er wurde vom großen, indischen buddhistischen Meister Atisha (982-1054 n. Chr.) gegründet. Seine Anhänger heißen Kadampas: «Ka» bedeutet «Wort» und bezieht sich auf die Lehren Buddhas. «Dam» bezieht sich auf die besonderen Lamrim Unterweisungen Atishas, die als «die Stufen des Pfades zur Erleuchtung» bekannt sind. Indem Kadampa Buddhisten ihr Wissen aller Lehren Buddhas in ihre Lamrim Praxis integrieren und indem sie diese in ihren Alltag integrieren, werden sie darin bestärkt, Buddhas Unterweisungen als praktische Methoden zu benutzen, um alltägliche Handlungen in den Pfad zur Erleuchtung umzuwandeln. Die großen Kadampa Lehrer sind nicht nur als große Gelehrte bekannt, sondern auch als spirituell Praktizierende von außerordentlicher Reinheit und Aufrichtigkeit.

Die Überlieferungslinie dieser Lehren, sowohl die mündliche Überlieferung als auch ihre Segnungen, wurde dann vom Lehrer an den Schüler weitergegeben. Sie verbreitete sich in weiten Teilen Asiens und gegenwärtig auch in vielen anderen Ländern der Welt. Buddhas Lehren, «Dharma» genannt, werden mit einem Rad verglichen, das sich in Übereinstimmung mit den sich verändernden Bedingungen und den karmischen Neigungen der Menschen von einem Land zum anderen bewegt. Die äußere Form der Präsentation des Buddhismus mag sich je nach Kultur und Gesellschaft ändern. Die Authentizität aber wird durch die Weiterführung der ungebrochenen Überlieferungslinie von verwirklichten Praktizierenden sichergestellt.

Der angesehene buddhistische Meister Ehrwürdiger Geshe Kelsang Gyatso Rinpoche brachte den Kadampa Buddhismus im Jahr 1977 erstmals in die moderne Welt. Seit dieser Zeit arbeitete er unermüdlich dafür, den Kadampa Buddhismus in der ganzen Welt zu verbreiten. Er gab ausführliche Unterweisungen, verfasste viele tiefgründige Texte zum Kadampa Buddhismus und gründete die Neue Kadampa Tradition – Internationale Union des Kadampa Buddhismus (NKT-IKBU), die bis jetzt weltweit über 1200 Kadampa Zentren und Gruppen umfasst. Jedes Zentrum bietet Studienprogramme über buddhistische Psychologie und Philosophie sowie Anleitungen zur Meditation und Retreats für Praktizierende aller Stufen an. Hierbei wird betont, die Lehren Buddhas in den Alltag einzubeziehen, damit wir unsere menschlichen Pro-bleme lösen und immerwährenden Frieden und Glück in der Welt verbreiten können.

Der Kadampa Buddhismus der NKT-IKBU ist eine völlig unabhängige buddhistische Tradition und hat keinerlei politische Zugehörigkeit. Er ist ein Zusammenschluss von buddhistischen Zentren und Praktizierenden, die Inspiration und Führung von den Vorbildern und den Unterweisungen der alten Meister des Kadampa Buddhismus erhalten, so wie sie vom Ehrwürdigen Geshe Kelsang gelehrt werden.

Es gibt drei Gründe, warum wir die Lehren Buddhas studieren und üben müssen: um unsere Weisheit zu entwickeln, ein gutes Herz zu fördern und einen friedvollen Geisteszustand zu bewahren. Wenn wir nicht danach streben, unsere Weisheit zu entwickeln, werden wir im Hinblick auf die endgültige Wahrheit, die wahre Natur der Wirklichkeit, immer unwissend bleiben. Obwohl wir uns Glück wünschen, bringt unsere Unwissenheit uns dazu, nichttugendhaft zu handeln, was die Hauptursache all unserer Leiden ist. Wenn wir unser gutes Herz nicht fördern, zerstört unsere egoistische Motivation die Harmonie mit anderen und die guten Beziehungen zu ihnen. Wir finden keinen Frieden und haben keine Gelegenheit, reines Glück zu erlangen. Ohne inneren Frieden ist äußerer Frieden nicht möglich. Wenn wir keinen friedvollen Geisteszustand bewahren, sind wir selbst unter den besten Bedingungen nicht glücklich. Wenn unser Geist hingegen friedvoll ist, dann sind wir glücklich, selbst wenn die äußeren Bedingungen unangenehm sind. Deshalb ist die Entwicklung dieser Eigenschaften von größter Wichtigkeit für unser tägliches Glück.

Der Ehrwürdige Geshe Kelsang oder «Geshe-la», wie er liebevoll von seinen Schülern genannt wird, hat drei besondere spirituelle Programme für das systematische Studium und die Praxis des Kadampa Buddhismus entwickelt. Diese Programme sind besonders gut für den modernen Lebensstil geeignet. Es sind das Allgemeine Programm (AP), das Grundlagenprogramm (GP) und das Lehrerausbildungsprogramm (LAP).

ALLGEMEINES PROGRAMM

Das Allgemeine Programm vermittelt eine grundlegende Einführung in buddhistische Sicht, Meditation und Praxis. Es ist besonders für Anfänger geeignet, umfasst aber auch fortgeschrittene Unterweisungen und Übungen aus Sutra und Tantra.

GRUNDLAGENPROGRAMM

Das Grundlagenprogramm bietet die Möglichkeit, unser Verständnis und unsere Erfahrung des Buddhismus durch das systematische Studium von sechs Texten zu vertiefen:

1. *Freudvoller Weg* – ein Kommentar zu Atishas Lamrim Unterweisungen, den Stufen des Pfades zur Erleuchtung.
2. *Allumfassendes Mitgefühl* – ein Kommentar zu Bodhisattva Chekhawas *Geistesschulung in sieben Punkten.*
3. *Acht Schritte zum Glück – Neuausgabe* – ein Kommentar zu Bodhisattva Langri Tangpas *Acht Verse der Geistesschulung.*

4. *Das neue Herz der Weisheit* – ein Kommentar zum *Herz Sutra.*
5. *Sinnvoll zu betrachten* – ein Kommentar zu Bodhisattva Shantidevas *Leitfaden für die Lebensweise eines Bodhisattva.*
6. *Wie wir den Geist verstehen* – eine ausführliche Erklärung des Geistes, die auf den Werken der buddhistischen Gelehrten Dharmakirti und Dignaga beruht.

Studium und Praxis dieser Texte bringen uns vielfachen Nutzen:

(1) *Freudvoller Weg* – Wir erlangen die Fähigkeit, alle Lehren Buddhas, sowohl Sutra als auch Tantra, in die Praxis umzusetzen. Wir machen rasch Fortschritte und vollenden die Stufen des Pfades zum höchsten Glück der Erleuchtung. Von einem praktischen Standpunkt aus betrachtet, ist Lamrim der Hauptkörper von Buddhas Lehren und die anderen Lehren sind wie seine Glieder.

(2) und (3) *Allumfassendes Mitgefühl* und *Acht Schritte zum Glück – Neuausgabe* – Wir erlangen die Fähigkeit, alle Unterweisungen Buddhas in unser Leben zu integrieren und alle unsere Probleme zu lösen.

(4) *Das neue Herz der Weisheit* – Wir erlangen eine Verwirklichung der endgültigen Natur der Wirklichkeit. Durch diese Verwirklichung können wir die Unwissenheit des Festhaltens am Selbst, die Wurzel all unseres Leidens, beseitigen.

(5) *Sinnvoll zu betrachten* – Wir wandeln unser tägliches Handeln in die Lebensweise eines Bodhisattva um. Damit wird jeder Moment unseres Lebens von Bedeutung sein.

(6) *Wie wir den Geist verstehen* – Wir verstehen die Beziehung zwischen unserem Geist und seinen äußeren Objekten. Wenn wir verstehen, dass die Objekte vom subjektiven Geist abhängen, können wir die Art und Weise, wie uns Objekte erscheinen, verändern, indem wir unseren Geist verändern. Allmählich erlangen wir die Fähigkeit, unseren Geist zu bändigen und in dieser Weise alle unsere Probleme zu lösen.

LEHRERAUSBILDUNGSPROGRAMM

Das Lehrerausbildungsprogramm ist für diejenigen bestimmt, die sich zu authentischen Dharmalehrern ausbilden lassen wollen. In Ergänzung zum Studium von vierzehn Texten aus Sutra und Tantra, zu denen auch die oben erwähnten sechs Texte gehören, werden an die Schülerinnen und Schüler gewisse Anforderungen bezüglich Verhalten und Lebensweise gestellt. Zudem müssen sie eine gewisse Anzahl an Meditationsretreats abschließen.

Am Manjushri KMC in Ulverston, England, wird außerdem ein besonderes LAP, das STTP, angeboten, an dem man entweder direkt im Zentrum oder in Form eines Fernstudiums teilnehmen kann. Dieses besondere Meditations- und Studienprogramm besteht aus zwölf Kursen, die auf den folgenden Büchern des Ehrwürdigen Geshe Kelsang Gyatso Rinpoche beruhen: *Wie wir den Geist verstehen, Moderner Buddhismus, Das neue Herz der Weisheit, Tantrische Ebenen und Pfade,* Shantidevas *Leitfaden für die Lebensweise eines Bodhisattva* mit dem Kommentar *Sinnvoll zu betrachten, Ozean von Nektar, Führer ins Dakiniland, Die mündlichen Anleitungen des Mahamudra, Acht Schritte zum Glück – Neuausgabe, Der Spiegel des Dharma mit Ergänzungen, Essenz des Vajrayana* und *Freudvoller Weg.*

Alle Zentren des Kadampa Buddhismus sind der Öffentlichkeit frei zugänglich. Jedes Jahr finden in vielen Ländern der Welt Festivals statt, einschließlich zweier Festivals in England, sowie weitere in Deutschland, Österreich und der Schweiz. Auf den zwei großen Festivals in England treffen sich Menschen aus der ganzen Welt, um besondere Unterweisungen und Ermächtigungen zu empfangen und einen spirituellen Urlaub zu verbringen. Besuchen Sie ein Zentrum – Sie sind jederzeit willkommen!

Weitere Informationen über die Studienprogramme der NKT-IKBU oder Ihr nächstgelegenes Zentrum finden Sie unter www.kadampa.org oder schreiben Sie im deutschsprachigen Raum an:

Kadampa Meditationszentrum Deutschland
Chausseestraße 108, 10115 Berlin
Tel.: +49 (0) 30 430 55 666
E-Mail: mail@meditieren-lernen.de
www.meditieren-lernen.de

Kadampa Meditationszentrum Schweiz
Mirabellenstrasse 1, CH-8048 Zürich
Tel.: +41 (0) 44 461 33 88
E-Mail: info@nkt-kmc-switzerland.org
www.kadampa.ch

Kadampa Meditationszentrum Österreich
Schleifmühlgasse 15, A-1040 Wien
Tel: +43 (0) 1 911 1841
Email: info@buddha.at
www.buddha.at

International:

NKT – IKBU Central Office
Conishead Priory, Ulverston
Cumbria, LA12 9QQ, England
Tel: +44 (0) 1229-588533
E-Mail: info@kadampa.org
www.kadampa.org

Tharpa Niederlassungen weltweit

Bücher von Tharpa werden derzeit in den meisten Sprachen herausgegeben. Sie können diese Bücher über jede der folgenden Tharpa Niederlassungen beziehen:

Tharpa Deutschland
Chausseestraße 108,
10115 BERLIN, DE
Tel: +49 (0) 30 430 55 666
Web: tharpa.com/de
E-mail: info.de@tharpa.com

Tharpa Schweiz
Mirabellenstrasse 1
8048 ZÜRICH, CH
Tel: +41 (0) 44 461 36 88
Web: tharpa.com/ch
E-mail: info.ch@tharpa.com

Tharpa Asia (Asien)
1/F Harbour Commercial Building, 122-123
Connaught Road Central,
Sheung Wan,
HONG KONG
Tel: +(852) 2507 2237
Web: tharpa.com/hk-en
E-mail: info.asia@tharpa.com

Tharpa Australia (Australien)
25 McCarthy Road,
MONBULK, VIC 3793, AU
Tel: +61 (0) 3 9756 7203
Web: tharpa.com/au
E-mail: info.au@tharpa.com

Tharpa Brasil
Rua Artur de Azevedo 1360
Pinheiros, 05404-003
SÃO PAULO, SP, BR
Tel: +55 (11) 3476 2328
Web: tharpa.com/br
Email: info.br@tharpa.com

Tharpa Chile
Av. Seminario 589, Providencia,
SANTIAGO, CL
Tel: +56 (9) 6650 6535
Web: tharpa.com/cl
Email: info.cl@tharpa.com

Tharpa France (Frankreich)
Château de Segrais
72220 SAINT-MARS-D'OUTILLÉ, FR
Tél/Fax : +33 (0) 2 43 87 71 02
Web: tharpa.com/fr
E-mail: info.fr@tharpa.com

Tharpa UK (Großbritannien)
Conishead Priory,
ULVERSTON, Cumbria,
LA12 9QQ, UK
Tel: +44 (0)1229-588599
Web: tharpa.com/uk
E-mail: info.uk@tharpa.com

Tharpa Canada (Kanada - Englisch)
631 Crawford St.,
TORONTO, ON, M6G 3K1, CA
Tel: +1 (0) 416 762 8710
Toll-free: 866-523-2672
Fax: +1 (0) 416 762 2267
Web: tharpa.com/ca
E-mail: info.ca@tharpa.com

Tharpa Canada (Kanada - Französisch)
835 Laurier est Montréal H2J 1G2, CA
Tel: +1 (0) 514 521 1313
Web: tharpa.com/ca-fr
E-mail: info.ca-fr@tharpa.com

Tharpa México (Mexiko)
Enrique Rébsamen No 406,
Col. Narvate Poniente,
CUIDAD DE MÉXICO,
CDMX, C.P. 03020, MX
Tel: +52 (55) 56 39 61 86
Web: tharpa.com/mx
Email: info.mx@tharpa.com

Tharpa New Zealand (Neuseeland)
2 Stokes Road, Mount Eden,
AUCKLAND 1024, NZ
Tel: +64 09 631 5400
DD Mobile +64 21 583351
Web: tharpa.com/nz
E-mail: info.nz@tharpa.com

Tharpa Portugal
Rua Moinho do Gato, 5
Várzea de Sintra,
SINTRA, 2710 661, PT
Tel: +351 219231064
Web: tharpa.pt
Email: info.pt@tharpa.com

Tharpa España (Spanien)
Camino Fuente del Perro 50,
Alhaurín el Grande,
MÁLAGA, 29120, ES
Tel: +34 952 490 918
Web: tharpa.com/es
Email: info.es@tharpa.com

Tharpa South Africa (Südafrika)
26 Menston Rd., Dawncliffe,
Westville, 3629, KZN,
REP. OF SOUTH AFRICA
Tel: +27 31 266 0096
Web: tharpa.com/za
E-mail: info.za@tharpa.com

Tharpa Sverige (Schweden)
c/o KMC Stockholm,
Upplandsgatan 18, 113 60
STOCKHOLM, SE
Tel: +46 (0) 72 251 4090
Email: info.se@tharpa.com

Tharpa US (USA)
47 Sweeney Road
GLEN SPEY,
NY 12737, USA
Tel: +1 (0) 845 856 5102
Toll-free: 888-741-3475
Fax: +1 845-856-2110
Web: tharpa.com/us
E-mail: info.us@tharpa.com

Stichwortverzeichnis

Der Buchstabe G *verweist auf einen Eintrag im Glossar.*

F

G

H

I

S

T

U

V

W

Y

Z

Leseempfehlungen

Hat Ihnen dieses Buch gut gefallen und möchten Sie mehr über buddhistisches Denken und buddhistische Praxis erfahren, dann finden Sie hier weitere Bücher des Ehrwürdigen Geshe Kelsang Gyatso Rinpoche, die Sie vielleicht lesen möchten. Sie sind alle beim Tharpa Verlag erhältlich.

WIE WIR UNSER LEBEN VERWANDELN
Eine glückselige Reise

Dies ist eine überarbeitete Ausgabe eines der bekanntesten und zugänglichsten Bücher des Ehrwürdigen Geshe Kelsang. In einer einfachen und praktischen Art und Weise werden wissenschaftliche Methoden dargelegt, um unsere menschliche Natur und unsere Beziehungen zu anderen zu verbessern. Indem wir diese Anleitungen in unserem Alltag anwenden, können wir unseren Geist verwandeln und hierdurch unser Leben von einem Zustand der Not und Verwirrung in einen Zustand reinen und immerwährenden Glücks umwandeln. Der Autor empfiehlt, dieses Buch als erstes seiner dreiundzwanzig Bücher zu lesen oder zu studieren. Auch als Hörbuch erhältlich.

Ein kostenloses E-Book von *Wie wir unser Leben verwandeln* finden Sie unter www.wiewirunserlebenverwandeln.com

MODERNER BUDDHISMUS
Der Weg des Mitgefühls und der Weisheit

Indem wir in unserem Alltag Mitgefühl und Weisheit entwickeln und aufrechthalten, können wir unser Leben verwandeln, unsere Beziehungen zu anderen verbessern und hinter die Erscheinungen blicken, um zu sehen, wie die Dinge tatsächlich existieren. In dieser Weise können wir alle unsere täglichen Probleme lösen und den wirklichen Sinn unseres menschlichen

Lebens erlangen. Mitgefühl und Weisheit sind wie die zwei Flügel eines Vogels, mit denen wir schnell die erleuchtete Welt eines Buddha erreichen können. Auch als Hörbuch erhältlich.

Kostenloses E-Book oder PDF von *Moderner Buddhismus* ist unter www.modernerbuddhismus.de erhältlich.

MAHAMUDRA TANTRA
Eine Einführung in die Meditation über Tantra

Tantra ist sehr bekannt, aber sehr wenige verstehen seine wirkliche Bedeutung. Dieses Buch enthüllt, wie wir Mahamudra üben, die Essenz buddhistischer tantrischer Meditation. Indem wir die tiefste Ebene unseres Geistes aufdecken und dann diesen sehr subtilen Geist nutzen, um über endgültige Wahrheit zu meditieren, können wir unseren Geist von Grund auf von aller Negativität reinigen und schnell den Zustand der vollen Erleuchtung vollenden.

Auch als E-Book erhältlich.

FÜHRER INS DAKINILAND
Die Praxis des Höchsten Yoga Tantra von Buddha Vajrayogini

Dieser umfassende Leitfaden bietet eine ausführliche und praktische Erklärung der zwei Stufen der Vajrayogini Praxis. Er zeigt, wie wir diese beiden Übungen in unseren Alltag integrieren und dadurch jeden Augenblick unseres Lebens in den Pfad zur Erleuchtung umwandeln können. Ein einzigartiger Leitfaden, um in dieser modernen Welt ein tantrisches erleuchtetes Wesen zu werden.

Auch als E-Book erhältlich.

Um eines unserer Bücher zu bestellen oder einen Katalog anzufordern, besuchen Sie bitte unsere Webseite auf www.tharpa.com/de oder setzen Sie sich mit der nächsten Tharpa Niederlassung (siehe S. 326) in Verbindung.

So finden Sie ihr nächstgelegenes Kadampa Meditationszentrum

Sie können Ihr Verständnis dieses Buches und anderer Bücher, die vom Tharpa Verlag veröffentlicht werden, vertiefen und ihre Anwendung im Alltag besser verstehen, wenn Sie sich von qualifizierten Lehrern und Praktizierenden unterstützen und inspirieren lassen.

Der Tharpa Verlag ist Teil der großen spirituellen Gemeinschaft der Neuen Kadampa Tradition. Diese Tradition hat eine wachsende Anzahl von Zentren und Zweigzentren in über 40 Ländern auf der ganzen Welt. In jedem Zentrum werden besondere Studienprogramme für modernen Buddhismus und Meditation von qualifizierten Lehrern unterrichtet. Weitere Informationen finden Sie in *Studienprogramme des Kadampa Buddhismus* (S. 320-325).

Diese Programme beruhen auf dem Studium der Bücher des Ehrwürdigen Geshe Kelsang Gyatso Rinpoche und sind so gestaltet, dass sie in angenehmer Weise zu einer modernen Lebensweise passen.

Ihr örtliches Kadampa Zentrum finden Sie unter
tharpa.com/de/meditationszentren-in-der-naehe